Deutsch-Französische Studien
Etudes franco-allemandes

Band 4
Tome 4

Deutsch-Französisches Jugendwerk (Hrsg.)
Office franco-allemand pour la Jeunesse (Ed.)

Fremdsprache – Partnersprache

Langue étrangère – langue du partenaire

Sprache und interkulturelles Lernen in Deutschland, Frankreich und Europa
La langue et l'apprentissage interculturel en France, en Allemagne et en Europe

Nomos Verlagsgesellschaft
Baden-Baden

Die Deutsche Bibliothek – CIP-Einheitsaufnahme

Fremdsprache – Partnersprache: Sprache und interkulturelles Lernen in Deutschland, Frankreich und Europa = Langue étrangère – langue du partenaire / Deutsch-Französisches Jugendwerk (Hrsg.). – 1. Aufl. – Baden-Baden: Nomos Verl.-Ges., 1995

(Deutsch-Französische Studien; Bd. 4)

ISBN 3-7890-3678-1

NE: Deutsch-Französisches Jugendwerk; Langue étrangère – langue du partenaire; GT

1. Auflage 1995

Ma langue est belle
parce qu'elle s'est enrichie
de toutes les autres.
Je n'appartiens à aucune race, j'appartiens à
l'espèce humaine et la richesse
de cette espèce vient de ce que
les hommes ont le pouvoir étrange
de se faire cadeau les uns aux
autres de toutes leurs interrogations
à propos du monde qui les
entoure et à propos d'eux-mêmes.

Albert Jacquard

Der Deutsche soll alle Sprachen lernen,
damit ihm zu Hause kein Fremder unbequem,
er aber in der Fremde überall zu Hause sei.

Johann Wolfgang von Goethe

Einleitung

Der Beginn des Jahres 1993 war auf europäischer Ebene durch die Öffnung der Grenzen geprägt; im deutsch-französischen Kontext dagegen durch den 30. Jahrestag der Unterzeichnung des Vertrages über die deutsch-französische Zusammenarbeit, der am 21. Januar in Bonn gefeiert werden konnte. Nur wenige Tage später fand in Berlin der 3. Kongreß des DFJW mit dem Thema statt: »**Fremdsprache – Partnersprache.** Sprache und interkulturelles Lernen in Frankreich, Deutschland und Europa«. Zu diesem Anlaß waren Jugendliche, Vertreter von Verbänden und Austauschorganisationen, Experten sowie Kuratoriumsmitglieder des DFJW eingeladen worden. Insgesamt waren 360 Deutsche und Franzosen gekommen, um sich an den Fachgesprächen zu beteiligen. Die hohe Anzahl der Teilnehmer beweist – sofern ein solcher Beweis überhaupt erbracht werden muß –, daß das Erlernen von Fremdsprachen im europäischen Kontext eine vorrangige Aufgabenstellung ist. Mehrsprachigkeit stellt für Europa eine Grundvoraussetzung dar, wenn die Menschen ihre eigene kulturelle Identität behalten, sich jedoch gleichzeitig durch die kulturelle Vielfalt Europas bereichern wollen. In diesem Sinne sollte der Kongreß ein Plädoyer für eine Politik sein, die das Erlernen von Fremdsprachen fördert. *»Die Einsprachigen sind die Barbaren von morgen.«* Dieser Satz von Claude Hagège, den Dominique Bourel zitiert, spiegelt den Geist wider, in dem der Kongreß abgehalten wurde.

Die deutsch-französischen Beziehungen sind die Antriebskraft der europäischen Union. Dies ist eine von jedermann akzeptierte Tatsache. Aber kann diese Beziehung stumm sein? Darf sie es bleiben? Obwohl von der ständigen täglichen Zusammenarbeit unserer beiden Länder, die sich auf die verschiedensten Bereiche erstreckt und ständig ausweitet, ausgegangen werden muß, sind die seit 30 Jahren feierlich und wiederholt unterstrichenen Verpflichtungen der Staatsoberhäupter und Regierungschefs, zugunsten einer Förderung des Erlernens der Sprache des Nachbarn, mehr oder weniger leere Versprechungen geblieben. Zahlen beweisen, daß weder in Deutschland noch in Frankreich bislang die Anzahl der Jugendlichen, die die Sprache des Partners erlernen, gestiegen ist. Der Kongreß war eine Möglichkeit, erneut an die jeweils zuständigen Stellen der beiden Länder zu appellieren, diese Situation zu verbessern.

Über den dargestellten politischen Kontext hinaus, in dem sich die Veranstaltung abspielte, behandelten die Beiträge drei Hauptthemen:

- die Beziehung zwischen Sprache und Kultur sowie die Haltung gegenüber einer Fremdsprache in Deutschland und Frankreich;

– neue Ansätze zum Spracherwerb;
– Perspektiven des Spracherwerbs im Europa von morgen.

Alle geladenen Experten waren sich über die Tatsache einig, daß im europäischen Kontext das Beherrschen der englischen Sprache sicher wichtig ist, jedoch allein nicht genügt. Englisch kann als Verständigungsmittel zwischen Menschen aus nicht anglophonen Ländern nur ein Notbehelf sein. Das Beherrschen einer Fremdsprache setzt nicht nur sprachliche Kenntnisse voraus, sondern fordert auch vertieftes Verstehen der Kultur des anderen Landes. Sprachen lernen und interkulturelles Lernen müssen untrennbar miteinander verknüpft sein, wenn man vermeiden will, daß der vermeintlich »zweisprachige« Dialog letztlich zur inhaltslosen Zwiesprache wird. Diese Aussage war der rote Faden, der sich durch die drei Arbeitstage des Kongresses zog.

Dieser Kongreß hat sicherlich dazu beigetragen, die Denkweise der Teilnehmer in Bezug auf diese Verknüpfung zu prägen. Waren die Kongreßteilnehmer einerseits die »Spezialisten« für Sprachunterricht, so beteiligten sich andererseits an dem Programm auch die aktiv Verantwortlichen aus Verbänden und Organisationen, die seit Jahren im deutsch-französischen Austausch tätig und daran gewöhnt sind, sich mit den Fragen der deutsch-französischen Kommunikation auseinanderzusetzen. Seit geraumer Zeit sind Linguisten und Fremdsprachenpädagogen auf das Problem der Einbindung der kulturellen und interkulturellen Dimension in den Sprachunterricht aufmerksam geworden. Einige Lehrer gehen – nahezu intuitiv und vorausschauend – in ihrem Unterricht auf diese neuen Aspekte ein; um ihre Schüler besser zu motivieren, aber auch, weil ihnen klar wurde, wie wichtig ein wirklicher Dialog zwischen den Kulturen ist. Durften am Anfang des deutsch-französischen Austauschs mangelnde Sprachkenntnisse kein Hindernis für die Teilnahme an einer Begegnung darstellen, so hat man inzwischen erkannt, daß man dem Problem mangelnder Sprachkenntnisse auch nicht ausweichen kann. Die Kenntnis der Sprache trägt zur vertieften Kenntnis des Anderen bei. Auch wenn die Austauschprogramme allen Jugendlichen, ohne Rücksicht auf fremdsprachliche Kompetenz, offen stehen, so ist es doch gerade die Begegnung, durch die das Interesse für die andere Sprache geweckt wird. In dieser Hinsicht hat der Kongreß auch den Dialog zwischen Sprachlehrern und Verantwortlichen für den Austausch eröffnet und die Möglichkeit wechselseitiger Bereicherung vor Augen geführt.

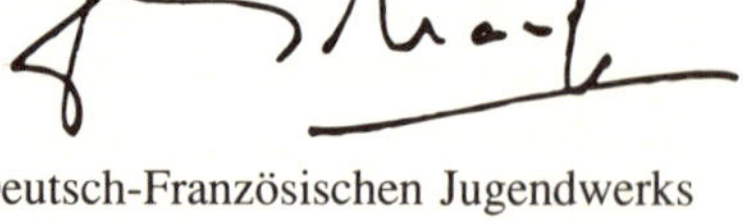

Francis Bellanger, Generalsekretär des Deutsch-Französischen Jugendwerks

Avant-propos

Le début de l'année 1993 a été marqué par l'ouverture des frontières en Europe et, dans le contexte franco-allemand, par la célébration du trentième anniversaire du Traité de coopération, le 21 janvier à Bonn. Quelques jours plus tard, se tenait à Berlin le troisième congrès de l'Office franco-allemand pour la Jeunesse sur le thème: »**Langue étrangère – Langue du partenaire**. La langue et l'apprentissage interculturel en France, en Allemagne et en Europe«. A ce congrès avaient été invités des jeunes, des représentants d'organisations de jeunesse et d'institutions engagés dans les échanges, des experts, ainsi que les membres du Conseil d'Administration de l'OFAJ. Au total, plus de 360 personnes venant de France et d'Allemagne se sont retrouvées pour suivre les débats. Ce nombre important de participants prouve, s'il en est besoin, que la question de l'apprentissage des langues, dans le contexte européen, est une préoccupation essentielle. L'Europe doit être plurilingue si elle veut laisser à ses citoyens leur identité culturelle propre, tout en s'enrichissant de la diversité. Le congrès de Berlin, en conséquence, se voulait un plaidoyer pour une politique volontariste en faveur de l'apprentissage des langues étrangères: *»Les monoglottes sont les barbares de demain«*. Cette phrase de Claude Hagège, citée par Dominique Bourel, peut traduire l'esprit dans lequel se sont déroulés les travaux.

La relation franco-allemande est le moteur de l'Union Européenne. Cette constatation est acceptée de tous. Mais, cette relation serait-elle muette? Peut-elle le rester? Alors que la coopération entre nos deux pays est perceptible dans la vie de tous les jours et continue de se développer dans différents domaines, les engagements solennels pris et réitérés par les Chefs d'Etat et de gouvernement depuis trente ans pour favoriser l'enseignement de la langue du partenaire sont restés peu ou prou lettre morte. Les chiffres montrent que le nombre de jeunes apprenant la langue du partenaire n'a pas changé depuis, ni dans un pays, ni dans l'autre. Le congrès a été l'occasion de lancer un nouvel appel aux autorités compétentes des deux pays pour qu'elles prennent des dispositions permettant de remédier à cette situation.

Après avoir mis en évidence le contexte politique dans lequel se plaçait cette manifestation, les travaux se sont déroulés autour de trois thèmes essentiels:

- le rapport entre langue et culture ainsi que l'attitude face à une langue étrangère dans nos deux pays

– les activités et programmes innovateurs en matière d'apprentissage linguistique
– les perspectives de l'apprentissage des langues dans l'Europe de demain.

Tous les experts invités ont souligné que la maîtrise de l'anglais, dans l'Europe en construction, était bien sûr nécessaire, mais qu'elle était insuffisante. L'anglais, dans les relations bilatérales entre pays non anglophones, ne peut être qu'une échappatoire. La maîtrise d'une langue étrangère ne demande pas seulement des connaissances linguistiques, mais exige beaucoup plus une connaissance approfondie de la culture de l'autre. L'apprentissage linguistique et l'apprentissage interculturel sont indissociables si l'on ne veut pas que le dialogue entre deux »bilingues« soit un dialogue de sourds. Ce message a été le fil d'Ariane des trois journées de travaux.

C'est certainement en cela que ce congrès aura marqué les esprits. En effet, le public présent était composé non seulement de »spécialistes« de l'enseignement des langues, mais aussi d'acteurs de la vie associative, impliqués depuis de nombreuses années dans les échanges franco-allemands et habitués à réfléchir à la communication franco-allemande. Depuis un certain temps, les linguistes se posent la question de l'intégration de la dimension culturelle et interculturelle dans l'enseignement des langues. Certains enseignants, de façon prémonitoire et quelquefois intuitive, diversifient leur enseignement pour mieux motiver leurs élèves, mais aussi parce qu'ils ont pris conscience de l'importance d'un véritable dialogue entre les cultures. Alors qu'au début des échanges franco-allemands il était important de ne pas faire de l'absence de connaissances linguistiques un obstacle à la participation, on reconnaît maintenant, dans le milieu des échanges de jeunes, qu'on ne peut faire l'impasse sur les connaissances linguistiques. Ce sont elles qui vont permettre d'aller plus loin dans la connaissance de l'autre. Par ailleurs, même si les échanges sont ouverts à tous, sans distinction de connaisssances linguistiques, il est évident que la rencontre est un lieu privilégié pour sensibiliser les jeunes à l'autre langue. Ce congrès a eu le mérite d'ouvrir le débat et d'apporter un enrichissement réciproque entre les enseignants et les responsables de rencontres de jeunes.

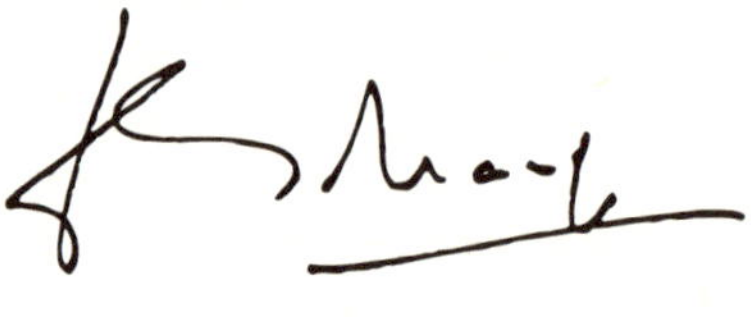

Francis Bellanger
Secrétaire Général de l'Office franco-allemand pour la Jeunesse

Vorwort

Bernadette Bricaud, Sprachreferat des Deutsch-Französischen Jugendwerks

»Fremdsprache – Partnersprache«: Die Sprache des Partners soll uns nicht länger fremd bleiben – so lautete die Botschaft, die dieser Kongreß vermitteln wollte. »Sprache und interkulturelles Lernen in Deutschland, Frankreich und Europa«: Spracherwerb und interkulturelles Lernen sind untrennbar miteinander verbunden – diese weitere Botschaft gilt nicht nur für den deutsch-französischen Kontext, sondern ganz allgemein für den Sprachunterricht. Der Kongreß bot in diesem Zusammenhang die Gelegenheit, die Spracharbeit des DFJW und seiner Partner vorzustellen. Alle folgenden Beiträge zeugen, aller Schwierigkeiten zum Trotz, von dem Willen, den Sprachunterricht dynamischer zu gestalten, damit das Erlernen einer Sprache – vor allem der Partnersprache – leichter wird.

In seiner Begrüßungsansprache stellte Gert Hammer, Generalsekretär des DFJW, die Spracharbeit im Rahmen der europäischen Vereinigung dar. Das DFJW möchte Jugendliche zu mehr Mobilität ermuntern, die jedoch nur dann möglich ist, wenn die Jugendlichen die Sprache des Gastlandes beherrschen. Das Erlernen der Partnersprache sollte auch das Erlernen der anderen Kultur bedeuten, der anderen Bezugssysteme, der anderen Werte – und der Respekt vor diesen. Seit 1989 stellt die Spracharbeit wieder einen Schwerpunkt der Arbeit des DFJW dar: in nur wenigen Jahren hat sich die Zahl der Teilnehmer an den Sprachprogrammen verdreifacht. Wichtiger noch ist allerdings die Tatsache, daß viele Partner inzwischen Sprachanimation in ihre Programme integrieren. Das DFJW kann sicherlich nicht die Mängel des deutschen und französischen Schulsystems beseitigen, es kann jedoch im außerschulischen Bereich dazu beitragen, daß neue Ansätze für den Spracherwerb erprobt werden. Dieser Kongreß solle hierzu Anregungen geben und die Teilnehmer ermutigen, selbst neue Wege zu beschreiten, um das Erlernen der Partnersprache zu fördern.

Daniel Parfait, Kulturattaché bei der französischen Botschaft in Bonn, stellte in seiner Eröffnungsrede die neuesten Maßnahmen dar, die die französische Regierung getroffen hat, um dem Fremdsprachenunterricht in den verschiedenen Bereichen des Erziehungswesens ein stärkeres Gewicht zu verleihen. Wenn es inzwischen in Europa fast banal geworden sei, Englisch zu lernen, so solle doch gerade im deutsch-französischen Kontext eine zweite Sprache, nämlich die des Partners, gelernt werden. Nach Daniel Parfait muß es zu einer grundlegenden Veränderung der Einstellung kommen, damit eine Fremdsprache künftig als

Werkzeug, als Mittel zum Kontakt z.B. im Berufsleben gehandhabt wird. Hanna-Renate Laurien, Präsidentin des Berliner Parlaments, plädierte ebenfalls dafür, in Frankreich und in Deutschland die Sprache des Partners zu lernen: Auch heute noch sei die deutsch-französische Zusammenarbeit stumm. Dabei müsse das Beherrschen einer Fremdsprache als wichtiger Wirtschaftsfaktor angesehen werden, quasi als menschliches Potential. Hanna-Renate Laurien sprach in diesem Zusammenhang auch die Rolle der Sprache als Machtfaktor im Kräfteverhältnis zwischen zwei Ländern an. Sie schloß ihre Ausführungen mit dem Hinweis auf die Bereicherung, die alle zwischenmenschlichen Beziehungen durch die Sprache erfahren. Frédéric Hartweg, Professor an der Universität Paris-Nanterre, der den Kongreß leitete, kam auf die Prinzipien zurück, die die Grundlage der Arbeit des DFJW darstellen, sowie auf die Rolle der Sprache in diesem Zusammenhang. Er verwies auf die Initiativen des DFJW, neue Methoden zum Spracherwerb zu fördern, indem es versucht, die Verbindung zwischen Sprache und Kultur auf der einen und dem soziokulturellen Aspekt des Sprachunterrichts auf der anderen Seite besonders zu stärken. Letztlich betonte er die symbolische Tragweite der Wahl des Ortes, an dem der Kongreß stattfand: Berlin. In dieser Wahl sah Hartweg nicht nur eine Öffnung gegenüber den Neuen Ländern, sondern auch gegenüber Osteuropa.

Erstes Thema des Kongresses war: Muttersprache und Fremdsprache.

»Verständnis der eigenen Sprache und Einstellung zur Fremdsprache bei Deutschen und Franzosen« – dieser Problematik war der erste Teil der Überlegungen gewidmet. Robert Picht, Direktor des Deutsch-Französischen Instituts Ludwigsburg, analysierte in seinem Beitrag »Reden ist Silber, Schweigen ist Gold«, die Beziehung, die die Deutschen zu ihrer Muttersprache aber auch zu ihren Dialekten haben. Er stellte fest, daß sich die sog. »Manager-Sprache« mehr und mehr verbreite (Zahlen, Fakten, Pragmatismus), als könne sie als eine Art Bollwerk gegen die Gefühlswelt dienen. Das Benutzen einer Sprache, die man nicht richtig beherrsche, stelle einen Schutzschild dar, hinter dem man sein »wahres Ich« verbergen könne. Dominique Bourel, Directeur d'Etudes beim CNRS, erinnerte in seinem Exposé »Die Franzosen sind für Fremdsprachen nicht begabt...!« an die Ausstrahlung der französischen Sprache in der Vergangenheit, in der es unnötig erschien, andere Sprachen zu lernen. Hinzu komme, daß die Franzosen eine von Leidenschaft getragene Beziehung zu ihrer Muttersprache hätten. Es gelte als ungeschriebenes Gesetz für jeden, danach zu streben, sie perfekt zu beherrschen, da von der Sprachbeherrschung auf soziale Zugehörigkeiten geschlossen werde.

Logischerweise stelle man dann die gleichen Anforderungen an die Beherrschung einer Fremdsprache und Bourel stellt fest, daß heute mehr und mehr

Franzosen Fremdsprachen immer besser beherrschen. Heinz Wismann, Professor an der Ecole des Hautes Etudes, Paris, sprach im Anschluß über die »Lingua franca oder Sprache als Kulturträger«. Er ging das Problem von einer anderen Seite her an und betrachtete die Verbindung zwischen Kultur und Sprache. Welche Kompetenzen müssen in einer Fremdsprache erreicht werden, Kompetenzen, die nicht umfassend, sondern dem jeweiligen Tätigkeitsbereich, je nach den tatsächlichen Bedürfnissen der Lernenden, angepaßt sein sollen? So plädierte Wismann dafür, unseren Sprachunterricht zu überdenken: Es sei wichtiger, passive Kenntnisse verschiedener Sprachen zu erwerben, als nur eine perfekt zu beherrschen.

Der zweite Teil der Beratungen war dem politischen Aspekt des Fremdsprachenunterrichts gewidmet. Brigitte Mohr, Journalistin bei der Frankfurter Allgemeinen Zeitung, leitete eine Diskussion zwischen Daniel Parfait, Conseiller Culturel bei der französischen Botschaft in Bonn und Barthold C. Witte, Ministerialdirektor a.D., ehemaliger Leiter der Kulturabteilung des Auswärtigen Amtes, Bonn, zu dem Thema »Die Bedeutung der Partnersprache in Frankreich und Deutschland«. Diese Diskussion ließ die politischen Unzulänglichkeiten der Politik beider Länder im Hinblick auf die Förderung des Erlernens der Partnersprache deutlich zutage treten.

»Neue Ansätze im Fremdsprachenlernen – Sprache in deutsch-französischen Begegnungen«, so lautete das Thema des zweiten Kongreß-Tages. Albert Raasch, Professor an der Universität Saarbrücken, setzte sich in seinem Beitrag »Sprachvermittlung im interkulturellen Lernprozeß« dafür ein, interkulturelles Lernen auch in Schul- und Universitätscurriculas einzuführen. Man müsse über die bisherigen Unterrichtskonzepte, die sich auf Kommunikation und Landeskunde beschränkten, hinausgehen. Raasch merkte an, daß interkulturelles Lernen, welches auch für Empathie und Kooperation stehe, bislang nur außerhalb der Schule vermittelt werde, jedoch auch im schulischen Unterricht unbedingt seinen Platz finden müsse. Ulrich Dausendschön-Gay, Universität Bielefeld, zeigte in seinem Beitrag »Chancen und Möglichkeiten des Fremdsprachenerwerbs in der Begegnung« Beispiele für Sprachaktivitäten, die in Austauschprogramme integriert wurden. Dausendschön-Gay stellte das Konzept der Sprachanimation dar und wies nach, daß die Begegnungssituation ein reichhaltiges Sprachpotential beinhalte. Die Jugendlichen helfen sich gegenseitig auf ganz spontane Weise, um sich auszudrücken und zu verständigen; eine solche natürliche Kooperation könnte leicht auch für den Spracherwerb genutzt werden. Verbaler und non-verbaler Kommunikation sollte während einer Begegnung besondere Bedeutung beigemessen werden, damit die Kontaktsituation zur Sprachaneignung und mit Hilfe geeigneter Techniken zum Spracherwerb führen kann.

Unter dem Titel »Sprachunterricht einmal anders« folgten verschiedene Berichte von Sprachlehrern, die mit neuen Unterrichtsformen experimentiert hatten. Die Bandbreite reichte hier vom Deutsch-Unterricht in außerschulischen Kursen im Rahmen von Städtpartnerschaften über die Ausrichtung eines Französisch-Kurses in der Volkshochschule auf eine Partnerstadt, binationale Sprachkurse mit beruflicher Orientierung oder solche, die mit einer Jugendbegegnung verbunden wurden, bis hin zur sprachlichen Vorbereitung eines Austauschprogramms an einem Wochenende. All diesen Erfahrungen ist gemeinsam, daß sie von den tatsächlichen Bedürfnissen der Lernenden ausgehen, daß der Sprachunterricht spielerisch und motivierend gestaltet ist und innovative Unterrichtsformen ausprobiert wurden. Vor allem in binationalen Kursen wurden Spracherwerb und interkulturelles Lernen konsequent miteinander verknüpft.
Der letzte Teil des Tages war der Frühvermittlung von Fremdsprachen gewidmet: »Wann und wie mit dem Fremdsprachenunterricht beginnen?«. Die vier Teilnehmer der Diskussionsrunde waren sich darin einig, daß damit so früh wie möglich begonnen werden sollte. Brigitte Millet, Inspecteur Pédagogique Régional d'allemand, stützte sich auf psycholinguistische Untersuchungen, die besagen, daß Kinder vorzugsweise mit neun Jahren den Fremdsprachenunterricht in der Schule aufnehmen sollten. Astrid Meyer, Professorin am IUFM Elsaß, meinte, daß bei der Frühvermittlung die Pädagogik sich ganz auf das Kind zu beziehen habe. Sie wies nach, daß das frühe Erlernen einer Fremdsprache die psychologische und intellektuelle Entwicklung des Kindes fördere. Heribert Rück, Professor an der Universität Koblenz-Landau, unterstützte diese These und fügte noch hinzu, daß Kinder eine Fremdsprache als natürliches Kommunikationsmittel empfinden sollten. Dieser Ansatz solle jedoch nicht besagen, daß auf das systematische Üben von Strukturen verzichtet würde, wenn ein Kind Schwierigkeiten habe. Helmut Wittmann, Staatsministerium für Unterricht, Kultus, Wissenschaft und Kunst, München, bestätigte ebenfalls die positiven Ergebnisse, die in einem Pilot-Projekt zur Frühvermittlung von Fremdsprachen erzielt worden seien, wies jedoch auch auf die Problematik der Qualifikation der Lehrer hin. Nachdem er alle Argumente für und gegen die Frühvermittlung gegeneinander abgewogen hatte, kam er zu dem Ergebnis, daß die Argumente dafür doch überwiegen.
Der dritte Kongreß-Tag war dem Thema »Spracherwerb im Europa von 1993 – Anforderungen an Schule, Hochschule und Weiterbildung« gewidmet. Eine Diskussionsrunde von Experten der verschiedensten Bereiche, beschäftigte sich mit der Frage »Welche Sprachmittler brauchen wir heute?«. Michelle Brenez, Institut National de Recherches Pédagogiques, fragte nach der Ausbildung der Lehrer. Wird sie den Anforderungen, die an Sprachlehrkräfte gestellt

werden, gerecht? Michelle Brenez übernahm somit mit anderen Worten Albert Raaschs Fragestellung, d.h., sie setzte sich für die Notwendigkeit der Befähigung der Lehrer ein, Jugendliche auf die Begegnung mit einer anderen Kultur wirklich vorzubereiten. Außerdem sollte den Pädagogen auch eine Einführung in die Psychologie des Jugendalters zuteil werden. Jean Klein, Professor an der Ecole d'Interprètes der Universität Mons (Belgien), ging im Anschluß auf einen anderen Typus des Sprachmittlers ein: den Dolmetscher oder Übersetzer, über den sich interkulturelle Kommunikation vollzieht. Zwischen zwei einsprachigen Gruppen wirke er an einem Angelpunkt des Dialogs. Um die Äußerungen beider Gruppen wirklich verstehen und wiedergeben zu können, müsse der Dolmetscher genau über die Länder seiner Gesprächspartner informiert sein, d.h., er müsse die gesellschaftlichen Hintergründe und neuesten Entwicklungen kennen. Bislang seien Sprachlehrer von dieser Befähigung, die Jean Klein als »fünfte Fertigkeit« bezeichnete, ausgenommen gewesen, aber wie lange könne dies noch so bleiben? Er plädierte für ein grundsätzliches Umdenken in der Lehrer-Ausbildung, und dafür, daß alle mit der Ausbildung befaßten Stellen alle Anstrengungen machten, um die künftigen Lehrer zum Erfolg ihrer pädagogischen Tätigkeit zu befähigen. Jean-Claude Lasnier, Direktor des Centre de Formation Professionnelle in Montivilliers, ging noch einmal auf die Pädagogik des Sprachunterrichts ein, vor allem im Hinblick auf die Vermittlung von Fachsprache. Tatsächlich hätten Erwachsene, entsprechend den an sie gestellten beruflichen Anforderungen, hier sehr präzise Bedürfnisse hinsichtlich der praktischen Anwendbarkeit ihrer Kenntnisse. Der Sprachunterricht müsse dieser besonderen Situation Rechnung tragen. Da die angesprochenen Interessenten für den Unterricht in Gruppen oft wenig Zeit hätten, sei die Vermittlung von Techniken für selbständiges, lehrerunabhängiges Lernen für sie besonders wichtig.

Herbert Braun, Handwerkskammer Saarbrücken, ging im Anschluß auf eine weitere besondere Zielgruppe von Sprachschülern ein, nämlich die der Handwerker aus einem Grenzgebiet. Diese Gruppe habe oft konkrete, berufliche Ziele, so z.B. die Eröffnung einer Zweigniederlassung im anderen Land. Hier müsse das – oft minimale – schulische Rüstzeug des Einzelnen als Basis für den Sprachunterricht angesetzt werden. Der Lehrer solle dementsprechend sowohl gute Fachsprachenkenntnisse mitbringen, als auch die Fähigkeit, sie vermitteln zu können. Leider sei diese Kombination nicht oft gegeben.

Der letzte Teil des Kongresses beschäftigte sich mit der Frage: »Allgemeinbildung – Berufsbildung: Wieviele Sprachen braucht der Mensch?« Els Oksaar, Professorin an der Universität Hamburg, antwortete darauf: »Mehr als eine, mindestens zwei«, oder sogar: »So viele wie möglich!« Sie verwies darauf, daß mehr als 70 % der Weltbevölkerung mehrsprachig seien; deshalb müßten diejenigen, die nur eine Sprache beherrschten, als Problemgruppe angesehen werden. Dem schloß sie eine weitere Grundsatzfrage an: Welches Sprachniveau sollten wir erreichen und in welchem sozio-kulturellen Umfeld benötigen wir welche Sprachkenntnisse? Die Antworten auf diese Frage können vielfältig sein und davon hänge letztlich die Anzahl der Sprachen, die wir beherrschen sollten, ab. Weiterhin müsse man sich fragen, zu welchem Zweck man Sprachen lerne, welche Aufgaben sie zu erfüllen hätten? Es gebe gewöhnlich zwischen den verschiedenen Sprachen eine Art »Arbeitsteilung«. Auch Frau Oksaar unterstrich die Wichtigkeit der Simultaneität des Erlernens von Sprache und Kultur. Der Erfolg einer Kommunikation hänge letztlich von der Beherrschung der para- und non-verbalen Zeichen und der Kenntnis der in der anderen Kultur geltenden Verhaltensregeln ab. Hans-Jürgen Brackmann, Bundesvereinigung der Deutschen Arbeitgeberverbände, ging von der These aus, »die beste Sprache sei die des Kunden«. Ausgehend von dieser Voraussetzung sei es im Europa von morgen unerläßlich, die Sprachen der Handelspartner zu beherrschen. Brackmann betonte ebenfalls die wichtige Verbindung von Sprach- *und* Kulturkenntnissen des Landes, in dem man »verkaufen« wolle. Bezogen auf den Wirtschaftsfaktor »Mensch« hieße das, es sei für Firmen künftig unerläßlich, mit Führungskräften zu arbeiten, die sich auch in fremden Sprachen und Kulturen zurecht fänden. Es sei allgemein bekannt, daß Fremdsprachenkenntnisse in der Wirtschaft unabdingbar seien; entsprechend müsse auch dem Sprachunterricht im schulischen und universitären Bereich sowie auch in der Weiterbildung ein größerer Stellenwert eingeräumt werden. Jean-Pierre van Deth, Präsident von Expolangues, hielt das Erlernen mehrerer Sprachen ebenfalls für wichtig. Darüberhinaus schnitt er ein weiteres Problem an: Obwohl offensichtlich Einigkeit über die Wichtigkeit des Fremdsprachenerwerbs herrsche, habe die Erziehungspolitik in dieser Richtung bislang zu wenig Einsatz gezeigt. Für die Wahl einer Fremdsprache zeichneten oft die Eltern verantwortlich, die sich mehr von Prestige-Kriterien leiten ließen als von tatsächlichen Bedürfnissen der Gesellschaft. Van Deth schlug vor, jedes Mitgliedsland der Europäischen Union solle sich für die Verbreitung seiner Muttersprache in den übrigen Ländern einsetzen. Dies solle im Rahmen einer konzertierten Politik erfolgen; dabei sollten Länder, die nicht über die notwendigen Mittel hierzu verfügten, unterstützt werden.

Frédéric Hartweg schloß den Kongreß mit dem Hinweis auf die überdurchschnittliche Qualität der Beiträge und das große Interesse des Publikums. Allerdings, so merkte er an, solle die Begeisterung, die während dieser drei Tage spürbar gewesen sei, nicht dazu verleiten zu vergessen, daß man noch keinen Grund zum Jubeln habe, da die Position der deutschen Sprache in Frankreich wie die der französischen in Deutschland immer noch bedroht sei. Es folgte

réface

ernadette Bricaud, Bureau linguistique de l'Office franco-allemand pour la eunesse

Langue étrangère – Langue du partenaire«: la langue du partenaire ne doit plus ous être étrangère, tel est le message que ce congrès souhaitait transmettre. »La angue et l'apprentissage interculturel en France, en Allemagne et en Europe«: 'apprentissage d'une langue est indissociable d'un apprentissage interculturel, et autre message ne s'applique pas au seul contexte franco-allemand, mais à 'enseignement des langues en général. Le congrès a été l'occasion de donner les exemples du travail réalisé par l'OFAJ et ses partenaires dans ce domaine. Les contributions qui suivent témoignent toutes de la volonté, malgré les difficultés, de dynamiser l'enseignement des langues, et en particulier celle du partenaire, pour en favoriser l'apprentissage.

Dans son allocution de bienvenue, M. Gert Hammer, Secrétaire Général de l'OFAJ, situe les préoccupations linguistiques dans le contexte de l'unification européenne. L'OFAJ souhaite encourager les jeunes à la mobilité, mais cette mobilité ne sera possible que si ces jeunes connaissent la langue du pays d'accueil. Apprendre la langue du partenaire doit aussi signifier apprendre à connaître sa culture, ses systèmes de référence, ses valeurs, apprendre à les respecter. M. Gert Hammer souligne que, depuis 1989, le travail linguistique est de nouveau une des priorités de l'OFAJ: en quelques années, le nombre de participants à des programmes linguistiques a triplé. Qui plus est, de nombreux partenaires intègrent désormais une animation linguistique dans leurs programmes. Bien sûr, l'OFAJ ne peut pallier les carences des systèmes scolaires des deux pays, mais il peut contribuer, dans le secteur extra-scolaire, à ce que de nouvelles formes d'apprentissage soient expérimentées. Ce congrès va donner de nouvelles impulsions et doit encourager les participants à prendre, eux-mêmes, de nouvelles initiatives en faveur de l'apprentissage de la langue du partenaire.

M. Daniel Parfait, Conseiller Culturel près l'Ambassade de France à Bonn, dans son discours d'ouverture, présente les mesures nouvellement prises par le gouvernement français pour renforcer l'apprentissage des langues dans les différents secteurs de l'éducation. Il prône la banalisation de l'apprentissage de l'anglais en Europe et plaide, dans le contexte franco-allemand, pour l'apprentissage d'une deuxième langue, celle du partenaire. Il faut, dit Daniel

ein Appell an die Teilnehmer, auch in ihrem täglichen
dieser Situation beizutragen.
Sprachunterricht auf andere Weise gedanklich anzugehen,
che tatsächlich als künftig unverzichtbares Mittel zur K
wird: die Referate bei diesem dritten Kongreß des DFJV
Beitrag zu dieser Auseinandersetzung. Mit dieser Veröffen
Deutsch-Französische Jugendwerk alle Neuansätze, alle Inn
Bereich unterstützen, damit die Jugend von morgen befähi
Auseinandersetzung mit ihren Partnern auch wirklich zu b

Parfait, un changement fondamental dans le comportement des personnes, pour qu'elles considèrent désormais une langue étrangère comme un outil de contact, par exemple dans la vie professionnelle. Mme Hanna-Renate Laurien, Présidente du Parlement de Berlin, souhaite elle aussi que l'on apprenne en France et en Allemagne la langue du partenaire: la coopération franco-allemande est, aujourd'hui encore, muette. Pourtant, la maîtrise d'une langue étrangère doit être considérée comme un facteur économique important, en termes de ressources humaines. Mme Hanna-Renate Laurien aborde, dans ce contexte, le rôle de la langue en tant qu'élément de pouvoir, dans le rapport de force entre deux pays. Elle termine son intervention en rappelant la richesse que représente la langue dans les relations entre les êtres humains. M. Frédéric Hartweg, Professeur à l'Université de Paris X et qui préside le congrès, revient sur les principes fondamentaux qui sous-tendent les activités de l'OFAJ et sur le rôle qu'y joue la langue. Il rappelle également le travail effectué par l'OFAJ pour insuffler de nouvelles méthodes d'apprentissage, en privilégiant le lien entre langue et culture et l'aspect socio-pédagogique de l'apprentissage linguistique. Enfin, il insiste sur la portée symbolique du choix du lieu d'implantation de ce congrès: Berlin, et y voit là non seulement une ouverture sur les nouveaux Länder, mais aussi sur les pays de l'Europe de l'Est.

Le premier thème du congrès était: Langue maternelle et langue étrangère. »Le rapport à sa propre langue et l'attitude face à une langue étrangère chez les Français et les Allemands« constituait la première partie des réflexions. M. Robert Picht, Directeur de l'Institut franco-allemand de Ludwigsburg, dans son exposé »La parole est d'argent et le silence est d'or«, analyse le rapport qu'entretiennent les Allemands avec leur langue, mais aussi avec leurs dialectes. Il constate que la langue des »managers« (chiffres, faits, pragmatisme) se développe de plus en plus, comme si elle pouvait servir de rempart à l'univers affectif. Utiliser une langue que l'on ne maîtrise pas parfaitement est alors un bouclier qui permet de ne pas se montrer tel que l'on est. M. Dominique Bourel, Directeur d'Etudes au CNRS, dans son exposé »Les Français ne sont pas doués pour les langues...!«, rappelle que la langue française a connu un rayonnement qui ne rendait pas nécessaire d'apprendre d'autres langues. De plus, les Français entretiennent une relation passionnelle avec leur langue. Il faut tendre à une maîtrise parfaite, car c'est un révélateur de l'appartenance sociale. Il est alors logique d'être aussi exigeant pour ce qui est de la maîtrise d'une langue étrangère. Pour autant, il constate que de plus en plus de Français parlent de mieux en mieux les langues étrangères. M. Heinz Wismann, Professeur à l'Ecole des Hautes Etudes de Paris, nous parle ensuite d'»une lingua franca ou une langue porteuse d'une culture«. Il inverse la question en enrichissant la réflexion sur le lien entre culture et langue. Il pose également la question des compétences à acquérir dans une langue étrangère, compétences qui ne doivent pas être universelles, mais sectorielles, selon les besoins réels des apprenants. Il plaide donc pour repenser notre enseignement des langues et pour développer également des connaissances passives dans différentes langues, au lieu de n'en maîtriser qu'une, plus ou moins parfaitement d'ailleurs.

La deuxième partie de la journée était consacrée à l'aspect politique de la question linguistique. Mme Brigitte Mohr, journaliste à la Frankfurter Allgemeine Zeitung, anime une discussion entre M. Daniel Parfait et M. Barthold C. Witte, ancien Directeur général des Affaires Culturelles au Ministère fédéral des Affaires Etrangères, sur le thème »L'importance de la langue du partenaire en France et en Allemagne«. Cette discussion met en évidence les carences des politiques des deux pays pour développer l'apprentissage de la langue du partenaire.

»De nouvelles perspectives pour l'apprentissage des langues – La langue dans les rencontres franco-allemandes«, tel était le thème de la deuxième journée de ce congrès. M. Albert Raasch, Professeur à l'Université de Sarrebruck, dans son exposé »La place du linguistique dans le processus d'apprentissage interculturel« s'exprime en faveur de l'apprentissage interculturel dans les cursus universitaires et scolaires. Il faut aller plus loin et au-delà des concepts d'enseignement communicatif et de civilisation. Il constate que l'apprentissage interculturel, contenant la notion d'empathie et de coopération, se fait en dehors de l'école et souhaite vivement qu'il trouve sa place dans l'apprentissage scolaire. M. Ulrich Dausendschön-Gay, Maître de Conférences à l'Université de Bielefeld, dans sa contribution »La rencontre: un lieu privilégié pour l'apprentissage de la langue du partenaire«, présente des exemples d'activités linguistiques insérées dans des programmes d'échanges. Il développe le concept d'animation linguistique, en démontrant que la situation de rencontre est riche d'une potentialité linguistique. La coopération entre les jeunes pour se comprendre et s'aider mutuellement à s'exprimer se fait très naturellement ; elle peut être facilement utilisée pour favoriser les acquisitions linguistiques. La communication verbale et non-verbale pendant la rencontre doit être privilégiée, car ce contact engendre des acquisitions linguistiques qu'il faut ensuite développer et enrichir.

Sous le titre »Une autre façon d'enseigner les langues«, viennent ensuite différents témoignages d'enseignants ayant expérimenté des formes nouvelles de cours. Cela va de l'enseignement de l'allemand dans des cours extra-scolaires dans le cadre des jumelages, en passant par un cours de français orienté sur la ville jumelée dans une Volkshochschule, les cours de langue binationaux à orientation professionnelle, ou combinés à une rencontre de jeunes, jusqu'à

la préparation linguistique, pendant un week-end, de jeunes devant participer ensuite à un échange. Ces expériences ont ceci de commun qu'elles partent des besoins réels des apprenants et se basent sur un enseignement ludique et innovant en matière d'organisation de l'enseignement. L'aspect interculturel, en particulier dans les cours binationaux, permet de lier l'apprentissage linguistique et l'apprentissage interculturel.
La dernière partie de la journée était consacrée à l'enseignement précoce: »Quand et comment commencer à apprendre une langue étrangère«. Les participants à cette table ronde sont d'accord pour dire qu'il faut commencer le plus tôt possible. Mme Brigitte Millet, Inspecteur Pédagogique Régional d'allemand, s'appuyant sur des recherches faites dans le domaine de la psycholinguistique, indique que l'âge de neuf ans semble être le plus favorable pour commencer un apprentissage en milieu scolaire. Mme Astrid Meyer, Professeur à l'IUFM d'Alsace, insiste sur le fait que la pédagogie doit être adaptée au jeune enfant lorsque l'on parle d'enseignement précoce. Elle démontre que l'apprentissage précoce d'une langue étrangère favorise le développement psychologique et intellectuel de l'enfant. M. Heribert Rück, Professeur à l'Université de Coblence-Landau, va également dans ce sens, en soulignant que les enfants doivent ressentir la langue étrangère comme un moyen naturel de communication. Cette démarche ne doit pas pour autant exclure d'exercer de façon plus systématique certains schémas lorsque les enfants rencontrent des difficultés. M. Helmut Wittmann du Ministère bavarois de la Culture constate, lui aussi, les résultats positifs obtenus dans un projet pilote d'enseignement précoce, mais insiste sur une question préoccupante, celle de la qualification des enseignants. En reprenant de façon systématique les arguments pour et contre l'enseignement précoce des langues, il en conclut que les arguments »pour« dominent.
Le dernier thème était: »L'apprentissage des langues dans l'Europe de 1993 – un défi pour l'école, l'université et la formation continue«. Une table ronde autour de la question »De quels enseignants avons-nous besoin?« réunissait des experts venant de différents secteurs. Mme Michelle Brenez de l'Institut National de Recherches Pédagogiques parle des professeurs de collèges et lycées et pose la question de la formation de ces enseignants. Est-elle adaptée à la fonction et au rôle qu'ils auront ensuite à assumer? Elle reprend, en d'autres termes, les interrogations de M. Albert Raasch et plaide pour que les futurs enseignants soient formés à préparer les jeunes à la rencontre avec une autre culture. Par ailleurs, les futurs enseignants devraient recevoir un minimum de formation à la psychologie de l'adolescent. M. Jean Klein, Professeur à l'Ecole d'Interprètes de l'Université de Mons (Belgique), parle ensuite d'un autre type de médiateur: l'interprète ou le traducteur, celui par qui passe la

communication interculturelle. Entre deux groupes monolingues, celui-ci est le pivot du dialogue. Pour cela, il doit être parfaitement informé et au fait des évolutions dans les pays de ses interlocuteurs, pour comprendre et transmettre les messages. Jusqu'à présent, l'enseignant de langue était exempt de posséder ce que M. Jean Klein nomme la cinquième compétence, mais peut-il en être encore ainsi? La formation des enseignants doit en conséquence être repensée et toutes les forces, parties prenantes de la formation des enseignants, doivent se mobiliser pour donner au futur enseignant tous les moyens de sa réussite. M. Jean-Claude Lasnier, Directeur du Centre de Formation Professionnelle de Montivilliers, revient sur la pédagogie de l'enseignement des langues, en particulier pour les langues à usage professionnel. Dans ce cadre-là, en effet, les adultes ont des besoins très précis et doivent devenir opérationnels. L'enseignement dispensé doit tenir compte de cette situation particulière. Par ailleurs, la notion d'autonomie d'apprentissage est très importante, puisque ce public a souvent peu de temps à consacrer à l'apprentissage en groupe. M. Herbert Braun de la Chambre des Métiers de Sarrebruck nous parle ensuite d'un public spécifique, celui d'artisans en région frontalière. Ce public a une motivation souvent très concrète, celle d'ouvrir éventuellement une succursale dans l'autre pays. Là encore, il faut partir de ce qu'apporte l'apprenant comme bagage scolaire et comme connaissances linguistiques, souvent très réduites. L'enseignant devrait avoir des connaissances linguistiques en langue de spécialité, autant qu'un savoir-faire de bon pédagogue, ce qui est malheureusement rarement le cas.
La dernière partie du congrès était consacrée à la question: »Enseignement général – enseignement professionnel: de combien de langues avons-nous besoin?« Mme Els Oksaar, Professeur à l'Université de Hambourg, répond: »plus d'une, au moins deux« ou encore: »le plus possible«. Elle souligne que plus de 70 % de la population mondiale est polyglotte, et que les monoglottes sont donc à considérer comme un groupe particulier et problématique. Elle pose ensuite une autre question essentielle: quel niveau de connaissances devons-nous atteindre et dans quel contexte socio-culturel avons-nous besoin de ces connaissances? Les réponses peuvent alors être multiples, puisque de l'importance de ces besoins dépendra le nombre de langues que l'on doit maîtriser. Il faut aussi se demander ce que l'on souhaite faire de ces langues, quelles fonctions elles doivent couvrir: dans la réalité, on constate, en général, une »répartition des tâches« entre les différentes langues. Elle aussi insiste sur le fait que l'apprentissage d'une langue doit être également l'apprentissage d'une culture. De la maîtrise des phénomènes para- et non-verbaux, des règles de conduite en vigueur dans l'autre culture, dépend, en fait, la réussite de la communication. M. Hans-Jürgen Brackmann, représentant du patronat allemand

(Bundesvereinigung der Deutschen Arbeitgeberverbände), part du principe que »la meilleure langue est celle du client«. Partant de ce présupposé, il est impératif, dans l'Europe de demain, de maîtriser les langues des partenaires commerciaux. M. Brackmann insiste, lui aussi, sur la nécessité de connaître la langue, mais aussi la culture du pays dans lequel on veut »vendre«. En terme de ressources humaines, cela signifie que les entreprises devront, à l'avenir, avoir des cadres étant en mesure de se mouvoir dans une langue et une culture étrangères. Les besoins de l'économie en langues étrangères sont connus, Brackmann les cite, il est donc évident que l'enseignement des langues doit avoir une place privilégiée dans la formation, qu'elle soit scolaire, universitaire ou continue. M. Jean-Pierre Van Deth, Président d'Expolangues, défend également l'apprentissage de plusieurs langues étrangères et soulève un autre problème: alors qu'il y a un consensus sur cette nécessité, la politique menée en matière d'éducation n'est absolument pas volontariste dans ce domaine. En ce qui concerne le choix d'une langue étrangère, il souligne que celui-ci est bien souvent fait par les parents et souvent sur des critères de prestige qui risquent de faire l'impasse sur les besoins réels. Enfin, il souhaite que chaque pays de la Communauté Européenne s'engage pour la diffusion de sa propre langue, dans le cadre d'une politique concertée et en soutenant les pays disposant de peu de moyens.
M. Frédéric Hartweg tire, enfin, les conclusions du congrès et souligne la grande qualité des interventions et l'intérêt qu'a manifesté le public. Il note cependant que l'enthousiasme ressenti pendant ces trois jours ne doit pas faire oublier que nous ne nous trouvons pas en situation de triomphe, puisque la position du français en Allemagne et de l'allemand en France reste menacée. Il termine en invitant les participants à œuvrer, dans leur réalité quotidienne, pour faire en sorte que cette situation change.
Penser autrement l'enseignement des langues, faire en sorte que la langue étrangère soit vécue comme un véritable moyen de communication, désormais indispensable: les exposés de ce troisième congrès de l'OFAJ sont autant de contributions à ces discussions. Par cette publication, l'Office franco-allemand pour la Jeunesse souhaite encourager les innovations en la matière, pour que les jeunes, demain, soient en mesure de communiquer avec leur partenaire.

Table des matières/Inhaltsverzeichnis

Programm

Montag, 1. Februar 1993

14.30 Uhr	Begrüßung: Gert Hammer, Generalsekretär des DFJW Eröffnung: Daniel Parfait, Conseiller Culturel, Ambassade de France, Bonn Dr. Hanna-Renate Laurien, Präsidentin des Abgeordnetenhauses von Berlin Einleitung: Prof. Frédéric Hartweg, Paris

MUTTERSPRACHE UND FREMDSPRACHE

15.30 Uhr	Verständnis der eigenen Sprache und Einstellung zur Fremdsprache bei Deutschen und Franzosen »Reden ist Silber, Schweigen ist Gold« Referent: Prof. Dr. Robert Picht, Deutsch-Französisches Institut, Ludwigsburg »Die Franzosen sind für Fremdsprachen nicht begabt...!« Referent: Dominique Bourel, Directeur d'Etudes, Centre National de la Recherche Scientifique, Paris
16.15 Uhr	»Lingua franca« oder Sprache als Kulturträger Referent: Prof. Dr. Heinz Wismann, Professor an der Ecole des Hautes Etudes de Paris, Leiter der Forschungsstätte der Evangelischen Studiengemeinschaft, Heidelberg
17.00 Uhr	Pause
17.30 Uhr	Die Bedeutung der Partnersprache in Deutschland und Frankreich Referenten: Daniel Parfait, Conseiller Culturel, Ambassade de France, Bonn Dr. Barthold C. Witte, Ministerialdirektor a.D., ehemaliger Leiter der Kulturabteilung des Auswärtigen Amtes, Bonn Diskussionsleiterin: Dr. Brigitte Mohr, Frankfurter Allgemeine Zeitung, Bonn
18.30 Uhr	Ende der Beratungen

Dienstag, 2. Februar 1993

NEUE ANSÄTZE IM FREMDSPRACHENLERNEN

Sprache in deutsch-französischen Begegnungen

9.00 Uhr	Sprachvermittlung im interkulturellen Lernprozeß Referent: Prof. Dr. Albert Raasch, Universität Saarbrücken
10.00 Uhr	Pause
10.30 Uhr	Chancen und Möglichkeiten des Fremdsprachenerwerbs in der Begegnung Fallbeispiele/Darstellung von Projekten: – Jugendbegegnung Referenten: – Andreas Boschen, – Bettina Offermann, – Fabienne Bailly – Sportbegegnung Referent: Robert Lacroix – Begegnung junger Berufstätiger Referent: Timm Uekermann – Schülerbegegnung Referentin: Betty Delavenna Diskussionsleitung: Dr. Ulrich Dausendschön-Gay, Universität Bielefeld
12.30 Uhr	Mittagessen
14.00 Uhr	»Sprachunterricht – einmal anders...« Fallbeispiele/Darstellung von Projekten: – Sprache und Städtepartnerschaft – Binationale Fachsprachenkurse – Deutsch-französische Sprachbegegnungen – Sprachliche Vorbereitung eines Austauschprogramms
16.30 Uhr	Pause
17.00 Uhr	Wann und wie mit der Fremdsprache beginnen? Podiumsdiskussion: Astrid Meyer, Institut Universitaire de Formation des Maîtres, Strasbourg Brigitte Millet, Inspecteur Pédagogique Régional d'allemand, Metz Prof. Dr. Heribert Rück, Universität Koblenz-Landau, Landau

	Dr. Helmut Wittmann, Bayerisches Staatsministerium für Unterricht und Kultus, München
18.30 Uhr	Ende der Beratungen

Mittwoch, 3. Februar 1993

SPRACHERWERB IM EUROPA VON 1993

Anforderungen in Schule, Hochschule und Weiterbildung

9.00 Uhr	Welche Sprachmittler brauchen wir heute? Podiumsgespräch: Herbert Braun, Handwerkskammer Saarbrücken Michelle Brenez, Institut National de Recherches Pédagogiques, Sèvres Prof. Dr. Jean Klein, Dolmetscher-Institut der Universität Mons Jean-Claude Lasnier, Institut Consulaire de Perfectionnement, Montivilliers
10.30 Uhr	Pause
11.00 Uhr	Allgemeinbildung – Berufsbildung: Wieviele Sprachen braucht der Mensch? Referenten: Prof. Dr. h.c. Els Oksaar, Universität Hamburg Hans-Jürgen Brackmann, Geschäftsführer der Bundesvereinigung der Deutschen Arbeitgeberverbände, Köln Jean-Pierre Van Deth, Präsident von Expolangues, Paris
12.30 Uhr	Zusammenfassung durch den Tagungspräsidenten

Programme

Lundi 1er février 1993

14.30 h	Allocution de bienvenue de M. Gert Hammer, Secrétaire Général de l'Office franco-allemand pour la Jeunesse Ouverture des travaux par M. Daniel Parfait, Conseiller Culturel près l'Ambassade de France, Bonn Mme Hanna-Renate Laurien, Présidente du Parlement du Land de Berlin Introduction de M. le Professeur Frédéric Hartweg, Paris

LANGUE MATERNELLE ET LANGUE ETRANGERE

15.30 h	Le rapport à sa propre langue et l'attitude face à une langue étrangère chez les Français et les Allemands »La parole est d'argent et le silence est d'or« Exposé de M. le Professeur Robert Picht, Deutsch-Französisches Institut, Ludwigsburg «Les Français ne sont pas doués pour les langues...!« Exposé de M. Dominique Bourel, Directeur d'Etudes au Centre National de la Recherche Scientifique, Paris
16.15 h	Une »lingua franca« ou une langue porteuse d'une culture Exposé de M. le Professeur Heinz Wismann, Ecole des Hautes Etudes de Paris, Directeur de la Forschungsstätte der Evangelischen Studiengemeinschaft, Heidelberg
17.00 h	Pause
17.30 h	L'importance de la langue du partenaire en France et en Allemagne Exposés de: M. Daniel Parfait, Conseiller Culturel, Ambassade de France, Bonn M. Barthold C. Witte, ancien Directeur des Affaires Culturelles au Ministère fédéral des Affaires Etrangères, Bonn

	Discussion animée par Mme Brigitte Mohr, Frankfurter Allgemeine Zeitung, Bonn
18.30 h	Interruption des travaux

Mardi 2 février 1993

DE NOUVELLES PERSPECTIVES POUR L'APPRENTISSAGE DES LANGUES

La langue dans les rencontres franco-allemandes

9.00 h	La place du linguistique dans le processus d'apprentissage interculturel Exposé de M. le Professeur Albert Raasch, Université de Saarebruck
10.00 h	Pause
10.30 h	La rencontre: un lieu privilégié pour l'apprentissage de la langue du partenaire Présentation d'activités linguistiques dans des programmes d'échanges: – rencontre de jeunes dans le domaine jeunesse Rapporteurs: Fabienne Bailly, Andreas Boschen, Bettina Offermann – rencontre sportive Rapporteur: Robert Lacroix – rencontre de jeunes professionnels Rapporteur: Timm Uekermann – rencontre scolaire Rapporteur: Betty Delavenna Exposé et discussion animée par M. Ulrich Dausendschön-Gay, Université de Bielefeld
12.30 h	Déjeuner
14.00 h	Une autre façon d'enseigner les langues Présentation de projets: – langue et jumelage de villes – cours de langue binationaux à orientation professionnelle – séjours linguistiques franco-allemands – préparation linguistique d'un programme d'échange
16.30 h	Pause

17.00 h	Quand et comment commencer à apprendre une langue étrangère ? Table ronde avec: Mme Astrid Meyer, Institut Universitaire de Formation des Maîtres, Strasbourg Mme Brigitte Millet, Inspecteur Pédagogique Régional d'allemand, Metz M. le Professeur Heribert Rück, Université de Coblence-Landau, Landau M. Helmut Wittmann, Ministère de l'Education de la Bavière, Munich
18.30 h	Interruption des travaux

Mercredi 3 février 1993

L'APPRENTISSAGE DES LANGUES DANS L'EUROPE DE 1993

Un défi pour l'école, l'université et la formation continue

9.00 h	De quels enseignants avons-nous besoin ? Table ronde avec: M. Herbert Braun, Chambre des Métiers de Sarrebruck Mme Michelle Brenez, Institut National de Recherches Pédagogiques, Sèvres M. le Professeur Jean Klein, Ecole d'Interprètes de l'Université de Mons M. Jean-Claude Lasnier, Institut Consulaire de Perfectionnement, Montivilliers
10.30 h	Pause
11.00 h	Enseignement général – enseignement professionnel: De combien de langues avons-nous besoin ? Exposés de: Mme le Professeur Els Oksaar, Université de Hambourg M. Hans-Jürgen Brackmann, Bundesvereinigung der Deutschen Arbeitgeberverbände, Cologne M. Jean-Pierre Van Deth, Président d'Expolangues, Paris
12.30 h	Conclusions du Président du Congrès

1. DISCOURS D'OUVERTURE

1. ERÖFFNUNGSANSPRACHEN

Gert Hammer, Secrétaire général de l'Office franco-allemand pour la Jeunesse (OFAJ)/Generalsekretär des Deutsch-Französischen Jugendwerks (DFJW)

Dieser Kongreß, der dritte des Deutsch-Französischen Jugendwerks, ist die erste Veranstaltung, die das DFJW aus Anlaß des 30-jährigen Jubiläums des Deutsch-Französischen Vertrages und damit auch zum 30-jährigen Geburtstag des DFJW durchführt.

Lassen Sie mich beginnen mit einem Zitat aus dem Vertragstext: »Die beiden Regierungen erkennen die wesentliche Bedeutung an, die der Kenntnis der Sprache des anderen in jedem der beiden Länder für die deutsch-französische Zusammenarbeit zukommt. Zu diesem Zweck werden sie sich bemühen, konkrete Maßnahmen zu ergreifen.« Wenn wir uns dieses Zitat anschauen, so glaube ich, die Realität sieht anders aus. Sie nimmt weder Rücksicht auf die besonderen Beziehungen, die zwischen Deutschland und Frankreich bestehen, noch auf die wirtschaftliche Verflechtung, die zwischen unseren beiden Ländern in den letzten 30 Jahren entstanden ist, noch auf die Bedeutung der gegenseitigen Sprachkenntnisse für das Sich-Verstehen zwischen den Bürgern beider Völker. Fazit nach 30 Jahren zu dem eben genannten Zitat: Ich glaube, daß der Vertrag in diesem Punkt noch lange nicht erfüllt ist; bei anderen Vertragspunkten ist das ganz anders. Dabei fehlt es nicht an Anstößen aus der Politik, die Spracharbeit weiter voran zu bringen. Ich erinnere nur an den Kulturgipfel 1981, an den Kulturgipfel 1986 in Frankfurt mit entsprechenden Erklärungen für die Förderung der Partnersprache, und ich möchte als neuestes Beispiel auch zitieren, was der deutsche Bundeskanzler bei der Feier des 30-jährigen am 21. Januar in Bonn gesagt hat: »Es ist doch wohl keine vermessene Idee, in allen deutschen und französischen Städten über 200.000 Einwohner Gymnasien einzurichten, die sowohl zum deutschen wie zum französischen Abitur führen.« Er meinte nicht die formale Erfüllung des Abiturs, sondern bezogen auf die Sprache, die Einrichtung von bilingualen Zweigen.

Für das DFJW ist Spracharbeit seit 1989 erneut zu einer besonderen Priorität geworden. Warum dies? Wir haben 1989 beschlossen, junge Deutsche und junge Franzosen auf den größeren Freiheits- und Aktionsraum vorzubereiten, den das

Europa '93 seit Januar dieses Jahres eröffnet hat, nämlich die Möglichkeit, daß jeder Mensch, jeder Jugendliche, die Mobilität, die Ausbildung, das Arbeiten im andern Land zum Teil seiner persönlichen Lebensplanung machen kann. Nicht Mobilität als Selbstzweck, sondern Mobilität als eine größere Möglichkeit für die eigene Lebensgestaltung. Doch es reicht noch lange nicht, die rechtliche Grundlage für die größere Freizügigkeit zu haben. Sie zu verwirklichen ist nur dann möglich, wenn die Menschen mit ihrem Wissen, ihrem Können darauf vorbereitet sind. Dazu brauchen sie mehr Information aus dem anderen Land. Aber je besser man die Sprache des Partners kennt, umso mehr Information kann man haben. Dann ist man nämlich nicht mehr darauf angewiesen, daß jemand übersetzt. Man braucht das interkulturelle Lernen, das heißt, gelernt zu haben, die Gleichheiten und Unterschiedlichkeiten der anderen Kultur zu erkennen, zu tolerieren und in ihr zu leben, ohne die eigene Identität zu verlieren. Auch das wird umso besser gehen, je mehr Sprachkenntnisse ich habe; denn mit Sprachkenntnissen, mit dem direkten Dialog zwischen Menschen der beiden Völker, kann ich tiefer eintauchen in das Denken, in das Wollen des anderen. Und nicht zuletzt: Sprache ist eine Grundbedingung der Mobilität, denn was tut der junge Bäckergeselle, der ein Praktikum in Frankreich macht und dann mit einer französischen Kundin zu tun hat, wenn er sich mit ihr auf Französisch nicht unterhalten kann.
Dies alles sind drei Gründe, weshalb wir die Spracharbeit stärker gefördert haben. Wir hatten damit in den letzten Jahren Erfolg. Wir haben seit dem Zeitpunkt, wo wir die Spracharbeit zu einer Priorität gemacht haben, die Teilnehmer an reinen Sprachprogrammen des DFJW verdreifacht. In so kurzer Zeit ist es meines Erachtens keine schlechte Bilanz. Dabei sind nicht einmal die Anstrengungen im Rahmen der Sprachanimation, im Rahmen normaler Begegnungsprogramme, die zusätzlich eine Sprachkomponente bekommen haben, berücksichtigt. Was kann das Deutsch-Französische Jugendwerk machen, um die Partnersprache besser zu verbreiten? Das DFJW kann mit Sicherheit nicht, um es zunächst einmal negativ abzugrenzen, tatsächliche oder vermeintliche Versäumnisse der Schulen und Hochschulen nachholen. Das wäre eine Überforderung. Wir können aber einen ganz spezifischen Beitrag leisten: so wie wir es als Organisation für den Breitenaustausch nicht zur Voraussetzung machen, daß jemand die Sprache des Nachbarn kennt, um an einer Begegnung teilzunehmen, so können wir umgekehrt die Forderung erheben, daß jede Begegnung und jeder Austausch Motivationen sind, um die Partnersprache zu erlernen. Deshalb meine ich, daß wir alle zusammen hier stark darauf hinwirken müßten, daß Motivationselemente in Begegnungen und Austausch, ganz gleich welcher Art, eine größere Rolle spielen. Das DFJW hat dabei einen großen Vorteil: es kann viel flexibler experimentieren, bestimmte Methoden

und didaktische Zugänge mit Partnern ausprobieren, um sie dann anderen Partnern zu empfehlen und Ratschläge zu geben. Dies bedeutet, daß wir in ganz anderen Formen arbeiten können als es aus der Natur der Sache im Schul- und Hochschulbereich notwendig ist. Ich möchte nur in diesem Kontext, um auf das wirkliche Sprachenlernen einzugehen, an die Einführung der binationalen Intensivsprachkurse erinnern, eine Kursform, die mit der Tandem-Methode beim DFJW entwickelt wurde und heute in fast allen Bereichen Eingang findet: von der allgemeinen Jugendarbeit mit binationalen Intensivsprachkursen über den Ausbildungsbereich, beispielsweise mit den Compagnons du Devoir, im Hochschulbereich im Kontext mit Fachsprachenkenntnissen; selbst Schulen beginnen darüber nachzudenken, ob sie solche binationalen Intensivsprachkurse nicht auch im Rahmen ihres Unterrichts zu einem besonderen Punkt machen können. Diese Flexibilität, diese Leichtigkeit des Zugangs und Experimentierens soll auch künftig Marschrichtung bei der Weiterentwicklung dieser Arbeit sein.
Wenn ich nun diese Bilanz über die Arbeit gerade auch der letzten Jahre ziehe, so ist die Frage, welche Position hat in diesem Kontext dieser Kongreß zu erfüllen? Wofür brauchen wir diesen Kongreß? Für mich ist das Wichtige an ihm, daß wir die Möglichkeit haben, mit den vielen hervorragenden Referenten, die sich bereit erklärt haben, unsere Maßnahmen in einem sprachpolitischen Gesamtkontext mit uns zu reflektieren, zu diskutieren. Dabei möchten wir drei Ziele erreichen: Erstens, überprüfen, ob die Aktionen, die wir unternommen haben, richtig waren oder wo wir korrigieren müßten. Zweitens, neue Impulse aus der Diskussion dieses Kongresses aufnehmen, nicht stagnieren, sondern weiter nach vorne gehen. Und drittens, Ihnen allen, die hier sind, neue Ideen mitgeben, damit Sie in der deutsch-französischen Arbeit zusätzliche Impulse setzen können, sodaß Sie nicht fragen müssen »Was machen die Regierungen und wann?«, sondern daß Sie selbst Initiativen ergreifen können, um junge Menschen an die Sprache des Partners heranzuführen.
Wir haben diesen Kongreß bewußt nach Berlin gelegt, denn wir wissen, daß in den neuen Bundesländern bis 1989 Französischkenntnisse relativ wenig verbreitet waren. Wir wollten ein Zeichen setzen, indem wir hier nach Berlin, man kann fast sagen, in die Mitte der neuen Bundesländer kommen, um hier auch unsere Ideen ausstrahlen zu können, zu motivieren. Auch in den neuen Bundesländern sollte noch mehr, und es hat schon sehr zugenommen, Französisch gelernt werden. Dies ist wichtig, um die besonderen Beziehungen zwischen Deutschland und Frankreich nicht nur bis zur Elbe sondern bis zur Oder zu pflegen.
In diesem Sinne hoffe ich, daß wir fruchtbare Diskussionen haben werden, die Ihnen bei der Arbeit helfen und uns helfen, das weiterzuentwickeln, was wir uns mit Energie gerade in den letzten Jahren vorgenommen haben.

Daniel Parfait, Conseiller Culturel, Ambassade de France, Bonn

Ayant l'honneur de prendre la parole au début de ce congrès, j'ai aussi le plaisir de vous apporter le salut et les vœux de Madame Frédérique Bredin, Ministre de la Jeunesse et des Sports, de Madame Catherine Tasca, Secrétaire d'Etat à la Francophonie et aux Relations Culturelles Extérieures et de notre Ambassadeur, Monsieur Bertrand Dufourcq.

Ce troisième congrès de l'OFAJ se tient quelques jours après la commémoration du 30e anniversaire du Traité de l'Elysée, un mois après l'entrée en vigueur de l'acte unique. C'est-à-dire qu'il permet de préparer l'avenir à partir du bilan d'une coopération qui s'est voulue privilégiée, qui l'a été dans de nombreux domaines mais qui, en matière d'enseignement des langues, n'a pas pleinement répondu aux attentes nées du traité.

On y proclamait »l'importance essentielle que revêt pour la coopération franco-allemande la connaissance, dans chacun des deux pays, de la langue de l'autre«. Les gouvernements devaient *s'efforcer* de prendre des »mesures concrètes« en vue d'accroître le nombre des élèves allemands apprenant la langue française et celui des élèves français apprenant la langue allemande.

De fait, de sommet en sommet, de commission d'experts en réunion interministérielle, l'enseignement des langues est devenu un thème voué à l'éternel retour. Les administrations n'ont pas ménagé leurs efforts. Pourtant, il est clair que les résultats ne sont pas à la mesure des ambitions.

Or, aujourd'hui, l'Europe ne nous laisse plus le choix. Au cours de l'année écoulée, on s'est aperçu avec surprise que l'idée européenne restait fragile dans les opinions publiques. Il faut en tirer les conclusions: on ne fera pas l'Europe sans former des Européens. Et on ne formera pas des Européens sans renforcer l'enseignement des langues vivantes.

C'est probablement en ce sens qu'il faut comprendre cette phrase de Jean Monnet: »Si je pouvais remettre en chantier la construction européenne, je commencerais par l'Europe de la culture«.

C'est pourquoi, parmi les interrogations sur l'avenir socio-culturel de l'Europe, celles qui touchent aux langues prennent toujours plus d'acuité. Des travaux du Conseil de l'Europe à la mise en œuvre des programmes LINGUA, l'apprentissage des langues vivantes, à l'école et hors de l'école, a opéré une mutation. Le mouvement est profond et irréversible: il n'est pas excessif d'affirmer que les années 90 seront aussi celles de l'Europe des langues.

Ainsi, il y a quelques jours, à Paris, le Salon International des Langues et des cultures, Expolangues, rassemblait pour sa onzième édition, quelque quarante mille visiteurs. C'est l'occasion qu'avait choisie le Ministre d'Etat, Ministre

de l'Education et de la Culture, M. Jack Lang, pour annoncer »vingt mesures pour une politique linguistique« visant à rénover, en France, l'apprentissage des langues de l'école élémentaire à l'université. J'y reviendrai.
Expolangues venait à peine de fermer ses portes que le 25 janvier s'ouvrait à Clermont-Ferrand, toujours à l'initiative de M. Jack Lang, un »colloque national pour le développement de l'enseignement des langues à l'école élémentaire«.
Près de vingt représentants de douze pays d'Europe avaient été invités à participer à une réflexion ouverte sur la généralisation progressive de l'initiation à une langue vivante dans l'école primaire.
Dans quelques jours, les 15 et 16 février prochain, se tiendra, à Aix-en-Provence, un autre séminaire sur l'enseignement des langues étrangères aux non-spécialistes à l'université. On n'en est pas resté aux réflexions et aux discours.
Des initiatives concrètes ont été adoptées. Ainsi, le 19 août dernier, une circulaire ministérielle créait en France les »sections européennes« inspirées directement des »sections bilingues franco-allemandes« qu'on avait joliment appelées, à leur naissance, »filles du Traité de l'Elysée«.
Parmi les vingt mesures pour une politique linguistique, que j'évoquais à l'instant, permettez-moi de citer les six premières:

- Généralisation progressive de l'initiation à une langue vivante à l'école primaire
- Développement des sections européennes en collège et en lycée
- Augmentation des horaires de langue dans le cadre de la rénovation des lycées
- Coefficients renforcés pour les langues au baccalauréat en série L, ES, et STT
- Mesures en faveur des langues dans l'enseignement professionnel
- Enseignement obligatoire d'au moins une langue vivante étrangère dans tous les DEUG

C'est dans cette perspective que ce congrès »Langue étrangère – langue du partenaire« prend tout son sens. Il rappelle que l'allemand et le français ne sont pas pour nos deux pays de simples langues étrangères: l'allemand et le français sont la langue du partenaire. J'ajoute qu'il est de bon augure que ce colloque soit organisé par l'OFAJ, car l'Office offre l'illustration d'une des plus brillantes réalisations de la coopération franco-allemande. Il a, pour sa part, pleinement répondu aux attentes du traité et a su, récemment, élargir son action aux nouveaux Länder. Nul n'a mieux que l'Office, l'expérience et l'autorité qui en dérive, pour parler d'un partenariat qu'il a si largement contribué à développer.
Comment alors, partenaires, français et allemands, contribuer ensemble à faire

l'Europe des langues? Deux obligations, deux ardentes obligations comme on aurait dit à l'époque du traité s'imposent à nous.
Première obligation: généraliser l'enseignement de deux langues vivantes jusqu'à l'*Abitur* et au baccalauréat. Affirmons tout d'abord et clairement l'utilité indiscutable d'apprendre l'anglais. La demande sociale l'impose. Banalisons-la! Mais cette utilité n'exclut pas la nécessité d'apprendre d'autres langues. Elle l'exige au contraire sous peine d'une uniformité à laquelle l'Europe s'est toujours refusée. Si le maintien du pluralisme linguistique et culturel fonde en effet »l'identité européenne«, alors la compétence européenne, dont devra faire preuve la génération de demain, passe par la généralisation de l'enseignement obligatoire de deux langues vivantes au cours de la scolarité réglementaire, cette nécessité a été reconnue dans la déclaration commune adoptée lors du dernier sommet franco-allemand.
Poser cette exigence, c'est faire admettre à l'institution scolaire que l'apprentissage des langues vivantes n'est pas comparable à celui des autres disciplines. Pourquoi en effet réserver à certains des élèves soit disant plus »doués« que d'autres l'apprentissage de l'allemand ou du français?
Réserve-t-on l'enseignement du calcul ou de l'histoire aux meilleurs? L'égalité des chances serait-elle le plus petit ou le plus grand dénominateur commun?
Offrir à tous les jeunes Français et Allemands d'aujourd'hui la possibilité d'apprendre la langue du partenaire, c'est non seulement débarrasser nos deux langues de leurs oripeaux de langues »difficiles« mais c'est aussi en actualiser l'image finalement »appauvrissante«, parce que réductrice, de langues »culturelles«, c'est donc les vêtir de neuf et valoriser leurs fonctions de langues de contact, de langues de commerce et de langues de travail. Nos amis britanniques eux-mêmes, ne s'aperçoivent-ils pas que, pour bien vendre à leurs partenaires européens, la connaissance des »langues continentales« peut n'être pas superflue. Un travail de pédagogie sociale s'impose donc.
Seconde obligation: créer une »filière d'enseignement bilingue et bi-culturelle« allant de l'apprentissage précoce de la langue du partenaire jusqu'à la fin des études universitaires. Cette filière sera le premier modèle d'éducation européenne. Pour ce faire, commençons plus tôt: les spécialistes conviennent aujourd'hui que l'apprentissage dit »précoce« n'a rien d'exorbitant pour l'enfant. Commençons tôt mais abandonnons aussi très tôt l'étude de l'outil pour l'apprentissage du maniement de l'outil. Multiplions donc les classes bilingues, où la langue que l'on apprend permet d'apprendre des savoirs ou des comportements. Bannissons ainsi l'ennui des cours de langue qui, des années durant, n'ont d'autres horizons que leurs propres contours, une communication sans destinataire, une langue qui finit par oublier qu'elle doit s'incarner dans la parole. Ces sections bilingues déboucheront naturellement vers la double

délivrance de l'*Abitur* et du baccalauréat. Elles prépareront ainsi les élèves aux cursus intégrés du Collège franco-allemand de l'enseignement supérieur qui s'achèvent avec la délivrance d'un diplôme universitaire franco-allemand. Les jeunes diplômés, à l'aise dans deux langues, deux cultures, chez eux dans deux pays, seront les Européens de demain. Avec cette filière d'enseignement, la France et l'Allemagne, une fois de plus, auront fait œuvre de pionniers dans la construction européenne.

»Langue étrangère – langue du partenaire«. Je reviendrai, pour conclure, à la formule qui nous rassemble ici. Trente ans de coopération font de nous plus que des »étrangers« qui entretiennent des relations de »bon voisinage«. Nos langues respectives ne sauraient être, pour les jeunes de nos deux pays, de simples »langues de voisins«. C'est pourquoi nous allons parler, au cours de ce colloque, de la langue du partenaire, convaincu qu'il n'y a pas de partenariat véritable sans langues communes qui ne peuvent pas être, pour un partenariat durable, des langues tierces.

Hanna-Renate Laurien, Präsidentin des Abgeordnetenhauses von Berlin

Berlin heißt Sie willkommen, verbindet doch unsere Stadt ein besonderer Freundschaftsvertrag mit Paris, hat doch Frankreich zu den Schutzmächten gehört, die unsere Freiheit bewahrt und somit zu unserer heutigen Einheit beigetragen haben. 30 Jahre besteht der Elysée-Vertrag. In einer Würdigung vom Januar 1993 findet sich die Bemerkung: »Eines der größten Defizite der vergangenen 30 Jahre war und ist, daß beide Länder den Stellenwert der Kultur sträflich unterschätzt haben. Noch immer sind die Beziehungen »sprachlos«, woran auch der gemeinsame, erst 1992 eingerichtete Fernsehkanal *Arte* nichts ändert... Die Sprache des anderen muß erlernt werden, die völlig unterschiedlichen Bildungssysteme in beiden Ländern müssen einander angeglichen werden.« (Jochen Thies, in *Die Welt* vom 19.1.1993). Dem Schlußsatz bezüglich der Bildungssysteme stimme ich nicht zu. Es geht nicht um Angleichung, es geht um die Gleichrangigkeit des Unterschiedlichen, und sie ist in unseren Ländern grundsätzlich erreicht und wird durch die Maastrichter Verträge, die Bildung und Kultur aufnehmen, bestätigt. Was die Sprache, das Sprachenlernen angeht, so ist in der Tat hier ein allverbreitetes Defizit zu vermerken, aber gerade das DFJW setzt Gegenzeichen. In Deutschland kann ich nur Abitur machen und die Studierfähigkeit beweisen mit zwei Fremdsprachen. Allerdings zwei lebende Fremdsprachen als Bedingung hier zu formulieren, würde mir den endgültigen Vorwurf einhandeln, nichts vom Abendland, von Lateinisch und Griechisch zu halten. Der über die Jahrzehnte nie erlahmende Statistik-Wettstreit, in wessen Land mehr Schülerinnen und Schüler die Sprache des anderen lernen, ist wohl jedem hier vertraut. Es kann nicht nur um den Vergleich der jeweils ersten Fremdsprache gehen, das Geflecht muß vielfältiger sein.

So möchte ich ein paar Gedanken zur Sprache und zu den Sprachen einbringen. Der EG-Binnenmarkt ist da. Doch die Möglichkeit des ECU erregt die Menschen weit mehr als die Begegnung geistiger Welten. Zusammenhänge werden nur am Rande erwähnt. Mit der Ausdehnung des Marktes wird sich auch die soziale Funktion der Sprache wandeln. Georg Simmel schrieb 1907: »Je mehr Menschen miteinander in Beziehung treten, desto abstrakter und allgemeingültiger muß ihr Tauschmittel sein; und umgekehrt, ist erst einmal ein solches geschaffen, so gestattet es eine Verständigung auf sonst unzugängliche Entfernungen hin, eine Einbeziehung der allermannigfaltigsten Persönlichkeiten in die gleiche Aktion...«. Simmel spricht hier in seiner Schrift *Von der Philosophie des Geldes* vom Geld; doch dies alles ließe sich genauso über den Wandel der sozialen Funktion der Sprache sagen: sie ist in einem Europa der Vielfalt »Tauschmittel« der Verständigung. Doch, so will ich sogleich vorsichtig und vielleicht ernüchternd realistisch ergänzen: Schon heute ist der »allgemeingültige Tauschwert« das Englische. Selbst Franzosen, man stelle sich das vor, die auf Geschäftspartner treffen, die kein Französisch sprechen, radebrechen Englisch. Und so wenig Englischsprechende es gibt, die Japanisch lernen, so viele Japaner gibt es, die Englisch, aber – übrigens aus vielfältigen Zusammenhängen – auch Deutsch lernen. Die Frage wird also zugespitzt lauten, ob und wie eine Verkehrssprache die nationalen oder regionalen Sprachen beeinflußt, wie weit wirtschaftliche Fakten Wirkung auf sprachliche Entwicklungen haben.

Wir danken Florian Coulmas, dem in Tokio lehrenden Professor, in seinem aufregend interessanten Buch *Die Wirtschaft mit der Sprache* das Erschließen und Untersuchen der ökonomischen Perspektive der Sprache und den Aufweis der Zusammenhänge. Wenn man die Rede des Nachbarn für bare Münze nimmt oder sein Wort auf die Goldwaage legt, nähern wir uns der Feststellung von John Locke (Ende 17. Jh.), daß Worte »allgemeines Mittel des Handelns und der Verständigung seien, die niemand gehören und deren gültiger Wert von niemandem nur nach seinem Gutdünken geändert werden kann«.

Doch Coulmas – und ich mit ihm – verweist auf den Unterschied, der »zwischen der Hingabe eines Wortes und der eines Geldscheines besteht«. Niklas Luhman hebt als Unterschied hervor, daß »bei einer Zahlung dem Zahlenden das Gezahlte verlorengeht und der Empfänger es erhält«, während »der Mitteilende nicht verliert, sondern behält, was er mitteilt«. Coulmas kommentiert das kritisch, denn – so sagt er – »das, was der Mitteilende hingibt, ist nicht dasselbe, was er behält. Was er behält, ist der Sinn dessen, was er gesagt hat und die Fähigkeit der Wiederholung..., was er hingibt, ist die eine konkrete Äusserung, die ihn, ist es etwa eine Beleidigung, teuer zu stehen kommen kann.« Ich möchte das so nicht durchgehen lassen. Bei einer Zahlung geht keineswegs das Gezahlte verloren; es wird vielmehr in einer vereinbarten Verhältnismäßigkeit getauscht. Schuhe gegen DM, getrost auch ein Haus gegen *cash and credit.* Auch beim Wort, wenn ich ans Übersetzen denke, geht es nahezu um solchen Tausch, der an verstehbare Gemeinsamkeit – bei aller Fragilität der Beziehung – gebunden ist. Doch in Sprache, darin ist nun nachdrücklich zuzustimmen, sind der Sinn des Gemeinten und die Konkretisierung des Gesagten durchaus nicht immer kongruent. Sprache ist in der Tat wie das monetäre System auf Vertrauen in die Kraft der Zeichen angewiesen, aber sie setzt darüber hinaus auf ein verstehendes und antwortendes Du, und durchaus auch auf Unwägbarkeit. Schon hier will ich im Vorgriff auf eine Schlußbetrachtung Paul Celan zitieren, der das Gedicht als »Gestalt gewordene Sprache eines einzelnen« beschreibt und von ihm sagt:«Es ist einsam und unterwegs... Das Gedicht will zu einem Anderen, ...es braucht ein Gegenüber... Das Gedicht wird...Gespräch, ...oft ist es verzweifeltes Gespräch«. In unseren Tagen hat Reiner Kunze ähnliches gesagt. Ihm ist das Gedicht »der äußerste Punkt eines Zugehens auf Menschen...«, ein Sich-Öffnen gegenüber Unbekannt. Ohne dies Öffnen gegenüber Unbekannt wird Europa nicht gelingen. Hier kann Sprache, gerade im Aufnehmen der ökonomischen Perspektive erfahren lassen, daß auch das Gelingen des Handelns aus dieser Perspektive an Voraussetzungen gebunden ist, die nicht aus der Ökonomie, wohl aber aus der Sprache, aus den geistigen Wirklichkeiten geschaffen werden können. Und nun noch einmal »die konkrete Äußerung,... die ihn teuer zu stehen kommen kann.«

Hier erschließt uns Sprechen was Sprache voraussetzt, so wie Sprache auf das Sprechenkönnen verwiesen ist, eine existentielle und essentielle Einsicht. Sprechen ist zeitgebunden, hat als Sprechen keine Dauer, auch wenn es tödlich oder befreiend wirken kann. Die konkrete Äußerung ist untrennbar mit der Endlichkeit des Augenblicks verbunden und reißt uns in all die Fragen von Dauer und Wechsel, die Goethe vielfach gestaltet, die Mystiker bewegt hat. Wer Sprachen vermittelt, muß auf Sprache verweisen und die Unwiederholbarkeit des Augenblicks – in Gelingen wie Scheitern, in Beglückung wie in Enttäuschung – darstellen. Die Qualität unseres menschlichen Miteinanders, in der Familie so gut wie in der politischen Gemeinschaft, die wir Gesellschaft nennen, hängt von der Bewahrung dieser Einsicht in die Kostbarkeit und Unwiederholbarkeit des Augenblicks ab.

Franzosen verstehen ihre Sprache immer wieder als Weltsprache, Deutsche beginnen zu begreifen, daß ihre Sprache in den Ländern Osteuropas nicht selten Verständigungssprache ist und immer wieder wird die Fähigkeit, mehr Sprachen als die eigene sprechen zu können, auch mit der wirtschaftlichen Prosperität eines Landes verbunden. Coulmas hat interessante Beobachtungen hierzu eingebracht: Die reichen Industrienationen weisen eine hohe Kongruenz von Sprachgemeinschaft und Bevölkerung auf. Sprachenvielfalt ohne Verständigungsmöglichkeit, also das Fehlen einer Sprachgemeinschaft, ist bei den Ländern der sogenannten Dritten Welt ein Indiz für wirtschaftliche Unterentwicklung. Um dies zu durchbrechen, gibt es zwei Haupttendenzen: einmal das Einführen einer europäischen Leitsprache, ich erinnere an Senghor und sein Bemühen um das Sichern des Französischen; oder aber Ausbau und Adaption nicht-westlicher Sprachen nach westlichem Muster, etwa Arabisierung. Für uns, die wir aus Gesellschaften kommen, die die Verständigungsmöglichkeit haben, ist eine moderne Gesellschaft eine Gesellschaft der Vielsprachigkeit, und die Frage spitzt sich zu: welche Sprache, welche Sprachen zu lernen ist nützlich? Die Größe einer Sprachgemeinschaft, das kann man auch bei Coulmas nachlesen, und der ökonomische Wert der Sprache gehen keineswegs immer zusammen. Auch die Frage nach dem Funktionspotential einer Sprache –

ist sie ein geeignetes Mittel für juristischen, technischen, wissenschaftlichen, kommerziellen, religiösen Disput? – führt nicht zu eindeutigen Antworten, geht es doch immer auch darum, wie sich das Funktionspotential verwirklichen läßt. Da sind die Bedingungen für das Englische in Japan eben besser als die Bedingungen für das Japanische in den USA. Wenn wir die Sprachenpolitik verschiedener Länder betrachten, wird uns immer wieder deutlich werden, daß Sprache nicht nur Medium des wirtschaftlichen Prozesses ist, sondern auch Element dieses Prozesses. Wenn wir da vergleichen wollen, stellen wir das Fehlen angemessener Forschungsarbeiten fest. Coulmas hat fünf Kategorien beschrieben, die für eine solche Forschung anzuwenden wären, und deren Erwähnung, so meine ich, auch für die deutsch-französische Sprachenpolitik hilfreich sein könnte. Der Kommunikationsradius einer Sprache bezeichnet sozusagen die Ausgangsposition, die Entwicklung ihres Funktionspotentials hängt mit der gesamten wissenschaftlichen und gesellschaftlichen Leistung zusammen. Das Volumen der Investition in eine Sprache ist der dritte, höchst wichtige Indikator. Da geht es z.B. um die lexikalische Aufarbeitung, um das Volumen der Übersetzungen und um das Niveau ihrer elektronischen Verarbeitbarkeit. Die Nachfrage für eine Sprache als Ware auf dem internationalen Markt ist, so meine ich, besonders interessant, weil sich von Touristik bis Handel hier Entwicklungen spiegeln. Die Leistungsbilanz für die jeweilige Sprachgemeinschaft muß auch gezogen werden. Auf solchem Hintergrund begreift man, warum etwa in der EG das Sprachprogramm Lingua vor dem Start aufgrund des englischen Widerstandes um 100 Millionen DM gekürzt wurde. Ein Land, dessen Sprache marktführend ist, wendete sich gegen die Subventionierung kleinerer Sprachen, die es selbst nicht braucht. Hier werden wir über Sprachenvielfalt und Marktführung um weiteres Nachdenken nicht herumkommen. Zwischen Deutschland und Frankreich ist, vor allem in den Grenzbereichen, immer wieder zweisprachige Erziehung gewünscht und z.T. auch verwirklicht worden. In vielen Ländern der Bundesrepublik gibt es Schulen, die bilingual unterrichten. Doch auch die Frage der Zweisprachigkeit enthält Spannungen. Sie stellt sich bei Arbeitsmigranten und bei allochthonen Minderheiten, die im Geltungsbereich einer dominanten Nationalsprache leben. Geht es sozusagen »nur« um die Sprache, wie etwa in jüngster Zeit für Deutschstämmige in Polen, oder auch für türkische Schülerinnen und Schüler in Deutschland, so erscheint die Frage lösbar; verbindet sich damit der Anspruch auf staatliche Ausgliederung, ist die politische Brisanz unübersehbar. Haushaltstitel für zweisprachige Erziehung sind in verschiedenen Ländern Gegenstand politischer Auseinandersetzung, da nicht selten eine Heterogenisierung der Gesellschaft befürchtet wird. Gerade aus den Erfahrungen des DFJW sollten wir einbringen, daß das Expandieren einer Zweitsprache nicht nur nach ökonomischen Gesichtspunkten, so wichtig

diese auch sind, betrachtet werden darf. Zwei- und Mehrsprachigkeit gibt die Einsicht in das Unverwechselbare von Sprache wie in die Zusammenhänge der Sprachen. Sprache läßt sich nicht auf Information reduzieren.
Sprache ist an das Visuelle nicht gebunden, braucht die optisch wahrnehmbare Welt nicht nachzuahmen und entfaltet darin ihre Macht und ihre Kraft. Bilder sind Dinge, Wörter sind Zeichen. Sprache erfüllt sich letztlich in Dichtung. Ich nehme, wie angekündigt, die Eingangsbemerkungen auf, diese Kennzeichnung des Gedichts durch Paul Celan als eines Etwas, das zu einem Anderen will, daß dieses Andere ein Gegenüber braucht. Ich erinnere an Reiner Kunzes Bemerkung, im Gedicht öffne sich der Dichter gegenüber Unbekannt, und Celans Feststellung, es sei oft ein verzweifeltes Gespräch. Nur weil Sprache diese Beschaffenheit hat, immer auf ein Gegenüber zielt, konnten wir sie auch als Tauschmittel sehen. Sie als Sprache zu bewahren, in ihr und mit ihr leben zu lernen, ist ein Auftrag, der über alle Sprachenprogramme hinausgeht, wohl aber auch deren Voraussetzung ist.
Botho Strauß stellte in seinen *Bemerkungen zu einer Ästhetik der Anwesenheit*, zu verstehen als Aufstand gegen die sekundäre Welt fest. »Nichts ist unmittelbarer mit dem Schicksal der Erde verbunden als die Sprache. Verläßt sie uns oder lösen wir uns von ihr, dann braucht man sich auch nicht weiter um den (inzwischen zur politischen Floskel dienenden) »Schöpfungsauftrag« zu kümmern. Die Sprache verläßt uns nicht im Schweigen – (ich füge hier Guardinis Feststellung ein: »ohne den Zusammenhang mit dem Schweigen wird das Wort zum Gerede, und ohne den mit dem Wort wird aus dem Schweigen Stummheit«), noch einmal also: die Sprache verläßt uns nicht im Schweigen, sondern nur im A-Logos, in der Entbundenheit von Form, Sinn, auctoritas der Bedeutung«.
Bleiben wir solcher Bindung verpflichtet. Wer Sprachen vermittelt, ist der Sprache verpflichtet, ist auf das Wort verpflichtet.

Frédéric Hartweg, Professeur à l'Université de Paris X, Nanterre

Je voudrais ici exprimer tout d'abord ma joie et ma satisfaction de nous voir si nombreux. Le thème de ce troisième congrès explique certainement cet intérêt, mais également le lieu où il se déroule: Berlin. Je rappelle qu'un premier congrès en 1990, à Bonn, était consacré au thème de la mobilité et de l'identité: »La préparation des jeunes Français et des jeunes Allemands à l'Europe de 1993.« Un deuxième congrès, en septembre 1992 à Lyon, portait sur: »Les espoirs et les inquiétudes des jeunes Français et des jeunes Allemands«, autrement dit sur les raisons de vivre, mais également sur les moyens de vivre pour les jeunes. Le troisième va traiter de la langue étrangère et de la langue du partenaire. Le sous-titre est tout aussi significatif, c'est-à-dire la langue et l'apprentissage interculturel en France, en Allemagne et en Europe. Ce n'est pas un hasard si nous avons associé les deux mots »étranger« et »partenaire«. En effet, par les temps qui courent, en Allemagne récemment, mais également chez nous en France, ce mot, cet adjectif »étranger«, a parfois une connotation négative dans nos sociétés qui semblent, alors que nous allons de plus en plus vers l'intégration, se renfermer dans une espèce de culte identitaire. Je voudrais rappeler ici une banalité, une vérité d'évidence, à quel point ce terme d'›étranger‹ est relatif et pour ce faire, je vais avoir recours à une formule qui n'est pas traduisible en français dans ce sens: *»Nur in der Fremde ist der Fremde ein Fremder«* et une autre formule toute aussi simple et toute aussi vraie: *»Wir sind alle irgendwo Ausländer«*. Ceci, je tenais à le dire dans cet environnement et dans cette ville. A ce terme d'»étranger« nous avons associé bien entendu le terme de »partenaire«. Terme positivement connoté puisque le partenaire c'est celui que l'on choisit librement et avec lequel on a des rapports sur un plan d'égalité quel que soit le domaine de ces rapports. La satisfaction que j'exprimais dans ma première phrase, c'est tout d'abord celle du linguiste que je suis, de voir promu ainsi au premier rang cet aspect si important de la communication et de l'apprentissage interculturel. Je ne voudrais pas séparer ces deux notions. En effet, Madame Laurien a parlé abondamment de l'anglais; je voudrais que nous n'oubliions pas le prix que paye la langue anglaise pour être devenue et pour être cet outil de communication, je ne sais pas si elle s'en remettra un jour. En effet, on peut communiquer sous toutes formes, je vous rappelle que les dessins humoristiques, les caricatures que l'on trouve dans les journaux, sont parfois les meilleurs quand ils sont sans légende. Je ne sous-estime pas non plus tout ce que le geste, le regard peut avoir comme sémantique forte, mais je pense, cependant, que la parole reste l'élément premier et le plus important d'une communication qui ne veut pas

se limiter à la surface des choses et à l'écume des jours. C'est d'ailleurs l'idée que l'on retrouve dans les textes de l'OFAJ:
La connaissance mutuelle, la compréhension, la solidarité et la coopération sont les objectifs permanents de l'Office.
La connaissance réciproque implique avant tout une information sur les contextes culturels, économiques et politiques qui conditionnent la vie de chaque individu. Une telle approche s'avère indispensable pour découvrir et comprendre les particularités du pays voisin, de ses habitants, de leur mode de vie.
Par compréhension il faut entendre la faculté de reconnaître ses propres intérêts – c'est le début de la sagesse – *et ceux du partenaire, de les comparer, d'en discuter librement et d'assumer le cas échéant, les conflits qui peuvent résulter de cette confrontation (...).*
Les échanges entre jeunes Français et jeunes Allemands doivent contribuer à leur formation.
Dans la poursuite de ces objectifs fondamentaux, la compréhension linguistique revêt une importance particulière. L'Office veillera à la créer et à la développer.
(Extrait des Directives de l'OFAJ, Principes 1.2)
Je ne crois pas que l'Office en tant que tel ait failli à cette mission, mais nous avons constaté tout à l'heure, les déficits qui existent encore dans ce domaine par rapport aux intentions déclarées.
Quel peut être dans ce contexte, l'apport, la spécificité de l'OFAJ? Pour pasticher une formule célèbre que »la chose militaire est tellement importante qu'il ne faut pas la laisser aux seuls militaires«, – je dirais que la langue étrangère est une chose trop importante pour qu'on la laisse aux seules mains de l'école, de l'université donc de l'enseignement tout court. Ne comprenez pas ceci comme une impertinence. Je fais partie d'une génération pour laquelle l'école était la seule source d'apprentissage, la seule source de savoir, c'est tout à fait le modèle Troisième République, et j'en suis fier et reconnaissant. Mais il faut bien reconnaître que les temps ont changé et que l'offre s'est diversifiée. C'est pour cela que je voudrais dire quelques mots sur le rôle de l'OFAJ dans ce domaine. L'OFAJ a la chance, premièrement de ne pas être soumis à des impératifs économiques immédiats, et d'autre part, d'être une structure qui, malgré son importance non négligeable, reste assez souple pour pouvoir innover, expérimenter et proposer. Je sais que l'école – et ceci est de plus en plus le cas depuis une quinzaine d'années – fait également cet effort, mais vous savez tous l'importance de cette institution en nombre et bien des Ministres nous confirmeront la difficulté à faire passer des réformes. Les difficultés en Allemagne sont d'un ordre différent, mais elles existent également. Alors quelle est la part de l'OFAJ dans ce domaine? Devant la diversification des besoins

des jeunes, l'Office intervient essentiellement comme partenaire extra-scolaire, et son objectif est surtout d'élargir l'horizon linguistique et culturel, et donc l'horizon professionnel c'est-à-dire en un mot l'horizon de vie d'un maximum de jeunes. Il a fait ces derniers temps des choix qui pour nous, enseignants ou universitaires, ont parfois été un peu douloureux, à savoir de s'adresser à des catégories de population, à des couches sociales, les jeunes professionnels, qui n'étaient pas dans les circuits d'échanges, mais qui avaient droit, comme les autres bien entendu, à cet élargissement de l'horizon de vie. L'action linguistique de l'OFAJ n'est pas une action en soi, mais plutôt une approche socio-pédagogique ambitieuse et intégrée à différentes formes d'échanges.

On critique souvent, et pas toujours à tort, la durée souvent réduite des activités franco-allemandes de l'OFAJ. J'ai dit et je le répète, l'OFAJ ne peut pas, n'a pas vocation ni les moyens de remplacer l'école. Mais il peut parfois fournir un complément que n'apporte pas l'école, par exemple au niveau de la découverte de l'autre langue et de la motivation. Les rencontres, où la part linguistique prend une place de plus en plus importante, peuvent éveiller chez le jeune ce plaisir de la langue, ce plaisir de l'autre langue qui souvent s'accompagne du plaisir de sa langue propre. En ce sens, les programmes de courte durée sont aussi justifiés.

Je voudrais dire encore deux ou trois mots sur la participation de l'OFAJ dans les cours pour adultes étant donné l'absence, en France, d'un réseau de *Volkshochschulen* comme en Allemagne. Ce soutien est souvent très important dans les régions éloignées des frontières comme dans les villes de petite et moyenne importance. Je dirais également un mot sur l'attention particulière que l'OFAJ a toujours accordée à l'enseignement précoce de la langue. Je pense connaître parfaitement les circuits de décision, en France, dans ce domaine, et je peux dire que l'apport de l'OFAJ est pour quelque chose dans la prise de conscience qui s'est effectuée ces dernières années.

L'OFAJ a également introduit des choses qui peuvent paraître modestes, mais qui sont effectivement très utiles, comme ces petits glossaires qui traitent des sujets les plus divers. Je n'en citerai que quelques-uns: mécanicien d'entretien, mécanicien outilleur, vol à voile, deltaplane, parapente, etc. Ces domaines de rencontres de jeunes ne sont pas traités ailleurs. L'Office a également toujours veillé à ce que le contexte culturel soit présent et que l'apprentissage des langues ne soit pas seulement l'apprentissage de mots.

J'ai parlé ici en tant que linguiste et également en tant qu'acteur et accompagnateur des activités de l'OFAJ. Je voudrais vous montrer une partie du chemin parcouru, malgré les déficits tout à fait réels qui ont été évoqués. Je voudrais faire ceci en historien de la langue, en historien tout court, mais également en homme des frontières, en homme de marge de l'Est, où les interdits linguistiques en sens contraire se sont succédés comme vous le savez. Beaucoup ont, pendant ces derniers siècles, essayé de créer des espèces de lignes Maginot linguistiques, pour fonder ou réfuter en droit certaines positions, mêmes si ces positions étaient contraires à celles que l'on adoptait par ailleurs. Ainsi la France a toujours adopté une définition de la Nation par accord, par contrat mutuel, par plébiscite de tous les jours comme disait Ernest Renan, mais elle s'est ralliée dans d'autres contextes à une définition ethnolinguistique d'appartenance, ethnolinguistique de la nation. On est arrivé, et l'Office a fait également œuvre dans ce domaine par l'enseignement précoce et l'échange d'instituteurs, à une zone de convivialité des langues qui devrait, à mon sens, s'élargir de plus en plus des deux côtés du Rhin.

Pour vous montrer l'ampleur du chemin parcouru, permettez-moi très rapidement d'évoquer quelques textes. Dans son rapport à la Convention, le rapporteur du Comité du Salut public, Barrère, disait le Huit Pluviose de l'An II, c'est-à-dire, le 27 janvier 1794: »La langue allemande a perpétué le règne du fanatisme et de la superstition; elle a assuré la domination des prêtres, des nobles et des patriciens; elle a empêché la Révolution de pénétrer dans les départements et elle a favorisé les ennemis de la France. Ensuite l'émigration et la haine de la République parlent allemand. Laissez la langue allemande peu faite pour les peuples libres«. A Strasbourg, ce discours était relayé par Monnet qui voulait décapiter l'hydre du germanisme.

A la même époque, en février 1794, dans une dissertation sur la francilisation de la ci-devant Alsace, le prêtre défroqué Rousseville écrivait: »Le son rude et difficile de l'allemand ne semble destiné qu'à commander à des esclaves, à exprimer des menaces et à affronter des coups de bâtons«. A ce discours incendiaire répliquait la sagesse des professeurs strasbourgeois: »Les sentiments de l'âme ne tiennent pas au rudiment des mots«.

Ces propos, rassurez-vous, n'ont pas uniquement été proférés d'un seul côté du Rhin. De l'autre côté, un personnage célèbre de l'histoire allemande, le Turnvater Jahn, voulait après 1815, interdire l'enseignement du français en Allemagne, et d'une façon encore plus générale et plus radicale, les voyages à l'étranger. Il voulait établir également, et ceci crée un étrange rapport avec l'interdiction de voyager à l'étranger, un no-man's land entre la France et l'Allemagne, qui avec les moyens techniques de l'époque, avait, je pense, toutes les caractéristiques de la frontière qui séparait les deux états allemands, jusqu'à l'automne 1989. Il voulait introduire: *»Ein Niemandsland, eine von Raubtieren aller Art bevölkerte Wüste; sei diese Wildnis wenigstens einen Grad breit und gegen das Vaterland hin noch mit einer Doppelreihe von Verwallungen und Dornhecken eingezäunt, so könne man sich gegen Überfälle gesichert fühlen«.*

On pourrait poursuivre le florilège, mais le temps ne le permet pas. Je crois

que les consciences ont évolué, que nous n'en sommes plus à ces positions radicales. Cependant, il reste du chemin à parcourir, et gageons que ce congrès soit un pas en avant sur ce chemin.
Je voudrais maintenant parler de cette ville où nous nous trouvons et rappeler qu'à Berlin, au début du 18e siècle, une communauté réfugiée d'origine française ou francophone représentait presque un tiers de la population intramuros et que cette communauté venue à la suite de l'Edit de révocation de Fontainebleau et de l'Edit d'accueil de Postdam, a laissé des traces solides et durables dans le paysage urbain et dans le paysage mental. Une institution a survécu jusqu'à ce jour: le collège français, le *Französisches Gymnasium*, qui a récemment fêté son tricentenaire et qui a formé dans cette ville, des générations et des générations d'Allemands ouverts à la culture francaise. J'ajoute ici, pour mémoire, que cette fondation, d'esprit et d'origine huguenots, a également accueilli sous la République de Weimar un grand nombre d'élèves issus de minorités berlinoises. En élargissant un peu le cercle autour de Berlin, et en parlant des nouveaux Länder, je voudrais ajouter une autre idée qui me paraît essentielle. Les nouveaux Länder essaient avec beaucoup de difficultés économiques, sociales et également mentales, de s'intégrer dans un univers qui leur était connu par la télévision, mais qui au contact réel s'avère assez étranger pour eux. Je pense qu'il est important, et cela correspond également aux vœux plusieurs fois exprimés par le Ministre-Président du Brandebourg, que cette rencontre avec l'occident, qui est en même temps une rencontre avec la démocratie, se fasse sous forme plurielle, avec d'autres démocraties occidentales donc avec d'autres langues, et pourquoi pas avec la France de façon privilégiée. Je terminerai avec une citation d'Ernest Renan dans son discours de la Sorbonne de 1882 – qui date certes – mais dont l'actualité reste totale: »Ce qui constitue une Nation, ce n'est pas de parler la même langue, ou d'appartenir au même groupe ethnographique, c'est d'avoir fait ensemble de grandes choses dans le passé et de vouloir en faire encore dans l'avenir«. Je pense que cette définition peut parfaitement correspondre à ce que serait une Nation Européenne et ce n'est pas un hasard si dans le titre de notre congrès figure également le terme Europe. Ernest Renan ajoute: »Les Nations ne sont pas quelque chose d'éternel, elles ont commencé, elles finiront, la confédération européenne probablement les remplacera« – il parle en 1882 – »mais telle n'est pas la loi du siècle où nous vivons, à l'heure présente l'existence des Nations est bonne, nécessaire même«. Cette dernière remarque de Renan, sur laquelle je conclurai, il nous faut l'appliquer dans une pensée solidaire aux Nations d'Europe Centrale et de l'Est qui essaient de se reconstituer, et que nous ne devons pas considérer d'un regard arrogant en disant: nous avons déjà toutes ces évolutions derrière nous. Peut-être y a-t-il un stade, un passage nécessaire

par la Nation, comme objet transitionnel en quelque sorte, comme le disent les psychanalystes, vers une forme qui serait l'intégration européenne. Et c'est dans ce sens que nous devons œuvrer en tant que couple franco-allemand, couple au sens de la physique, c'est-à-dire de couple moteur. Dans cette œuvre, dans cette action, je suis persuadé que l'apprentissage linguistique, l'apprentissage interculturel, sont des éléments essentiels.

2. LANGUE MATERNELLE ET LANGUE ETRANGERE

2. MUTTERSPRACHE UND FREMDSPRACHE

Le rapport à sa propre langue et l'attitude face à une langue étrangère chez les Français et les Allemands

Verständnis der eigenen Sprache und Einstellung zur Fremdsprache bei Deutschen und Franzosen

Robert Picht, Direktor des Deutsch-Französischen Instituts, Ludwigsburg

»Reden ist Silber, Schweigen ist Gold«
Ein solches, von den Veranstaltern vorgegebenes Motto erlaubt es, sich auf einige lakonische Denkanstöße zum Verhältnis der Deutschen zu ihrer Sprache zu beschränken; heute müssen wir sagen, zu ihren Sprachen: Der Umgang mit unvollkommener Mehrsprachigkeit ist das eigentliche Thema unseres Kongresses. Für Deutschland sollten wir hierzu drei Aspekte bedenken:

I. Welche Einstellungen zur eigenen Sprache und damit zu Diskurs und Kommunikation, also zur eigenen Gesellschaft, haben sich in der deutschen Geschichte so herausgebildet, daß sie gerade im Vergleich zu Frankreich einen folgenschweren Unterschied darstellen?

II. Wie gehen wir mit Fremdsprachen um? Welche Funktion haben das Englische und erst in zweiter Linie das Französische in unserem Kommunikationsverhalten in einer immer mehr durch internationale Verflechtung geprägten Welt?

III. Welche Auswirkungen hat der Fall der Mauer? Welche Ansprüche leiten die vereinigten Deutschen aus ihrem neuen Gewicht im größeren Europa ab? Verstricken wir uns in einem neuen Germanozentrismus?

I.

Sprache ist in besonderem Maße Träger von Identität – jener gefährlichen Vorstellung, deren innere Dynamik gerade in ihren Inkongruenzen und Wi-

dersprüchen steckt. Sprache artikuliert das Empfinden und Denken des Individuums, verbindet es mit seiner Familie, mit all den Gruppierungen, denen es angehört, mit seinem Volk. Sprache schafft Sozialisation. Sprache ist Träger von Geschichte. Sie bindet uns an Traditionen, gibt uns die Formen vor, in denen wir miteinander umgehen.
Seit dem Turmbau von Babel trennt die Vielfalt der Sprachen Völker voneinander, muß Sprache deshalb auch Besonderes leisten, um Brücken über die Abgründe der Fremdheit zu schlagen. Die Unterschiedlichkeit der Sprachen bedeutet dabei sehr viel mehr als ein linguistisches Phänomen: gerade am Verhältnis zwischen Deutschland und Frankreich läßt sich ablesen, in wie verschiedenen Welten beide Seiten auch weiterhin leben. Unsere Sprachen konstituieren unseren Diskurs, unsere Formen der Kommunikation erhalten und verändern unsere Sprachen; diese sind Ausdruck weiterhin verschiedener gesellschaftlicher Verhältnisse, die sich durch alle Geschichtsbrüche hindurch eine erstaunliche Kontinuität erhalten haben.
Die Idee einer deutschen Nation wurde aus Religion, Sprache und Kultur geboren, bevor sie spät und brüchig zu Formen staatlicher, aber lange noch nicht gesellschaftlicher Einheit finden konnte. Die deutsche Kulturnation war seit Luther das Werk der Dichter und Denker, also der Einzelnen und kleinen Gruppen gegen die vielfältig zersplitterten gesellschaftlichen und politischen Verhältnisse. Goethe und Schiller schrieben gemeinsam in ihren *Xenien*: »Deutschland, aber wo liegt es? Ich weiß das Land nicht zu finden. Wo das Gelehrte beginnt, hört das politische auf.» (1) Hat sich dieser Zustand trotz erneuter Vereinigung wesentlich geändert? Goethe/Schillers Schlußfolgerung daraus lautet bekanntlich: »Zur Nation euch zu bilden, ihr hoffet es, Deutsche, vergebens; Bildet, ihr könnt es, dafür freier zu Menschen euch aus.« (2)
Heute ist die Chance einer kulturellen Vereinigung der deutschen Nation wieder gegeben. Aber die »geistig-moralischen« Kräfte, die dieses bewirken könnten, sind noch nicht zu erkennen. Hoffen wir nur, daß die »verspätete Nation« ihr Heil nicht wiederum in nachgeholtem Nationalismus sucht.
Die französische Nationalkultur ist dagegen bekanntlich das jahrhundertealte Werk des Königs, des Hofes, des Staates und der auf seine Hierarchien bezogenen Gesellschaft. Entsprechend anders sind in Frankreich bis heute die Funktionen von Sprache und Kommunikation.
Hugo von Hofmannsthal hat den Gegensatz, um den es uns geht, und der höchst praktische Folgen hat, 1927 in seinem Aufsatz *Wert und Ehre der deutschen Sprache* so treffend zusammengefaßt, daß ich ihn ausführlich zitieren möchte: »Denkt man über das Geschick und die Beschaffenheit unserer Sprache nach, so tritt dies entgegen: wir haben eine sehr hohe dichterische Sprache und

sehr liebliche und ausdrucksvolle Volksdialekte [...] Woran es uns mangelt, das ist die mittlere Sprache, nicht zu hoch, nicht zu niedrig, in der sich die Geselligkeit der Volksglieder untereinander auswirkt. Unsere Nachbarn, Nord und Süd, Ost und West, haben sie; wir allein sind ihrer entbehrend. In dieser mittleren Sprache aber faßt sich allein das Gesicht einer Nation zusammen [...] Die deutsche Nation hat aber für den Blick der anderen kein Gesicht [...] Die mittleren Sprachen der anderen besitzen eine glatte Fügung, in der das einzelne Wort nicht zu wuchtig noch zu grell hervortritt. An den Hörer soll gar nicht das Wort herandringen mit seiner magischen Eigenkraft, sondern die Verbindungen, das in jedem Wort Mitverstandene, das mimische Element der Rede. Nicht sosehr der Einzelne, der zu ihm redet, soll ihm zunächst fühlbar werden, als das gesellige Element, worin sich beide, der Redende und der Angeredete zusammen wissen [...] Unsere gegenwärtige deutsche Verkehrssprache hingegen ist ein Konglomerat von Individualsprachen [...] Nur das Individuum mit seiner Magie vermag sie fallweise zu bändigen [...] An Stelle einer geselligen Sprache haben wir, da doch etwas sein muß, eine Gebrauchssprache hervorgebracht.» (3)

Im *Zauberberg* formuliert Thomas Mann den gleichen Befund weitaus polemischer: »Die Deutschen lieben das Wort nicht oder besitzen es nicht oder heiligen es auf eine unfreundliche Weise, – die artikulierte Welt weiß nicht und erfährt nicht, woran sie mit ihnen ist. Mein Freund, das ist gefährlich. Die Sprache ist die Gesittung selbst (...) Das Wort, selbst das widersprechendste, ist so verbindend.» (4)

Wir sehen, die besten der Dichter und Denker, selbst Herder, waren es, die in scharfer Selbstkritik versuchten, diesen aus Zersplitterung erwachsenen Zustand zu überwinden. Sie waren keine Sprachnationalisten, sondern arbeiteten an der Errichtung der deutschen Kulturnation in einem – wie Kant und Goethe sagten – »weltbürgerlichen Sinne«. Lessing, der Vorkämpfer des deutschen Nationaltheaters, übersetzte Voltaire. Beste deutsche Tradition ist es, daß Aufklärer von Leibniz und Kant bis Enzensberger und Habermas um Weltoffenheit durch Diskursfähigkeit und um eine Form der Kommunikation kämpften, die nicht nur Aussagen und Feststellungen trifft, sondern Rationalität und Convivialität eines Gesellschaft schaffenden Meinungsaustausches ermöglicht.

Eine derartige Form der Öffentlichkeit aber konnte in Deutschland kaum erwachsen und ist auch heute nicht beliebt. Die deutschen Verhaltensregeln lauten vielmehr wie der von den Organisatoren vorgegebene Titel dieser Einführung: »Reden ist Silber, Schweigen ist Gold«. In ihrem Libretto zu Henzes Oper »Der junge Lord« hat Ingeborg Bachmann aus Goethe schöpfend den Schatz ähnlicher Spruchweisheiten einschlägig erweitert: »Im Deutschen

lügt man, wenn man höflich ist«. »Was Sie nicht sagen, ich weiß es besser.» (5)
Die Berichte heutiger Managementexperten zum deutschen Kommunikationsverhalten in der Wirtschaft klingen kaum anders. Nicht suchende Diskussion über Konzepte und intellektuelle Konstruktionen, der spielerische Aufbau von Beziehungen sind gefragt, sondern der Typ des Fachmanns: Zahlen, Fakten und nach allen Seiten abgesicherte apodiktische Aussagen. Selbst das heute modische *Brainstorming* ist meist eine recht unartikulierte Angelegenheit. Wir lernen auf unseren Schulen und Hochschulen auch nicht genug die Kunst des Präsentierens, des Argumentierens und Debattierens, sondern die wenig freundlichen Formen des Problematisierens – man nennt es »Hinterfragen« – und, wenn nichts anderes mehr hilft, des affirmativen Auf-den-Tisch-Hauens. Die mittlere Sprache, von der Hofmannsthal spricht, die Sprache eines verbindlichen Vermittelns, in der wir gesellschaftlich zuhause sein könnten, haben wir bis heute nicht gefunden. Unsere nationale Identität bleibt deshalb weiterhin heftig, aber prekär.

II.

Dies führt mich zu meinem zweiten Punkt, den Umgang der Deutschen mit den sogenannten Fremdsprachen, mit unserer unvollkommenen Mehrsprachigkeit. Ausländische Freunde, die voll Begeisterung die Mühe auf sich nehmen, Deutsch zu lernen, beklagen sich oft, es sei so schwierig, deutsche Partner dazu zu bringen, mit ihnen Deutsch zu sprechen, – so stolz sind diese offenbar auf ihre Fähigkeit, sich – meist in Englisch – zu artikulieren, aus der eigenen Haut herauszuschlüpfen.
Dies kann Mißtrauen wecken. So schreibt die Präsidentendolmetscherin Brigitte Sauzay: »Manch einer, der beruflich oft mit Deutschland zu tun hat, wird gegen derzeitige Verdächtigungen Einspruch erheben. Er hat doch gerade erst bedeutende deutsche Bankiers oder Politiker getroffen, und keine Spur solcher ökopazifistischer Einflüsse feststellen können. Er vergißt, daß sie höchstwahrscheinlich Englisch miteinander gesprochen haben, jene Abschirmsprache, die es dem deutschen Establishment erlaubt, die Entwicklungen der deutschen Gesellschaft immer nur so weit durchscheinen zu lassen, wie es gerade angenehm ist«. (6)
Die historischen Gründe für diese bei den weltläufigen Westdeutschen so weit verbreiteten Tendenz sind evident. Wo die eigene nationale Identität prekär, das Selbstvertrauen gegenüber den anderen Nationen angeschlagen oder hypertroph ist, bietet das Ausweichen in das fremde Idiom vielerlei Vorteile

nicht nur wirtschaftlicher, sondern auch psychologischer Art: Internationalität wird zur Scheinidentität, zu einem Vexierspiel, dessen Verkleidungskünste allerdings einen doppelten Boden haben. Unter der internationalistischen Easy-Going-Kommunikationsfähigkeit lauert für beide Seiten Frustration: die Unsicherheit der unvollkommen geäußerten, undeutlich wahrgenommenen tieferen Gedanken und Gefühle. Dies liegt nicht nur an der Unvollkommenheit des sprachlichen Instrumentariums mit all ihren mißverständnisträchtigen Konsequenzen, sondern an der unverbindlichen Abgehobenheit der üblichen Formen internationaler Kommunikation.

Hinter der Kulturmauer, hinter glatter Freundlichkeit lauert die Undurchsichtigkeit nationaler Verhältnisse, vertrackter Denk- und Verhaltensformen und die gefährliche Welt der Affekte. »Kommunikative Kompetenz«, das Bemühen um interkulturelle Kommunikation, das sich die Sprachdidaktik und auch unser Kongreß endlich auf die Fahnen geschrieben haben, muß auf diese Problematik eingehen.

In unserer sprachenteiligen Welt sollten wir Sprachen wie Deutsch und Französisch nicht um trivialer Oberflächenkommunikation willen lernen, die sich auch ohne besonderes Bemühen ohnehin herstellt, sondern um gegenseitig in die Welt der tieferen Gedanken und Gefühle vordringen zu können. Wieweit dies gelingen kann, ist eine Frage der Qualität auf beiden Seiten des Kommunikationsvorganges. Sie betrifft keineswegs nur intellektuelle Spitzenleistungen in Hochschule, Wirtschaft und Diplomatie, sondern genauso die Kommunikation der sogenannt einfachen Leute; je schwächer das linguistische Instrumentarium, desto intensiver der Anspruch an interkulturellen Austausch. Dies beginnt bei der Muttersprache. Die Deutschen müssen in ihrer eigenen Sprache kommunikationsfähiger werden, um mit den anderen besser kommunizieren zu können. Dies führt mich zu meinem letzten Punkt. Hat die Vereinigung die Einstellung der Deutschen zu ihrer Sprache und deren Verbreitung in der Welt verändert?

III.

Es ist nicht zu übersehen: Seit dem Fall der Mauer, der Öffnung Mittel- und Osteuropas und der Zuwendung großer Teile der ehemaligen Sowjetunion zum Westen wächst die Nachfrage nach Deutsch gewaltig und mit ihr auch das Selbstbewußtsein der Deutschen. »Wir sind wieder wer«, dieser sich aus Komplexen erhebende Spruch Ludwig Erhards feiert neue Urstände. Gewaltige, aber schwer zu gewichtende Zahlen dienen als Begründung für leidenschaftlich vorgetragene Ansprüche und häufig unreflektiertes Verhalten:

- Deutsch als Arbeitssprache in europäische Gremien: berechtigte Forderungen nach korrekter Berücksichtigung und einem besseren Übersetzungsservice vermischten sich mit neuer Bramsigkeit. Jetzt sollen sich endlich auch die anderen einmal an das Deutsche anpassen. Deutsches Europa oder europäisches Deutschland?
- Förderung der deutschen Sprache im Ausland. Dieses alte Ziel Auswärtiger Kulturpolitik nimmt schon seit Anfang der achtziger Jahre immer breiteren Raum ein. Inzwischen ist es so weit gekommen, daß beispielsweise bei den Goethe-Instituten die Programme des Kulturaustauschs zusammengestrichen und administrativ an die Leine gelegt werden, während gewaltige Sprachprogramme für Osteuropa aufgelegt werden, deren Wirksamkeit fraglich bleibt und deren Sinn sicher auch im innenpolitischen Streben nach deutscher Selbstbestätigung zu suchen ist.
- Deutsche sprechen international wieder mehr deutsch: Dies ist gut so, insofern es die ehrlichere und verläßlichere Mitteilung der eigenen Gefühle und Gedanken ermöglicht. Das setzt Partner voraus, die auf entsprechendem Niveau verstehen können. Unsinnig wird es, wo das Beharren auf der eigenen Sprache die Qualität der Kommunikation verschlechtert. Deutsche und Franzosen sollten sich deshalb jenseits allen Sprachnationalismus in der Erkenntnis treffen, daß wir nur soweit auf die Verwendung unserer eigenen Sprache dringen können, wie wir bereit sind, fremde Sprachen zu lernen.

ANMERKUNGEN

1. Xenie 85, Das deutsche Reich, in: Johann Wolfgang von Goethe: Geschichte IV. Stuttgart, o. J., S. 165. Sämtliche Werke. Jubiläums-Ausgabe.
2. Xenie 86, Deutscher Nationalcharakter, a.a.0., S. 165.
3. In Hugo von Hofmannsthal, Ausgewählte Werke II, Frankfurt 1957, S. 751 f.
4. Zitiert nach Gordon Craig, Die schreckliche deutsche Sprache. in: Über die Deutschen, München 1982, S. 351.
5. Hans Werner Henze, Der junge Lord. Partitur und Klavierauszug. Mainz 1965.
6. Brigitte Sauzay, Die rätselhaften Deutschen. Stuttgart 1985, S. 258.

Dominique Bourel, Directeur d'Etudes au Centre National de la Recherche Scientifique, Paris

»Les Français ne sont pas doués pour les langues...!«

Vous connaissez tous la belle phrase de Claude Hagège, professeur au Collège de France: »Les monoglottes sont les barbares de demain«, ce qui donne un allemand particulièrement savoureux à entendre: »Die Monoglotten sind die Barbaren von morgen!« Un Français est habitué à prendre ce reproche pour lui, puisque traditionnellement nous ne sommes pas doués pour les langues. Mais à l'heure où la traduction simultanée est si répandue et si efficace, où les ordinateurs peuvent instantanément traduire des textes techniques et surtout au moment où, par la chaîne de télévision CNN ou d'autres moyens, l'anglais confirme son impérialisme, le Français n'a-t-il pas raison de rester arc-bouté sur sa langue? Qui voudrait du »basic english« qu'on entend autour de la planète? Sert-il à autre chose qu'à échanger des courbes de prix et à négocier des accords politiques? Après tout, si on nous aime, pourquoi les autres n'apprendraient-ils pas le français?

C'est une langue – ai-je besoin de le dire – avec laquelle nous entretenons des rapports passionnels, et notre gouvernement a même un Ministère de la francophonie! Pourtant les Allemands eux-mêmes au XVIIIe siècle reconnaissaient »l'universalité de la langue française' (1), titre d'un célèbre concours de l'Académie Royale des Sciences et des Belles Lettres de Berlin que le Comte Antoine de Rivarol dut pourtant partager avec un professeur de philosophie de Stuttgart Johann Christoph Schwab! Mais la tradition d'une perfection rhétorique indispensable à la pensée, »quand dire, c'est faire« est bien plus ancienne et a des racines multiples. Cette langue universelle aurait donc besoin d'un secrétariat d'Etat! Ajoutez-y un vieux rêve de grandeur, Louis XIV, Napoléon, un Empire colonial et vous aurez une partie de l'explication du retard de l'enseignement des langues étrangères en France (2). Face à cette certitude d'être que confère le grand âge, l'allemand est de création beaucoup plus tardive et moins unifiée. C'est une langue qui a dû batailler pour s'imposer, mais sans pour cela abandonner la langue de l'Autre. Les échanges avec les Etats-Unis, qui ne datent nullement de 1945, ont habitué les Allemands à la pratique d'une seconde langue qui a toujours paru incongrue aux Français. Il faut commencer par tout autre chose et ne pas laisser le problème de l'apprentissage d'une langue être simplement l'affaire d'acquisition d'une syntaxe et d'un stock de mots. C'est l'éducation dans sa totalité qui, même en français, doit aider à la découverte de l'Autre. Ce n'est pas le mythique don des langues qu'il faut développer, mais la curiosité intellectuelle. La culture est dans son fondement même découverte et partage. Avant d'apprendre à parler une autre langue, ne faut-il pas savoir écouter. Le philosophe Friedrich Heinrich Jacobi, grand penseur allemand et qui sera Président de l'Académie des Sciences de Munich accuse: »Pour se faire entendre des Français, il faut être parfaitement superficiel (...). Ils n'ont rien à vous confier sur leur ignorance; ils n'ont même pas la patience d'écouter ce que vous avez à leur confier sur la vôtre. Ils veulent tout vous apprendre, ils veulent tout vous dire«.

Et pourtant, cette patience à l'Autre, cette écoute du voisin, je suis heureux de pouvoir dire, selon mon expérience personnelle d'universitaire, qu'elle a fait – semble-t-il – de grands progrès. Certes tous les professeurs d'université ne sont pas encore capables de donner un cours dans une autre langue, mais ils sont de plus en plus nombreux à avoir été au moins quelques mois parfaire leur formation dans une université étrangère et souvent, en ce qui concerne la philosophie ou l'histoire, dans un établissement supérieur allemand. Même hors de l'université, les 1.300 villes jumelées, les 3.000 appariements scolaires, les échanges dans l'enseignement supérieur sont en train de changer la physionomie de notre université. Mais notre système français doit se modifier. En effet le concours (et donc son programme) n'est pas seulement une péripétie dans un curriculum, mais une partie de l'idéal républicain. Cet idéal – dans la gestion des carrières et dans son aspiration à gravir au plus vite des échelons – pourrait bien aussi avoir une force d'exclusion. On pénalise encore trop souvent ceux qui sont partis quelques années à l'étranger. Il ne fait pas bon demander une disponibilité pour quitter la rigidité de notre système. Il y a vingt ans, il était difficile d'acheter un livre de philosophie allemande à Paris; aujourd'hui la discussion avec la pensée d'Outre-Rhin est quasi permanente et au centre des pratiques savantes, occultant même – par exemple – la culture italienne, que l'on nous dit pourtant si proche. Cet échange, même s'il est vif, existe bien et ne dépend nullement des administrations qui, elles, sont toujours plus lentes. On vient d'annoncer triomphalement à la Sorbonne, le 18 janvier dernier – devant Oskar Lafontaine et Jack Lang – qu'un Allemand pourrait désormais s'inscrire au CAPES! Il a fallu trente ans de travail pour en arriver là! Il faudrait détailler l'histoire de l'enseignement des langues en France, et s'interroger sur les raisons des audaces et des stagnations. Par exemple, il vaut la peine d'enquêter sur l'identité de l'Allemagne qu'on nous a présentée depuis 1945, cette Allemagne du Rhin, cette Allemagne catholique, celle de Konrad Adenauer, bref une Allemagne qui ressemblait beaucoup à la France! Nos grands maîtres firent des thèses sur Mayence, le Rhin, et Cologne. Et voici qu'aujourd'hui surgit une »autre« Allemagne, la Prusse et la Saxe, les protestants, des Allemands qui regardent autant à l'Est qu'à l'Ouest. Il ne suffira pas de connaître leur grammaire pour les comprendre!

Sur ce sujet une savoureuse anecdote: pendant longtemps les Français n'ont rien compris à la philosophie allemande, malgré les efforts de quelques médiateurs à redécouvrir. Wilhelm von Humboldt, à Paris pendant une grande partie de la Révolution Française, fut convoqué en 1798 par le gratin de la philosophie française pour expliquer la pensée de Kant, un vrai jury d'agrégation. Avec Sieyès – qui allait bientôt partir comme ambassadeur à Berlin – Destutt de Tracy et les idéologues. Du côté de Humboldt, il y avait un Français, Camille Perret, philosophe, ancien étudiant de Fichte à Iéna, c'est tout dire. Et dans une lettre du 23 juin à Schiller, Humboldt raconte la scène et se plaint que les Français n'y comprennent rien. Sur Perret, il ajoute: »Il sait très bien à quoi s'en tenir avec la philosophie allemande et je ne l'ai jamais pris en défaut. Mais il ne peut pas penser en français sur ces choses et lorsqu'il doit en parler, il le fait dans sa langue maternelle de manière encore plus difficile et plus gauche que nous' (3).

Rappelons que tout de même, sous un gouvernement récent, il n'y avait pas moins de quatre ministres capables de parler directement, sans traducteur à leurs homologues allemands. Ce n'était pas le cas il y a vingt ans! Non seulement votre travail a payé mais encore faut-il intensifier le nôtre. La Mission Historique Française de Göttingen a déjà une longue expérience dans son inlassable travail de médiation. Ici, à Berlin, on vient de créer un Centre de recherche en sciences sociales. Et s'il reste des préjugés, tant mieux, c'est le signe de l'étrangeté. Un préjugé fait partie d'une culture, on doit l'étudier et l'analyser. Pour comprendre l'Autre, on n'est même pas obligé de l'aimer avec passion, il faut simplement le respecter. De plus, tout le monde sait bien que lorsque nous nous exprimons sur l'Allemagne, c'est encore de nous que nous parlons et il dépend donc de nous et de vous de ne pas occulter cette partie de notre identité nationale, de ne pas être demain des barbares, intégrés et anglophones, mais des barbares quand même!

ANMERKUNGEN

1. René M. Piedmont, Beiträge zum französischen Sprachbewußtsein im 18. Jahrhundert. Der Wettbewerb der Berliner Akademie zur Universalität der französischen Sprache von 1782/1784, Tübingen, Gunter Narr 1984
2. Michel Espagne, Le paradigme de l'étranger. Les chaires de littérature étrangère au XIXe siècle, Paris, Le Cerf 1993.
3. François Azouvi et Dominique Bourel, De Königsberg à Paris. La réception de Kant en France (1788-1804). Paris, Vrin 1991.

Heinz Wismann, Professor für Hermeneutik an der Ecole des Hautes Etudes de Paris

»Lingua franca« oder Sprache als Kulturträger

Ich will die wenigen Minuten, die mir zur Verfügung stehen, nicht darauf verwenden, Selbstverständliches oder nur Wünschenswertes zu artikulieren, stattdessen möchte ich meine kurzen Überlegungen als Reflektions- und Diskussionsanstöße verstanden wissen, mit der notwendigen Einschränkung, daß ich im Grunde nur in Thesenform sprechen kann.
Ich möchte Ihnen in fünf Punkten meine Gedanken zu dem Thema, das uns aufgegeben worden ist, nämlich »Lingua franca« oder Sprache als Kulturträger, formulieren. Die französische Übersetzung des Untertitels im Programm ist nicht von mir; da könnte der Streit beginnen.
Als ich dieses Thema zugestellt bekam, drängte sich mir als erster Punkt, der bedenkenswert wäre, die Vorstellung auf, daß man es umkehren könnte: Warum Sprache als Kulturträger? Warum nicht Kultur als Sprachträger? Damit eine Sprache für uns interessant wird, muß die Kultur, die sich in ihr zum Ausdruck bringt, interessant sein. Man lernt ja eine Sprache nicht, wie man zählen lernt. Sie ist dazu da, Zugang zu etwas zu schaffen, was auf einem anderen Wege nicht zu gewinnen ist. Dazu eine ganz kurze Anekdote: Vor vielen Jahren habe ich einmal am Palais Bourbon eine Taxe nehmen müssen, um Mitternacht; der Chauffeur las unter der Straßenlampe in einem deutschen Buch, es war Kants *Kritik der reinen Vernunft*. Ich fragte ihn, warum er das denn täte, und er sagte: *»Ça m'intéresse«*. Es war nicht die deutsche Sprache, die ihn interessierte; er hatte etwas anderes im Sinn. Ich möchte also darauf hinweisen, und das wäre mein erster Punkt, daß die Sprache nicht nur als Kulturträger funktioniert, sondern daß die Kultur die Voraussetzung dafür ist, daß eine Sprache getragen wird. Das Interesse entspricht für sie dem Interesse für die dahinterstehende Kultur. Nun ist diese Kultur nicht ein einheitliches Ganzes; es gibt äußerst verschiedene Kultursegmente, für die die eine oder andere Sprache von besonderem Interesse sein kann. Ob es sich um Wirtschaft oder Politik, um Sport oder Musik – ich denke zum Beispiel an die Rolle der Rockmusik für die Verbreitung des Englischen –, oder auch um Naturwissenschaft im Gegensatz zu Geisteswissenschaft handelt, in jedem Falle ist das Kultursegment ausschlaggebend dafür, welche Sprache als die wichtige und interessante Vermittlerin betrachtet wird. Das wäre der erste Punkt.
Der zweite ergibt sich von selber: Wenn es zu unterscheiden gilt zwischen der Sprache als einem bloßen Instrument und der Sprache als etwas, das

die Kultur hervorbringt um sich mitzuteilen, dann liegt die Unterscheidung zwischen Kultursprache und Verkehrssprache nahe. Es will mir durchaus nicht einleuchten, daß man die Sprache ausschließlich auf Kultur bezieht. Es gibt eine Instrumentalisierung der Sprache, die sich in keiner Weise auf die Kultur als solche richtet, sondern die entweder ein Kultursegment, etwas ganz Partikulares im Auge hat, oder aber – und das ist eigentlich der erste Sinn der »Lingua franca« – Verständigung in Notsituationen ermöglichen soll. Verkehrssprache, das heißt Sprache als Mittel. Die Sprache als Mittel ist aber zu unterscheiden von der Sprache als Zweck. Nun ist der Schritt von der Instrumentalisierung zur Finalisierung einer Sprache keineswegs selbstverständlich. Ich gebe das zu bedenken. Jemand, der Englisch gelernt hat, um sich in ganz bestimmten zweckorientierten Zusammenhängen zu verständigen, muß nicht den Schritt zur Wertschätzung des Englischen als Kultursprache vollziehen. Dies ist sogar immer seltener der Fall. Ich will damit nicht sagen, daß es unmöglich sei, aber vielen meiner Gesprächspartner, die sich rund um den Globus des Englischen bedienen, geben häufig zu verstehen, daß ihnen dieser Gebrauch des Englischen keineswegs den Zugang zum Englischen als Kultursprache bedeutet. Dies aber hat zur Folge, daß die Vorherrschaft des Englischen, über die wir uns so oft beklagen, sofern es sich ums Englische als Verkehrssprache handelt, keineswegs etwas zu Bedauerndes ist. Englisch als Kultursprache mit seiner unendlichen Schwierigkeit steht durchaus gleichberechtigt neben den anderen Kultursprachen. Der Zugang zu dieser Kultursprache ist mindestens ebenso kompliziert wie der Zugang zum Französischen, zum Deutschen oder zum Russischen. Wir sollten uns da nichts vormachen.

Das führt nun wiederum zum dritten Punkt: Damit eine Kultursprache als solche existiert, bedarf es der Sprachkultur. Keine Kultursprache kann auf Sprachkultur verzichten – das ist eine weitere Bestätigung der Hypothese, die ich eben vorgetragen habe, daß nämlich eine Verkehrssprache nicht unbedingt den Zugang zur Kultur, die sich in dieser Sprache ausdrückt, gewährleistet. Sprachkultur jedoch, die vertiefte Kenntnis der Sprechweise eines kultivierten Volkes, ist etwas, das Partikularität und Universalität miteinander verbindet. Denn nicht alle Sprachen sind Kultursprachen. Die Kultursprachen, wenn man diesen Begriff ernst nehmen will, sind Sprachen, in denen sich das Gemeinsame in verschiedener Weise ausdrückt. Insofern sind sie absolut gleichberechtigt, komplementär, und ich sehe nicht, aus welchen Gründen eine Sprache der anderen vorzuziehen wäre.

Hiermit sind wir beim vierten Punkt, der mir ganz besonders am Herzen liegt: Ich habe in den letzten 30 Jahren an der Universität Philosophie zu lehren gehabt und mir ist immer deutlicher geworden, daß die passive Kenntnis einer Sprache, die passive Beherrschung einer Sprache, mindestens ebenso wichtig sein kann wie die aktive. Sie fällt aber bei der Konzentrierung unserer Anstrengung auf aktive Sprachbeherrschung sehr oft aus unserem Blickfeld. Ich halte es für unerläßlich, daß man sich auch bei der Methodendiskussion Gedanken darüber macht, wie passive Sprachbeherrschung gefördert werden kann. Die Schwierigkeit einer aktiven Sprachbeherrschung, die vordringt bis zu jener Sprachkultur, die einer Kultursprache angemessen ist, verhindert meistens, daß man das erwirbt, was notwendig ist, um sich in eine andere Kultur hineinzufühlen und hineinzudenken. Ich könnte mir vorstellen, daß zum Beispiel sogar Übersetzungen dazu beitragen können, die Bereitschaft, passiv eine Fremdsprache zu assimilieren, zu wecken. Ich halte es für völlig verfehlt, wenn man die Bemühungen – vorhin sprachen wir von *Arte*, von Filmen mit Untertiteln und dergleichen –, wenn man die Bemühungen, die wir anstellen, ausschließlich auf die aktive Beherrschung der Fremdsprachen richtet. Es gibt sehr viel zu tun, um die Bereitschaft, passiv mehrere Sprachen zu kennen, zu entwickeln.

Und dies ist dann auch schon der fünfte Punkt: Mehrsprachigkeit sollte das eigentliche Ziel sein. Das kam vorhin schon mehrfach zum Ausdruck. Es geht nicht darum, daß man in der bipolaren Fixierung stecken bleibt. Die Erfahrung zeigt doch, daß man von dem Augenblick an, wo man mehr als eine fremde Sprache beherrscht, viel weniger Schwierigkeiten hat, eine weitere Sprache hinzuzulernen. Unter der Voraussetzung allerdings, daß man dieses Sprachenlernen nicht einschränkt auf die aktive Beherrschung der Sprache. Man kann Sprachen vergessen und wieder reaktivieren. In meiner eigenen Biographie gibt es Augenblicke, wo ich das Italienische besser sprach als das Französische und es gab Momente, wo ich besser Englisch sprach als Italienisch... Voraussetzung ist, daß man zunächst einmal die Matrix der Mehrsprachigkeit erwirbt. Und dies kann dazu führen – das ist vielleicht Zukunftsmusik, aber in den Tagungen und internationalen Veranstaltungen, die ich organisiere, wird es mehr und mehr Wirklichkeit –, daß, um der genaueren Verständigung willen, jeder halt seine eigene Muttersprache spricht, statt sich zu bemühen, die reduzierte Form der Verkehrssprache zu benutzen. Diese Multipolarität der Verständigung setzt voraus, daß man sich nicht vornimmt, in einer Sprache allein zu exzellieren. Das Englische mag seinen Charakter als Verkehrssprache behalten, aber es ist daneben auch Kultursprache. Ich würde dasselbe ohne Bedenken fürs Deutsche und fürs Französische in Anspruch nehmen wollen. Wer mehr will, muß auch akzeptieren, daß man manchmal weniger kann.

3. L'IMPORTANCE DE LA LANGUE DU PARTENAIRE EN FRANCE ET EN ALLEMAGNE

3. DIE BEDEUTUNG DER PARTNERSPRACHE IN DEUTSCHLAND UND IN FRANKREICH

Brigitte Mohr, Bildungspolitische Korrespondentin der Frankfurter Allgemeinen Zeitung, Bonn
Barthold C. Witte, Ministerialdirektor a.D., ehemaliger Leiter der Kulturabteilung des Auswärtigen Amtes, Bonn
Daniel Parfait, Conseiller Culturel près l'Ambassade de France, Bonn

Brigitte Mohr

Nachdem ich vor mir ein so ungemein sprachkundiges Publikum sehe, da praktisch niemand einen Kopfhörer benützt, schäme ich mich fast, einen da zu haben, *parce que j'ai peur que certains mots m'échappent peut-être...* Ich würde aber vorschlagen, daß ich erst das Wort Herrn Witte gebe.

Barthold C. Witte

Ich möchte sieben Thesen aufstellen:
1. Dreißig Jahre nach der im Elysée-Vertrag gestellten Aufgabe, die Partnersprache vorrangig zu fördern, ist die Bilanz auf den ersten Blick unbefriedigend: in beiden Ländern liegt die englische Sprache in Lehre und Anwendung mit weitem Abstand vor Französisch und Deutsch. In Frankreich lernen etwa 26 Prozent der Schüler Deutsch, indessen fast alle Englisch, und dies ganz überwiegend als erste Fremdsprache, während im *»second degré«* nur 11,7 Prozent der Schüler mit Deutsch anfangen, dagegen 28,6 Prozent es als zweite Fremdsprache wählen. Dem entspricht die Sprachpraxis: in Wissenschaft, Wirtschaft und Verwaltung wird weithin das Englische als Kommunikationsmedium genutzt.
2. Niemand darf darüber überrascht sein. Sprachen folgen nach historischer Erfahrung der Macht, diese verstanden als Summe von politisch-militärischem

Gewicht, wirtschaftlicher Leistung und kulturellem Einfluß. Seit fast zweihundert Jahren spricht die jeweils erste Weltmacht Englisch mit der Folge, daß dieses als Staats- und Verkehrssprache in weiten Teilen der Welt die einheimischen Sprachen überlagert. Frankreich und vor allem Deutschland dagegen haben, verglichen mit dem Beginn dieses Jahrhunderts, an Macht verloren. Beide müssen sich sehr anstrengen, um den internationalen Stellenwert ihrer Sprache auch nur zu behaupten. Sie sind dabei sowohl Verbündete als auch Konkurrenten.

3. In dieser Lage haben sich beide Sprachen im jeweiligen Partnerland sogar gut gehalten. Die Lehre und, soweit man darüber Zuverlässiges sagen kann, die Anwendung der Partnersprache sind nicht zurückgegangen. Das Deutsche hat in den letzten Jahren zuvor erlittene Einbußen sogar wettgemacht. Dafür gibt es Gründe: die zunehmende Verflechtung der Nachbarn sowohl bilateral als auch im Rahmen der EG, das wachsende internationale Gewicht Deutschlands, die Wiedervereinigung. Doch hätten diese Gründe nicht ausgereicht: massive Anstrengungen der zuständigen staatlichen Stellen waren und sind nötig, um den Status quo zu halten. Das DFJW ist hier besonders zu nennen und zu rühmen.

4. Zu Selbstzufriedenheit besteht trotzdem kein Grund. Die Wettbewerber schlafen nicht, weder die Anhänger des Englischen als der »lingua franca« der ganzen Welt noch die Förderer des Spanischen, das in Frankreich als zweite an den Schulen gelehrte Fremdsprache das Deutsche schon überrundet hat. Zudem: Deutsch lernen und Deutsch sprechen sind zweierlei. Während die Lehre des Deutschen stabile Werte aufweist, scheint es um seine Anwendung im Alltag, in Politik, Wirtschaft, Wissenschaft und Kultur nicht gut zu stehen.

5. Wir wissen darüber nicht viel. Darüber, wie die Menschen stärker zur Anwendung der Partnersprache motiviert werden können, haben wir bisher zu wenig nachgedacht. Die zwischen den Regierungen beider Länder vereinbarten Programme zur Förderung der Partnersprache – derzeit gültig: das von 1981, doch ist ein neuer Orientierungsrahmen in Vorbereitung – konzentrieren sich fast völlig auf die Lehre. Das ist verständlich, weil Schulen und Hochschulen zum öffentlichen Sektor gehören. Es darf aber nicht so bleiben. Geht die Anwendung der Partnersprache zurück, dann sinkt auch die Nachfrage nach ihrer Lehre, allen Förderprogrammen zum Trotz.

6. Was kann man tun? Die Regierungen können hier nicht anordnen, aber anregen, vermitteln, fördern. So ist zum Beispiel das deutsch-französische, europäisch orientierte Kulturfernsehen *Arte* zustande gekommen, das entgegen vielen Unkenrufen rasch einen guten Ruf gewonnen hat. Zweisprachiges Theater, zweisprachige Publikationen fördern den Gebrauch der Partnersprache – stattdessen hat die Bundesregierung gerade den *Pariser Kurier* eingehen lassen.

Warum nicht Wettbewerbe für Junge und Erwachsene organisieren mit Preisen für diejenigen, welche die Partnersprache am besten sprechen und schreiben? Und wie kann die Zahl der Deutschen gesteigert werden, die ihre Ferien in Frankreich verbringen? Was tun die Verbände der Wirtschaft, um ihren Mitgliedern den Gebrauch der Partnersprache statt des internationalen Pidgin-Englisch nahezulegen? Et cetera..

7. Es muß also wieder schick werden, als Franzose das Deutsche, als Deutscher das Französische nicht nur zu lernen, sondern im täglichen Leben zu gebrauchen. Für alle sollte dabei gelten, was Goethe – in *Dichtung und Wahrheit III,11* – an den Franzosen lobte: »Die Franzosen, welche sich überhaupt eines guten Betragens befleißigen, sind gegen Fremde, die ihre Sprache zu reden anfangen, nachsichtig; sie werden niemanden über irgendeinen Fehler auslachen oder ihn deshalb ohne Umschweif tadeln«.

Brigitte Mohr

Monsieur Parfait, Herr Witte hat eben gesagt, Lehre und Anwendung der Partnersprache seien nicht zurückgegangen in beiden Ländern, das weisen auch die absoluten Zahlen aus – ich habe sie nochmal verglichen, Sie haben offenbar dasselbe getan. Da würde ich gern mal Ihre Meinung hören, ob es denn die richtige Art der Lehre und Anwendung ist. Und zweitens würde ich gerne von Ihnen hören: Was zwischen den Regierungen zur Förderung der jeweiligen Sprache vereinbart ist, reicht das Ihrer Meinung nach aus, oder sind Sie wie Herr Witte der Ansicht, daß man in Richtung Wettbewerbe, Sprachferien, Austausch noch sehr viel mehr tun könnte und müßte?

Daniel Parfait

Oui c'est vrai, l'enseignement de l'allemand en France et du français en Allemagne n'ont pas régressé, mais le problème c'est qu'ils n'ont pas progressé! C'est cette question que je souhaiterais maintenant aborder avec vous. Toutefois, je voudrais d'abord faire deux remarques sur l'exposé de Barthold C. Witte. La première pour dire que, maintenant, je vais regarder ce qui se passe en Allemagne et quelles sont les difficultés que nous, Français, nous rencontrons pour pousser l'enseignement du français en Allemagne. Mais, bien sûr, je me fais l'avocat aussi, constamment, du côté français, de la progression de l'enseignement de l'allemand en France. Vous ne verrez peut-être pas cet autre aspect au cours de l'exposé, mais il est constant. Je peux par exemple vous assurer que nous avons joué un rôle dans la création, qui me paraît importante, des sections bilingues, dont l'extension a été annoncée à la Sorbonne la semaine dernière. Elles me paraissent être un pas en avant considérable en France. Or, ces sections bilingues en France ont été créées sur le modèle allemand, et c'est l'intervention de notre Ambassade qui a contribué à faire adopter en France le modèle allemand. Autrement dit, je me sens à la fois le défenseur de la cause du français en Allemagne et de l'allemand en France. Mais c'est naturellement du premier aspect que je vais parler maintenant.

Ma seconde remarque porte sur un autre point que Barthold C. Witte a développé: le rapport entre la place des langues et la puissance des pays. C'est vrai que là aussi, des réajustements se sont faits en terme de puissance, qui n'ont pas eu de conséquence directe dans l'enseignement des langues. Les Etats-Unis n'ont plus aujourd'hui le poids qu'ils avaient dans l'immédiat après-guerre, moment où ils ont relayé l'Angleterre pour la diffusion et la présence dans le monde de l'anglais. Si vous prenez aujourd'hui – le Secrétaire Général, Gert Hammer le disait tout à l'heure – le chiffre des exportations de l'Allemagne vers les Etats-Unis et le Canada d'une part et vers la France de l'autre, vous verrez que les exportations vers la France sont presque le double des exportations de l'Allemagne vers les Etats-Unis et le Canada.

Voilà, c'étaient les deux remarques à la suite desquelles je voudrais, mais très brièvement, parce que je me suis déjà exprimé tout à l'heure, revenir sur la situation du français en Allemagne, et le faire d'une manière très concrète. Et d'abord, puisque nous fêtons ces jours-ci, inlassablement et avec raison, le trentième anniversaire du traité de l'Élysée, je soulignerai une espèce de paradoxe. Nous avons eu, en 1963, la signature du traité de l'Élysée, traité solennel aux conséquences considérables qui relevait notamment l'importance essentielle de l'enseignement des langues. Un an plus tard, étaient adoptés, en Allemagne, les accords de Hambourg. Il y a un vrai paradoxe parce que cette importance essentielle du français était immédiatement déniée à la langue et à l'enseignement des langues par les accords de Hambourg dont vous vous souvenez qu'ils faisaient de l'anglais la seule première langue vivante, l'autre langue possible étant le latin. Cette conjugaison d'événements difficile à comprendre, avec des engagements politiques qui ne se sont pas traduits dans les textes va peser, pour une dizaine d'années, au fond jusqu'au changement qui est apparu dans la rédaction des accords de Hambourg, en 1972, sur l'enseignement du français.

Je voudrais faire une comparaison entre la situation française et la situation allemande, en deux formules si vous voulez. Je dirai que, d'un côté, on a une politique de l'offre et de l'autre une politique de la demande. Qu'est-ce que je veux dire par là? En France, vous avez une plus grande liberté laissée aux parents de déterminer le choix de la première langue de leurs enfants. Dans une très grande partie des établissements des grandes villes, vous avez plusieurs langues qui sont proposées comme première langue, que ce soit à Toulouse, à Nantes, à Lille, à Dunkerque ou ailleurs. Vous pouvez pratiquement partout prendre l'allemand comme première langue, et l'espagnol si vous le souhaitez, ou même d'autres langues, vous pouvez même prendre le serbo-croate si vous le voulez! Si! Vous pouvez le prendre! Simplement les modalités de l'enseignement seront différentes. Mais vous pouvez le prendre! En Allemagne, la politique est différente. C'est une politique qui réserve aux autorités académiques la détermination et la limitation de l'offre de langues. Et la conséquence de ce dispositif, comme le soulignait Barthold C. Witte, c'est qu'aujourd'hui, nous avons, au fond, dans l'enseignement du français en Allemagne, une courbe qui se présente de la manière suivante.

D'abord, nous avons un nombre très faible d'enfants qui choisissent le français comme première langue. Nous avons, en Allemagne, moins de 5 % d'élèves qui prennent le français. Donc un chiffre qui est de 2 à 3 fois moins élevé que le nombre d'enfants français qui choisissent l'allemand. Barthold C. Witte parlait de 12 %. Le pourcentage se situe entre 12 et 14 %, il varie un peu selon les années, et il est en train de se redresser, notamment à la faveur de la création des sections bilingues sur lesquelles je reviendrai tout à l'heure. Donc un pourcentage très faible d'enfants qui prennent le français comme première langue. Et puis, c'est vrai, le pourcentage monte très rapidement, et si on cumule les élèves qui prennent le français comme première, deuxième ou troisième langue, c'est-à-dire qui entament l'étude du français en 5e, 7e, et en 9e, on arrive à un pourcentage qui n'est pas très éloigné de 80 %, en fait 76-77 %. Très bien, et le problème de l'enseignement du français serait presque résolu si on pouvait prolonger la ligne à l'horizontale jusqu'au baccalauréat. On aurait pour le français une situation très satisfaisante en Allemagne. Qu'est-ce qui se passe? Il se passe que, après cette crête de 80 %, au niveau de la classe de 11e, nous perdons la moitié des effectifs, et lorsque nous arrivons en classe de 13e, à l'*Abitur*, il ne reste plus qu'environ 25 à 26 % d'élèves qui présentent le français. Alors pourquoi? C'est parce qu'ils sont intelligents, qu'ils ont raison et qu'ils sont logiques! Pourquoi? Parce que le français est un investissement long, coûteux et peu rémunéré, alors ce sont déjà des financiers! Parlons donc du problème des notes. C'est vrai qu'on devrait s'interroger de manière plus attentive sur l'impact que vous, enseignants, vous avez, quand vous notez vos élèves en français, sur les choix qu'ils peuvent faire en amont: plus les notes seront sévères, plus cela disqualifiera le français par rapport à d'autres matières qui peuvent être des matières à option pour l'*Abitur*. Et c'est pourquoi il faudrait qu'il y ait un système de péréquation qui permette de tenir compte de ces distorsions entre l'effort fourni et sa rémunération selon les matières pour éviter que les enfants qui décideraient de choisir le français soient dans une position moins avantageuse que ceux qui prennent d'autres options.

Donc voilà les deux points qui me paraissent les plus importants. J'ai évoqué tout à l'heure, les voies dans lesquelles on peut s'engager: offrir davantage l'option du français comme première langue, poursuivre l'étude du français jusqu'à l'*Abitur* et créer des sections bilingues. Les sections bilingues sont un instrument fantastique. Les enfants y sont initiés non seulement à deux langues, mais à deux cultures. La langue devient un instrument d'apprentissage. Non seulement on apprend une langue étrangère, mais on apprend dans une langue étrangère, l'histoire, la géographie et une autre matière dans une langue étrangère. Et, vous le savez, ces sections bilingues sont en Allemagne au nombre de cinquante. Elles ont été créées peu après le traité de l'Élysée. Il y en avait aussi en France. En fait, elles consistaient uniquement dans un enseignement renforcé de l'allemand. Depuis la rentrée dernière, la création des sections européennes a introduit en France exactement le même système qu'en Allemagne. Je dois dire qu'on peut se féliciter, dans ce cadre franco-allemand, de la percée de ces sections européennes, puisque 104 sections européennes ont été créées à la dernière rentrée et que 32 d'entre elles sont des sections d'allemand. 32, c'est-à-dire un pourcentage qui est très supérieur non seulement aux chiffres que j'indiquais tout à l'heure pour l'allemand première langue, mais aussi au chiffre moyen du nombre d'élèves qui apprennent l'allemand en France. Et puis, ces sections bilingues aboutissent à la double délivrance de l'*Abitur* et du baccalauréat! Cela veut dire qu'entre les deux réseaux français et allemand se mettent en place maintenant des échanges qui sont des échanges d'enseignants, des échanges d'élèves, et que nous avons là quelque chose d'extrêmement vivant.

Je vois quelqu'un qui a hoché la tête sur la double délivrance. Il est vrai que pour l'instant elle est limitée à trois établissements de chaque côté, mais l'élargissement a été accepté et sa mise en œuvre va suivre dans des délais extrêmement rapprochés. Et ces élèves qui vont sortir des sections bilingues, qui auront passé l'*Abitur* et le baccalauréat, qui seront formés dans deux langues et dans deux cultures, constitueront la clientèle évidente pour les cursus intégrés du Collège franco-allemand de l'Enseignement Supérieur. Nous aurons là de jeunes techniciens, de jeunes ingénieurs, de jeunes économistes ou des juristes qui seront parfaitement à l'aise dans deux cultures, deux techniques et dans deux pays. Et nous aurons mis ainsi en place, ce qui est un point qui me paraît capital, le premier modèle européen d'éducation. Car l'éducation, ce sera quoi? Ce ne sera probablement pas la maîtrise de plusieurs langues et de plusieurs cultures. J'étais très sensible à ce que disait tout l'heure un participant belge sur

le recul qu'on est en train d'observer en Belgique. Je crois qu'il faut conserver une certaine modestie dans les ambitions: si les Européens de demain sont des gens à l'aise dans deux cultures, capables de vivre et de travailler dans deux pays, nous aurons atteint un objectif essentiel.
Un mot sur la situation spécifique dans les nouveaux Länder, simplement pour vous dire qu'elle est difficile. Elle est difficile parce que, naturellement, elle comporte un lourd héritage. Nous n'avons pas les tout derniers chiffres, sans doute sont-ils dans la brochure qu'on nous a communiquée tout à l'heure, mais je n'ai pas eu le temps de la consulter. Ce que je sais, c'est que le taux d'apprentissage du français est de l'ordre de 9 à 10 % pour les nouveaux Länder. Vous savez qu'il y a un déficit considérable d'enseignants de français. Il y a un autre problème qui est peut-être plus grave, c'est que, même si aujourd'hui les Ministères des différents Länder disposaient d'un vivier de professeurs de français, ils ne pourraient pas les engager car il n'y a pas de postes budgétaires pour de nouveaux professeurs de français; c'est là une difficulté qui va peser sur le long terme car vous savez que ce qui est le plus long à modifier, ce sont les masses budgétaires.
En tout cas, nous avons, dans les nouveaux Länder, engagé un certain nombre de négociations pour créer quelques lycées à section bilingue. C'est une voie qui nous paraît prometteuse.
Dernier point: la situation du français dans l'enseignement supérieur. Je suis désolé de ne pas avoir, là non plus, de très bonnes nouvelles. Nous avons observé que dans les instituts de romanistique le nombre des étudiants qui apprennent le français avec l'intention de l'enseigner par la suite, a chuté de moitié en 10 ans, ce qui est un chiffre tout à fait spectaculaire, absolument considérable. Intuitivement, nous avons le sentiment, mais les chiffres manquent, que les non-spécialistes qui apprennent le français, sont eux, maintenant plus nombreux, qu'il y a plus de juristes, d'économistes, qui apprennent le français, mais nous ne disposons pas de statistiques pour le mesurer exactement. En tout cas, ce dont nous sommes sûrs, c'est que ces évolutions se sont produites à un moment où, en France, le nombre des germanistes a doublé. Si bien qu'on aboutit à une figure en x avec des courbes qui ont évolué en sens contraire pendant les années 80 et qui aboutissent maintenant à une situation où le français est en recul en Allemagne et l'allemand en très forte progression en France. Je m'arrêterai là pour laisser la place à la discussion.

Insgesamt also, wenn ich Monsieur Parfait richtig verstanden habe, ist er unzufrieden. Unzufrieden waren die Franzosen mit uns in puncto Sprachunterricht – seit ich über Bildungspolitik schreibe – und das sind schon gut 30 Jahre. Immer hieß es im Rahmen des Deutsch-Französischen Vertrages: Zu wenig Deutsche lernen Französisch als erste Fremdsprache. Aber was die Sprachenfolge und die Unbeweglichkeit unserer Bildungsverwaltungen betrifft, möchte ich Ihnen doch einen Hoffnungsschimmer am Horizont zeigen: Recht frei entscheiden können die Schulen über die weniger oft gelernten Sprachen. Also wenn ein Schuldirektor gut Russisch kann oder einen niederländischen verheirateten Lehrer an seiner Schule hat, kann er das Fach anbieten. Das habe ich in der Schulpraxis erlebt, das geht also recht gut. Und die bilingualen Schulen werden sich, nach meiner Überzeugung, sehr vermehren. Die Kultusministerkonferenz hat gerade eine neue Übersicht herausgebracht: Danach gibt es 43 Gymnasien, zwei Realschulen und eine Gesamtschule im Augenblick, die französische Züge führen. Und so wie Sie habe ich mir das angeschaut: Es ist absolut überzeugend, wie gut die Schüler am Schluß die Partnersprache können, wenn sie auch noch Geschichte, Geographie, in manchen Schulen auch Sozialkunde, auf Französisch gelernt haben. Das ist selbstverständlich ein ganz anderes Eindringen in die Kultur und Denkweise des anderen Landes. Dennoch, es bleibt viel zu tun. Sie haben vorhin in Ihrem ersten Statement so überzeugend gesagt, zwei Fremdsprachen für alle, von dem Frühbeginn, also *éducation précoce*, möglichst vom Kindergarten an, bis einschließlich Hochschule. Da hätte ich eine Frage an Sie: Ich habe voll Interesse in dieser vorzüglichen Dokumentation gelesen, in die ich erst nur einen Blick hineinwerfen konnte, daß an französischen Ingenieurhochschulen schon seit 1805 Deutsch als Fremdsprache gelehrt wird und offenbar von nicht wenigen Studenten auch heute noch gelernt wird. Sollte das zutreffen, dann wären wir Deutschen schwer hintenan. Denn, das wissen Sie natürlich, da Sie in Bonn leben, neben den Romanisten, die Sie erwähnten, kenne ich keinen Ingenieur, Architekten, ganz wenige Juristen, die die Fachsprache, die mit ihrem Fach verbundene Sprache auf Französisch, eher noch auf Englisch lernen. Der Präsident des Deutschen Akademischen Austauschdienstes, Professor Berchem, hat dringend verlangt, daß, bei welcher Studienrichtung auch immer, die Studenten im Blick auf das sich erweiternde Europa Fremdsprachen nebenher treiben sollten. Und dabei möchte ich denen von Ihnen, die das vielleicht gar nicht wissen, sagen, das war in der ehemaligen DDR so, und das war im ganzen Ostblock so und droht jetzt verloren zu gehen. Damals war natürlich der Zwang auf Russisch, und ich habe komischerweise nie einen Absolventen oder Schüler in der DDR gesprochen, der anständig Russisch konnte, trotz der vielen Jahre, die sie es lernen mußten. Aber da könnte man ja jetzt auch an der Universität oder Fachhochschule Französisch oder Englisch oder eine andere Sprache und auch immer noch Russisch anbieten, wo ein Kapital verloren zu gehen droht. Also, die Vielsprachigkeit wird von Ihnen beiden gefordert. Ich habe mir die Zahlen angeschaut: in *Le Monde* ist davon die Rede, daß an den *écoles primaires* inzwischen 328 000 Schüler – das sind über 30 % –, französische Schüler Deutsch oder eine andere Fremdsprache lernen. 17 % davon Deutsch, 75 % natürlich Englisch. Ich habe mir vom Statistischen Bundesamt die jüngsten Zahlen hergefragt: bei uns im Primarbereich sind es nicht 328 000 sondern 86 000. Zwar tut sich jetzt in allerjüngster Zeit eine ganze Menge, glaube ich, aber tut sich genug? Als ich mir die Statistiken angeschaut und verglichen habe, ist mir klar geworden: über 50 % der Franzosen machen ein *baccalauréat*; bei uns sind es über alle Sekundarschularten hin, also vom 5. bis zum 10. Schuljahr, Hauptschüler, Realschüler, Gesamtschüler und Gymnasiasten, nur 26 %, die Französisch lernen. Von den Gymnasiasten sind es 44 %, aber es machen bei uns nur 30 % Abitur. An unseren beruflichen Schulen, wo das Gros der Jugendlichen landet – Sie kennen das duale System, und die Berufsfachschulen kommen noch hinzu –, an den Berufsschulen selbst wird praktisch überhaupt keine Fremdsprache unterrichtet, und das ist auch eine große Sorge des Deutsch-Französischen Jugendwerkes: Junge Berufstätige, die ja auch als Werkmeister, Monteure, Krankenschwestern, mobil über die Grenzen wechseln sollen und Kunden bedienen sollen in dem anderen Land, da ist meines Erachtens die Notwendigkeit, mit einem völlig anderen Sprachunterricht einzusteigen. Das schaffen die Schulen gar nicht, da müßten wir uns auch viel mehr Gedanken über den Austausch machen. Frau Laurien, glaube ich, erwähnte vorhin, daß das LINGUA-Programm so schlecht dotiert ist; das PETRA-Programm ist noch geringer dotiert von der EG; das ist ein Programm für Lehrlinge und junge Berufstätige. Also bleibt die große Masse im Grunde diesem Sprachunterricht fern, und darüber müßten Sie als Pädagogen oder Jugendleiter sich nicht nur Gedanken machen, sondern auch den Politikern gegenüber vorstellig werden. Monsieur Parfait, was können Sie uns denn noch zum Abschluß zum Hochschulbereich sagen? Was ich eben erwähnte: Lernen denn die werdenden Ingenieure, Juristen, Volkswirte, die Sprache des Partnerlandes auch an der Hochschule?

Daniel Parfait

Il convient de souligner ici l'importance d'un concept qui, de part et d'autre, a un effet diamétralement opposé, qui est celui d'élitisme. Le concept d'élitisme

est un concept qui sert l'allemand en France et qui dessert le français en Allemagne. En France, il y a un choix de l'allemand qui est un choix social, on met les enfants dans des écoles où on fait de l'allemand, parce que la compétition y sera plus élevée et qu'on considère qu'ils travailleront davantage et qu'au fond c'est meilleur pour eux. Mais si on met les enfants dans des écoles où l'allemand est la première langue, il est tout à fait naturel que par la suite, entrant à l'université, ils poursuivent l'étude de l'allemand et qu'on les retrouve avec l'allemand, parfois unique langue, dans les écoles d'ingénieurs dont vous parliez. La situation est exactement inverse en Allemagne, où l'on nous dit souvent: il faut que les enfants aient les même chances et donc il ne faut pas qu'ils prennent le français. Le français, étant une matière qui, en réalité, pèserait sur leur cursus scolaire – par exemple chez les élèves moyens ou d'origine modeste – leur demanderait des efforts trop importants. Je l'ai très bien compris, cet aspect-là, mais il est même politiquement extrêmement marqué en Allemagne. D'où la situation très différente des deux langues aussi dans le secteur universitaire.
Enfin un dernier mot, pour terminer à propos de l'enseignement précoce du français: c'est vrai que l'on se heurte à un paradoxe, quand on fait de l'enseignement précoce. Prenons l'exemple du Bade-Wurtemberg, où il existe un programme spécifique: apprendre la langue du voisin. Les enfants apprennent le français à l'école primaire, mais lorsqu'ils arrivent au lycée, ils n'ont plus partout le choix du français comme première langue, ce qui a donc comme conséquence qu'un nombre considérable d'entre eux prennent l'anglais comme première langue. L'investissement réalisé en français est donc un investissement perdu. Autrement dit, il y a une continuité nécessaire de l'offre des langues et si on fait de l'enseignement précoce du français, il faut absolument prendre des dispositions, pour que les enfants qui suivent cet enseignement, puissent ensuite poursuivre avec le français comme première langue.

Brigitte Mohr

Kontinuität also, ich will nicht sagen von der Wiege bis zur Bahre, denn das lebenslange Lernen haben wir noch gar nicht angesprochen, aber Kontinuität vom Kindergarten oder der Vorschule bis einschließlich der Berufsausbildung, das ist doch wohl der gemeinsame Wunsch, der hier von allen Seiten geäußert wird. Und in diesem Sinne bin ich gespannt, was in den nächsten Kongreßtagen an praktischen Modellen oder Vorschlägen oder Methoden, neuen Methoden der Sprachvermittlung, auf uns alle noch zukommen wird.

4. DE NOUVELLES PERSPECTIVES POUR L'APPRENTISSAGE DES LANGUES – LA LANGUE DANS LES RENCONTRES FRANCO-ALLEMANDES

4. NEUE ANSÄTZE IM FREMDSPRACHENLERNEN – SPRACHE IN DEUTSCH-FRANZÖSISCHEN BEGEGNUNGEN

Albert Raasch, Professor am Romanistischen Institut der Universität des Saarlandes, Saarbrücken

La place du linguistique dans le processus d'apprentissage interculturel

Sprachvermittlung im interkulturellen Lernprozeß

1. Das Problem:
   - *»Salut, Schtroumpf bricoleur! Tu veux bien me schtroumpfer un tire-bouschtroumpf?*
   - *Tu veux dire: un schtroumpfe-bouchon?*
   - *Non! Un tire-bouschtroumpf! Pour schtroumpfer les bouteilles.*
   - *Ça, c'est un schtroumpfe-bouchon.*
   - *Mais non, un tire-bouschtroumpf!«*
2. Die Abstraktion:
   - *»Ah! C'est vrai: vous, les Schtroumpfs du Sud, vous dites les mots dans l'autre sens...*
   - *Mais non! C'est vous dans le Nord qui...«*
3. Die kulturelle Evaluation und Stereotypisierung:
   - *»C'est bizarre comme ils parlent les Schtroumpfs du Sud du village!*
   - *Marrant, le langage des Schtroumpfs du Nord!«*

   (...)
4. Die Argumentation:
   - *»Vous autres, au Nord, vous mettez toujours le mot schtroumpf derrière! Or il faut dire:* des schtroumpfs de terre *et non* des pommes de schtroumpf, *parce qu'alors on confondrait avec* des schroumpfs de pin«.

- *Mais alors on confond les* schtroumpfs de terre *avec les* vers de schtroumpfs.
- *Et les* schtroumpfs de pin *avec les* tranches de schtroumpf!«

5. Die Eskalation:
   - *»Vous autres du Sud, vous schtroumpfez à l'envers!*
   - *Ah, non! C'est vous!*
   - *Ecoute, je ne veux pas te faire de peine, mais on dit:* tire-bouschtroumpf.
   - *Non!*
   - *Si!*
   - *Non!*
   - *Si!*
   - *Non!*
   - *Si!«*
6. Und die Lösung, nein: EINE Lösung: nein: zwei Lösungen:
   - *»Moi, je dirais:* des Schtroumpfs de schtroumpf!
   - *Mais non, AU CONTRAIRE!«* (1)

Damit ist das Problem auf den Punkt gebracht, in seiner ganzen Absurdität.

Die Sprache als Ausdruck einer kulturellen Identität; die Identifikation mit der Kultur, zum Ausdruck gebracht durch das Festhalten an den sprachlichen Charakteristika. Eine Kommunikation, die TROTZDEM funktioniert, denn die Message kommt hinüber, jeder versteht jeden, gibt dies auch zu, und die dennoch nicht funktioniert, weil die Konfrontation auf der Meta-Ebene, auf der Ebene der Sprachbetrachtung, gesucht und gefunden wird. Auf dieser Ebene sind die Gesprächspartner ungeheuer einig darin, uneins zu sein und sich zu streiten. Und auf der eigentlichen gegenständlichen Ebene, auf der Ebene der *tire-bouchons* selbst, ist man sich ebenfalls einig, es gibt keinerlei Streit um diese *tire-bouchons*, im Gegenteil. Eine perfekte, absurde Kooperativität.

Der Streit hat seinen Ursprung darin, daß jeder Partner präsupponiert, seine Sprache sei die normale und allgemeingültige. Keiner akzeptiert diese Mitbehauptungen des anderen, obgleich er genau weiß, was der andere sagen will.

Die Werte der je spezifischen Sprachform werden also als so gewichtig angesehen, daß man es darüber zum Streit kommen läßt. Die Sprache als Wert, als Streit-Wert; im wörtlichen Sinne: die Sprache ist einen Streit wert. Die Sprache dokumentiert nicht nur einen bestimmten kulturellen Wert, sondern die jeweilige Sprache thematisiert hier auch den in ihr jeweils dokumentierten kulturellen Wert.

Ein Musterbeispiel für einen nicht zustande kommenden interkulturellen Diskurs.

Und man sieht das Streit-Potential des In-Group-Gefühls.
Damit vergleichbar, weil ebenfalls auf Sprache als kulturellem Wert bezogen, aber weiterführend, eine Szene aus *Astérix*, aus der die Befangenheit in der je eigenen Welt, der Zentrismus der Weltsicht deutlich wird. Als Astérix und Obélix bei den Arvernern sind (2), lernen sie dort Alambix, einen Einheimischen, kennen, der ihnen von den Römern berichtet: *»Fanfreluche est un grand perchonnage, envoyé chez nous pour voir chi le peuple arverne est choumis il aura de quoi raconter à Chéjar«*. Zum Essen in sein Privathaus eingeladen, finden Sie das Gericht hervorragend und fragen nach den Zutaten.
C'est vraiment bon! Qu'est-ce qu'il y a dedans?
Die Frau von Alambix: *Pour commencher, il est néchéchaire de prendre des choux.*
Obélix: *Des sous?*
Astérix korrigiert ihn: *Des choux!*
Die Frau von Alambix: *Ch'est cha, des choux, pas des chous, des choux comme hibou, caillou, genou, joujou et pou...*
Astérix: *Sans vous vexer, ni être indiscret, vous parlez tous avec cet accent?*
Alambix: *Ah non! Nous, les vieux, on parle comme cha, mais cha che perd.*
Eine andere Person: *Cha ch'est chûr! Cha che perd.*
Eine andere Person: *Dans quelques chiècles, il n'y aura plus perchonne en pays arverne pour prononcher les esches à notre fachon, hélache!*
Und da kommt eine weitere Person herein und ruft aus:
Salut la société! Ce sont des saucisses sèches pour le dessert.
Zum Erstaunen von Astérix und Obélix erklärt der Arverner diese Aussprache so: *Il jojote*. (für zozote, also zézayer).
Die »Normalität« als das subjektiv Abnorme. Die Umkehrung der Perspektiven, die Umkehrung der Werte.
Bei der Begegnung mit Indianern – und dies ist mein drittes und letztes Beispiel – fragen sich Astérix wie Obélix, ob es sich nun eher um Numider oder um Thraker oder um Kreter handeln könnte. Diese fremden Menschen benehmen sich so ungewohnt, daß eine Einordnung schwerfällt. Die Fremdheit verunsichert, die eigenen Kategorien stimmen nicht mehr. Astérix und Obélix perzipieren die Welt aus ihrer Sicht, aus ihrer eigenen Weltkenntnis heraus. Auch wenn sie je unterschiedliche Sichtweisen haben, so weisen sie miteinander mehr Gemeinsames als Verschiedenes auf. Das Fremde ist das, was sich nicht mit den eigenen Kategorien und mit der eigenen Weltkenntnis fassen läßt. Und wie der Kontakt der Kulturen dort zu einem kommunikativen Clash wird, liest man besser in *Astérix* selbst nach. Dann wird auch deutlich, daß man dabei nicht von Schuld oder Verschulden sprechen kann, sondern daß die Symbole in der Welt verschieden sind und verschieden interpretiert werden.

Die zitierten Textpassagen illustrieren folgendes:

1. Individuen verhalten sich kulturspezifisch.
2. Individuen interpretieren das Verhalten anderer kulturspezifisch.
3. Individuen sind sich ihrer kulturspezifischen Verhaltensweisen nicht oder nicht unbedingt bewußt.
4. Die Relativierung der je kulturspezifischen Verhaltensweise, durch das Verstehen anderer, kann gesucht, kann aber auch eifersüchtig vermieden werden.
5. Wenn es dann zum Clash kommt, dann wird durch diese Beispiele illustriert, was passiert, wenn ein Abgleichen und Aufheben der Gegensätze auf höherer Ebene nicht gesucht wird. Gleichwohl wird dem Leser durch die Demonstration der Absurdität vermittelt, worin die Therapie für die kommunikativen, interkulturellen Probleme bestehen könnte. Diese Comics-Passagen kommentieren sich selbst. Der aufmerksame Leser wird sich dessen bewußt; ob der in der ersten Kommunikationsebene eingesponnene Leser diese doppelte Message registriert, entzieht sich bisher jedenfalls meinem Urteil.

Sie sehen jetzt, worin mein Einstieg bestand und wohin ich ziele:

1. Sprache und Kultur sind wechselseitig miteinander verflochten. Sprache ist Teil einer Kultur und kann sogar ein essentieller, sprich: ein sensibler Bereich der Kultur sein. In Sprache äußert sich Kultur, in Sprache gestaltet sich Kultur, in Sprache wird Kultur aufbewahrt.
2. Kommunikation ist Teil einer Kultur; insofern ist Kommunikation gekennzeichnet durch das skizzierte komplexe Verhältnis von Kultur und Sprache. Kommunikation zu erlernen heißt daher immer, das komplexe wechselseitige Wirkungsverhältnis von Kultur und Sprache beherrschen zu lernen.
3. Treten Kulturen in der Kommunikation in Kontakt, ist eine Kompetenz nötig, die die eigenen und die fremden kulturellen und sprachlichen Grenzen überschreitet. Man kann, wenn man will, hierfür den Ausdruck »interkulturelle Kompetenz« benutzen. Man hat Einwände geltend gemacht gegen den Gebrauch dieses Ausdrucks, weil er zu abgegriffen oder zu wenig präzise sei. Das erste Argument ist keines, wenn das zweite keines ist, und dem kann abgeholfen werden: Wir werden versuchen, den Terminus soweit zu definieren, wie es für unser Verständnis nötig ist, d.h. präzise ist, und dann ist der Einwand eines häufigen Gebrauchs ebenfalls kein Gegenargument mehr.

Nennen wir also »interkulturelle Kompetenz« vorläufig die Fähigkeit, die benötigt wird, um den Standpunkt des kulturell anderen Partners einnehmen zu können, mit dem Ziel, die eigene Verhaltensweise so einzurichten, daß der andere meine »message« so erhält, wie es meiner Intention entspricht.

Wenn ich einem französischen Partner schreibe und die passende Briefschlußformel suche, die unser soziales Verhältnis am besten ausdrückt, dann werde ich mich über die Bandbreite der Ausdrucksmöglichkeiten im Französischen und über ihre jeweilige Wirkungsweise informieren müssen.
Dies ist meine erste Aufgabe, an ihr komme ich nicht vorbei, sie entspricht dem traditionellen Begriff der Landeskunde. Landeskunde vermitteln, heißt vorwiegend deklaratives Wissen vermitteln, Fakten, Daten, Aussagen. Ohne solches Wissen geht es nicht, und je mehr man davon hat, desto besser. Nur: deklaratives Wissen reicht nicht; anders gesagt: der Begriff der Landeskunde mußte erweitert werden. Nicht nur in dem Sinne, daß die Landeskunde vor ca. 20 Jahren, aber noch heute gültig, einen wichtigen Impuls durch die Sozialwissenschaften erhielt. Fakten, Daten, Aussagen wurden in ihrer sozialen Vernetzung erhoben, damit wurde das isolierte Wissen zu einem Kontextwissen, es wurde transparent und vom Bildungsbegriff abgekoppelt. Nur: Auch jetzt noch blieb die Landeskunde eine Wissenschaft vom deklarativen Wissen.
Diese beiden Formen der Landeskunde – und hier ist der Bezug zum Deutsch-Französischen Jugendwerk besonders erkennbar, weil eine wechselseitige Wirkung zu den Bemühungen der DFJW einsetzte – diese beiden Formen der Landeskunde wurden flankiert, ergänzt, gestützt von einem pädagogischen, psychosozialen oder, wenn man will, politischen Lernziel, das neben oder zu oder über das landeskundliche Vermittlungsziel trat: das Ziel der Toleranz, der Akzeptanz, des Verstehens und Verständnisses, des Verständnisses für... durch Verstehen von...Diese Zielsetzung brachte die affektive Komponente ergänzend hinzu, wenn man es psychologisch sehen will, oder anders gesehen: sie brachte die kommunikativ-linguistische Komponente vom kooperativen Miteinander in der Kommunikation ein.
Ich würde für mich sagen, daß eine Vermittlung von systematisch angelegter Landeskunde ohne Vermittlung von Empathie leer und leblos ist; ob dies allgemeine Meinung ist, weiß ich nicht. Empathie erwerben, heißt urteilen, auswählen, werten. Durch die Entwicklung von Empathie bringt man seine gesamte Persönlichkeit ein. Landeskunde dieser Art spricht den Menschen ganzheitlich an im Unterschied zur traditionellen Landeskunde. Sie stellt Forderungen an die Persönlichkeit des Lehrenden, aber auch an die Persönlichkeit des Lernenden.
Nach meinen Erfahrungen hat es von Anfang an im DFJW und durch das DFJW diese Verbindung gegeben; das Jugendwerk hat sich darum verdient gemacht, diese Verbindung zu pflegen, sie aber auch immer wieder zu thematisieren und zu hinterfragen. Das DFJW hat also immer wieder zu kritischer Beobachtung dieser Verbindung aufgefordert. Dieses Potential an Erfahrung und, wenn ich es so nennen darf, des know-how ist noch lange nicht weit genug in die Öffentlichkeit und in die Bildungslandschaft eingedrungen.

Empathie ist auch in unseren Comic-Geschichten spürbar, zwischen den Vertretern der verschiedenen Kulturen, die dort aneinandergeraten. Empathie ist sogar durchgängiges Prinzip in *Astérix* und in den *Schlümpfen* ebenso. Gegenbeispiele gibt es auch, z.B. die Comics um die Person des Raymond Calbuth, wo Dominieren und Beherrschen bzw. das Entlarven dieser Verhaltensweisen und ihrer Strategien thematisiert sind.

Neben die drei Formen einer bildungsorientierten Landeskunde, dann einer wissenschaftlich-systematisch orientierten Landeskunde und einer Landeskunde, die die Wissenschaftlichkeit mit einer kritisch reflektierten Werbung für Verstehen und Verständnis verbindet, tritt mit der interkulturellen Kompetenz eine vierte Konzeption hinzu.

Interkulturelles Lernen findet dort statt, wo Partner aus verschiedenen Kulturen die Unterschiedlichkeit ihrer jeweiligen Kulturen zum Gegenstand ihrer Kommunikation, ihrer Gespräche, ihres Verhaltens machen. Sprache enthält diese Kultur, Sprache ist geeignet, diese kulturellen Spezifika an die Oberfläche zu holen. Mit Hilfe von Sprache kann ich mich über die unterschiedlichen semantischen Füllungen von Sprachzeichen unterhalten, um die dahinter stehenden Begriffe zu erkennen und abzugleichen.

Dabei sind die Denotate, vor allem aber die Konnotate von Zeichen von besonderem Interesse, weil in ihnen die Werte und die Hierarchie von Werten aufscheinen, die in einer Kultur eine charakteristische Auftretenswahrscheinlichkeit haben. Diese konnotativen Füllungen der Sprache kann ich beobachten, besser noch: durch Gespräch mit dem Partner wechselseitig ermitteln, aushandeln. Wir sind sogar darauf angewiesen, diesen Weg zu gehen, denn Wörterbücher bilden diese Konnotation nicht ab. Bezeichnungen wie pejorativ o.ä. in Wörterbüchern, wie wir sie etwa bei Einträgen wie Schnulze, Kitsch, Weib, populistisch usw. finden, bezeichnen Denotate, nicht Konnotate, höchstens gewesene Konnotate, die zu Denotaten geworden sind.

Konnotate in unserem Sinne finden sich z.B. bei Wörtern wie der Fremde, Ausländer, Asylsuchender, politische Linke oder Rechte, *province, Paris, immigrés, Allemagne, unification,* Bundesbank usw. Kein Wörterbuch gibt Auskunft darüber, welche Konnotate diese Wörter bei welchen Sprechern enthalten, offen oder verdeckt. Diese Konnotate kann man erfahren, durch gelingende oder scheiternde Kommunikation, oder systematisch aufarbeiten und aushandeln.

Kommunikative Vorgänge dieser Art sind interkulturelles Lernen und zielen auf interkulturelle Kompetenz ab.

Konnotate können wichtiger für das Gelingen einer Kommunikation sein als Denotate, so wie der Beziehungsaspekt, der sich in der paraverbalen und extraverbalen Zuwendung der Eltern zu ihrem Baby dokumentiert, wichtiger ist als der propositionale Gehalt ihrer Äußerungen. Die Kenntnis dieser Werte, die in der Sprache aufdeckbar sind, ist die Voraussetzung dafür, daß ich angemessen kommunizieren kann, mit anderen Worten: daß die Kommunikation gelingt. Wenn ich jetzt noch statt von »Kommunikation« von »Sprechakten« rede, dann wird deutlich, daß mit interkulturellem Lernen eine Linguistik verbunden ist, die man als Pragmatik bezeichnet und die sich mit den Bedingungen für das Gelingen von Äußerungen und kommunikativen Vorgängen befaßt.

Der skizzierte Ansatz ist nicht neu; seit 15 oder 20 Jahren dringt man auf die Umsetzung, und immer noch muß man weiter darauf insistieren. Immer wieder neu allerdings sind die Einsichten in die interkulturellen Konfliktquellen, auch im deutsch-französischen Kontext, trotz aller Näherungen, wenn man auch über deren Erfolg dann immer wieder ins anerkennende Staunen gerät, wenn man z.B. Gelegenheit hat, an deutsch-polnischer Zusammenarbeit beteiligt zu sein.

Die Bedeutung der interkulturellen Kommunikation, das darin liegende Interesse, die daraus erwachsende Motivation, sind Argumente, die dafür sprechen, daß das interkulturelle Lernen nicht erst im fünften oder achten Lernjahr oder im Fortgeschrittenenkurs einsetzt. Interkulturelles Lernen ist nach oben hin nicht abgeschlossen, es sollte auch nach unten, zum Anfang des Sprachenlernens, nicht abgeschlossen sein. Man sollte sogar versuchen, das interkulturelle Lernen vom Sprachenlernen abzukoppeln, und zwar aus der Überlegung heraus, daß es nicht angehen darf, daß ca. 60 % der deutschen Bevölkerung angeben, keine Fremdsprache aktiv gebrauchen zu können und deswegen von interkultureller Kommunikation ausgeschlossen bleiben sollten.

Interkulturelles Lernen ist lebenslanges Lernen. Interkulturelles Lernen ist ein sich fortschreibender, sich fortentwickelnder, sich zu immer weiterer, offener Blüte entfaltender Vorgang, der den Charakter des Lernens und den Charakter des Umgangs mit dem anderen und der anderen Kultur nie verliert, ein Leben lang nicht. Interkulturelle Kompetenz ist ein fernes Ziel, das ebenso wenig erreicht wird, wie der Horizont je erreicht werden kann, der uns gleichwohl die Richtung angeben kann.

Es ist hilfreich, zur näheren Beschreibung des Lernvorgangs die Theorie der Lernersprache heranzuziehen, die einen Vorschlag macht zur Erfassung von Lernfortschritt, Lernstillstand, eventuell Lernrückschritt und die Komponenten zu isolieren versucht, die als Faktoren den Lernprozeß determinieren.

Interkulturelles Lernen ist als ein Prozeß zu beschreiben, der determiniert wird von:

- dem Angebot an Wissen, der Auswahl bzw. Aufbereitung
- dem Angebot an Kontakt- und Gesprächsmöglichkeiten, an Lerngelegenheiten in der Gruppe, der Klasse, dem Auslandsaufenthalt usw.

- den subjektiven Lernvoraussetzungen kognitiver und affektiver Art einschließlich der Fähigkeiten zum Umgang mit Wissen
- vorgeprägten Einschätzungen
- den vorhandenen Lernerfahrungen und Lernkapazitäten. Wie bei der Lernersprache oder Interimssprache kann ich nun einzelne Erscheinungsbilder festmachen, z.B. Interferenzen (aufgrund von Einflüssen der muttersprachlichen Kultur), phasen- oder bereichsweise unzureichendes Lernmaterial, Übergeneralisierungen (bei der Beobachtung individueller Verhaltensmuster), Fossilierungen z.B. liebgewordener oder verborgener Stereotypen, Untergeneralisierung, d.h. Nicht-Nutzen des Anwendungsraumes von Regelmäßigkeiten, Isolation von Daten (aufgrund nicht-eingeübter Abstraktionsstrategien) usw.

Man kann ein Profil interkultureller Kompetenz erstellen, auch seiner eigenen, und aufgrund dieses Profils und der zugehörigen Interpretation Maßnahmen des Lehrens oder Lernens ergreifen. Kurz: Man kann interkulturelles Lernen curricular planen.

Man kann interkulturelles Lernen auch beschreiben mit den Kategorien des Lernens und des Erwerbens. Ich kann ins Ausland gehen und den interkulturellen Prozeß praktizieren, einfach in Interkulturalität hineinwachsen, eben diese Kompetenz erwerben. Ich kann sie aber auch lernen, gesteuert wie im Unterricht, mich selbst steuernd etwa durch gezielte Lektüre, wie z.B. unserer Comic-Geschichten, denn auch dabei findet ein kommunikativer Prozeß statt, der nicht hinreichend beschrieben ist damit, daß man sagt, das Buch habe eine *message*, die ich durch möglichst intelligentes Lesen zu entnehmen versuche.

Dieses Kommunikationsmodell gilt nicht für das Lesen, es gilt natürlich auch nicht für die *communication de face-à-face*. Die *message* ist stets das Produkt gemeinsamer Anstrengungen, oder, wenn Sie wollen: gemeinsamen *inputs* und Aushandelns. Der Rezipient geht in diese *message* genauso ein wie der Produzent: die vorher erwähnten Faktoren des Lernens sind die Faktoren des Prozesses der gemeinsamen *message*-Bildung.

Hinweise darauf erhält man, wenn man erlebt, wie ich »denselben« Text heute so und in einem Jahr vielleicht so interpretiere, oder wie ich den Text ganz anders verstehe als mein Freund oder Sohn.

Wenn ich jetzt daran erinnere, daß ich vorhin, eingangs, von deklarativem Wissen gesprochen habe als dem Schwerpunkt einer bestimmten Konzeption von Landeskunde, dann wird inzwischen deutlich geworden sein, daß ein anderes Wissen und Können viel stärker in den Vordergrund getreten ist, das Wissen und Können, das sich in Verhaltensweisen, Umgehensfähigkeiten, Kontaktpotentialen, Urteils- und Argumentationskompetenzen ausdrückt. Prozedurales Wissen ist das Wissen von den Strategien und Techniken des Erwerbens, Organisierens,

Memorisierens, Evaluierens, Kombinierens von (im wesentlichen) deklarativen Wissensbeständen. Wenn ich Studierende beauftrage, durch Gespräche mit Franzosen und Französinnen herauszufinden, welche Konnotationen bestimmte Begriffe (z.B. Maastricht, Europa usw.) aufweisen, dann lernen sie nicht nur wichtige Fakten, Daten, semantische Informationen, sondern sie lernen auch, wie man solche Fakten, Daten und Informationen erhebt, organisiert, evaluiert, kombiniert usw. Sie erwerben damit prozedurales Wissen, das ihnen weiterhilft, auch wenn sie nicht mehr in einer Linguistikübung sitzen und einen Schein erwerben müssen.

Interkulturelles Lernen ist ein die Persönlichkeit gesamtheitlich erfassendes Lernen und Erwerben von deklarativem und vornehmlich prozeduralem Wissen zum Zwecke einer besseren grenzüberschreitenden Verständigung. Solche Lernvorgänge führen hin zur Fähigkeit des intelligenten, verstehenden Kommunizierens mit Vertretern anderer Kulturen. Es ist einleuchtend, daß solches Lernen in grenznahen Regionen bessere Voraussetzungen findet als in anderen Regionen.

Nun ist das Überschreiten der inzwischen ja gar nicht mehr vorhandenen Grenzen in der Europäischen Gemeinschaft im eigentlichen, wörtlichen Sinne nicht unbedingt gemeint, wenn wir von grenzüberschreitend sprechen. Der Kontakt mit der anderen Kultur ist ebenso gegeben, wenn ich Claire Brétécher lese, denn auch der Leseprozeß ist ein interkultureller Prozeß, an dem beide Partner, Buch und Leser, partnerschaftlich beteiligt sind.

Was mir aber immer weniger einleuchtet, ist, daß ein Deutscher, und er mag noch so gut Französisch können, als Gesprächspartner für eine Klasse oder eine Lerngruppe oder überhaupt für Lernende mehr sein kann als ein fiktiver *native speaker*. Dieser Kommunikationsprozeß, der hier stattfindet, kann doch nur in Ausnahmefällen diese interkulturelle Begegnung darstellen, die das gemeinsame Aushandeln von Bedeutungen, Konnotationen, Wertesystemen beinhaltet. Diese Frage ist eine brisante Frage; sie betrifft das Schulwesen in ungeheurem Maße, sie betrifft ebenfalls die Hochschulen in erheblicher Weise, sie betrifft am wenigsten z.B. die Volkshochschulen, wo der Anteil der *locuteurs natifs* erfreulich groß ist, und sie betrifft am wenigsten das DFJW, das eben von seiner ganzen Struktur her diesen Ansatz vertritt, d.h. selbst darstellt und durch sein Wirken implementiert.

Dieses interkulturelle Lernen läßt sich nun nach meiner Überzeugung noch in eine weitere Stufe, eine fünfte Stufe, einbringen.

Interkulturelles Lernen hat das Ziel, die Gemeinsamkeiten zweier Kulturen und ihrer Angehörigen durch Kommunikation zu erweitern und dabei die je kulturellen Spezifika zu respektieren, also nicht aufzuheben etwa in einer Europäischen Gesellschaft.

Dieses Ziel und diese Modalitäten möchte ich nicht aufgeben, ich möchte sie aufheben und einbringen in das, was sich in dem jetzt zusammenschließenden Europa ergibt, schon ergeben hat und noch viel mehr ergeben wird. Wie es in den Räumen des DFJW darum geht, daß Angehörige zweier trotz aller Schnittmengen von Gemeinsamkeiten dennoch durchaus unterschiedlicher Kulturen zusammenarbeiten, so ist es ja zunehmend der Fall in vielen Betrieben, Unternehmen, Verwaltungen. Hier wie dort geht es darum, daß man nicht nur etwas vom anderen weiß, daß man dieses Wissen dann einbringt in verstehendes transnationales Kommunizieren, sondern hier wie dort geht es darum, daß man gemeinsam etwas tun muß, daß man ein Programm erfüllt, daß die interkulturelle Kompetenz also eingesetzt wird, um ein Ergebnis zu erzielen: im Versicherungsbüro, um gemeinsam einen internationalen Fall zu behandeln; in der Verwaltung, um Initiativen im Umweltschutz grenzüberschreitend zu ergreifen; im Bildungswesen, um ein integriertes Studium zu konzipieren usw.

Dieses gemeinsame Tun, oft nicht nur bikulturell, sondern plurikulturell, ist der Anwendungsbereich für die interkulturelle Kompetenz. Hier muß ich über die Unterschiede zwischen Kulturen und deren Reflexion hinweg Gemeinsames aufbauen, das von allen Partnern geschaffen und dann verantwortet wird und das ich daher INTRA-kulturelle Kompetenz nenne. Dieses gemeinsame Handeln, das über das Aushandeln von Werten im interkulturellen Lernen hinausgeht, nenne ich Diskurs, intrakulturellen Diskurs. Es ist das sprachhandelnde, auf Verständigung hin orientierte Kommunizieren zwischen Partnern verschiedener Kulturen zum Zwecke des gemeinsamen Schaffens sozialer Werte.

Dieses letztgenannte Ziel heißt, daß es Kontrollparameter für den Erfolg intrakulturellen Lernens gibt: das gemeinsame Schaffen sozialer Werte.

Intrakulturelles Lernen ist daher für mich immer ein Lernen *on the job*, in der Realität, in der authentischen Begegnung am Arbeitsplatz, in den gemeinsamen Wirkungsmöglichkeiten von Menschen, also in den sozialen Tätigkeitsfeldern. Ich trete daher sehr ein dafür, daß nicht nur eine, sondern zwei oder gar drei Sprachen gleichzeitig in derselben Unterrichtsstunde vermittelt oder angesprochen werden, weil dieses *Shifting* heute und im zukünftigen Europa noch viel mehr zum Charakteristikum einer internationalen Gesellschaft wird.

Diese Kontrolle ist insofern charakteristisch für intrakulturelles Lernen, als das Lernen im Hinblick auf den angestrebten Erfolg kontrolliert wird. Intrakulturelles Lernen umfaßt eine Meta-Ebene, auf der das Gelingen, die Wirkung, das *feed-back* der kommunikativen Vorgänge kontrolliert und gegebenenfalls korrigiert wird.

Ich halte diese Veranstaltung hier für ein Beispiel für intrakulturelle Kommunikation; wir REDEN hier miteinander nicht nur über Inter- oder Intrakulturalität. Die Teilnahme an diesem Kongreß ermöglicht ein intrakulturelles Lernen, dessen Kontrollinstanz man selbst oder die anderen sein können. Ich wünsche daher dieser Veranstaltung die Komponenten, die ich für intrakulturelles Lernen in Anspruch genommen und die ich hier als Aufgabe für Sie und als Vorgabe für die Diskussion zusammenfassen möchte: Ich wünsche Ihnen / uns einen auf vorgängigen Etappen der Landeskunde basierendes, gleichwohl sie überwindendes, auf Kooperation (d.h. nicht unbedingt Harmonie, sondern auf Empathiefähigkeit) hin angelegtes, kritisch kontrolliertes, im weitesten Sinne grenzüberschreitendes, auf reale Ergebnisse bezogenes, von Angehörigen verschiedener Kulturen betriebenes Lernhandeln, das auf den Erwerb von deklarativem und in hohem Maße auch prozeduralem Wissen angelegt ist, das zugleich prozeßorientiert und produktorientiert ist, das soziale Werte schafft und das sozusagen quer liegt zu den vielfältigen, ja auch im Programm dieser Tagung angesprochenen Initiativen zur Förderung des Fremdsprachenunterrichts wie bilingualer Unterricht, Frühbeginn, berufsorientierter Sprachunterricht und das damit durchgängiges Prinzip dieses Kongresses ist; Interkulturalität ist damit richtungsweisend für ALLES Bemühen im deutsch-französischen, europäischen, internationalen Bezug.

ANMERKUNGEN

1. Aus: Peyo et Y. Delporte, Schtroumpf vert et vert schtroumpf. Marcinelle-Charleroi: Dupuis, 1978, p. 5 f.
2. Aus: Goscinny / Uderzo, Le bouclier arverne. Paris: Dargaud Editeur, 1968, p. 15 f.

5. LA RENCONTRE – UN LIEU PRIVILEGIE POUR L'APPRENTISSAGE DE LA LANGUE DU PARTENAIRE

5. CHANCEN UND MÖGLICHKEITEN DES FREMDSPRACHENERWERBS IN DER BEGEGNUNG

Ulrich Dausendschön-Gay, Akademischer Oberrat für Linguistik (Französisch), Universität Bielefeld

Unter dem Titel dieses Beitrags hat auf dem Kongreß eine Veranstaltung über insgesamt zweieinhalb Stunden Dauer stattgefunden, bei der – in Form einer Expertenrunde – einige Aspekte von Sprachanimation in Begegnungssituationen sowie deren Rolle für die Auslösung von Spracherwerbsprozessen beleuchtet werden sollten. Es gab daher einerseits Berichte der Verantwortlichen binationaler Veranstaltungen verschiedenster Art, aber mit durchaus exemplarischem Charakter für den Versuch, Begegnungssituationen und nichtunterrichtliche Sprachanimation in einem übergreifenden Konzept interkulturellen Lernens miteinander zu kombinieren; andererseits gab es einige Überlegungen aus der Sicht der Spracherwerbsforschung, die auf die Praxis der Begegnungen, aus denen berichtet wurde, beziehbar sind. Der nachfolgende Text verbindet im Interesse der Kürze und um Wiederholungen zu vermeiden die Ausführungen aller Experten zu einem einzigen Bericht, der alle wesentlichen Elemente enthält, aber nach übergeordneten Gesichtspunkten strukturiert.

1. Erfahrungen

Oft machen wir die Erfahrung, daß wir uns mit den paar Brocken Urlaubsspanisch oder -türkisch prima durchschlagen können, wenn wir einkaufen wollen oder gar nach dem Weg fragen müssen: mit Phantasie, Gestik und viel Lächeln wird es schon gehen. Die Lage der Migranten, die ohne Deutschkenntnisse bei uns eintreffen und als Verkäufer in der Eisdiele ihren Lebensunterhalt verdienen wollen, ist da schon anders. Sie müssen in kurzer Zeit das für ihre Tätigkeit notwendige sprachliche Material erlernen, wollen sie ihre Arbeit effizient und schnell erledigen: der Handlungsdruck für sie ist erheblich. Im Gegensatz zu uns Urlaubsreisenden wird sich der Arbeitsmigrant, wenn die Umweltbedingungen dazu erfüllt sind, parallel dazu eine neue Umgebung erarbeiten, wichtige Bereiche unserer Sprache erlernen und dabei mit uns in »interkulturellen Kontakt« treten. Wenn wir den Eindruck haben, daß er sich gut – oder schlecht – bei uns eingelebt hat, dann meinen wir meistens damit seine Fähigkeit, Alltagssituationen so zu bewältigen, daß dabei keine Mißverständnisse entstehen, deren Ursache wir ihm zur Last legen könnten; er lernt die Bedeutung unserer Gesten, Alltagsrituale, kennt unsere Verhaltenserwartungen und kann unsere Sprache gut genug, um kleinere »Pannen« zu korrigieren.

Dieses Bild über die Integration der ausländischen Mitbürger ist ganz von deren Anpassung an unsere Alltagsnormen geprägt. Die Situation in binationalen Jugendbegegnungen ist demgegenüber gänzlich verschieden; es ist ganz unklar, wer sich wessen Normen anpassen soll und so entsteht eine Art soziales Vakuum, das von allen Beteiligten gemeinsam durch Anstrengung strukturiert und gefüllt werden muß. Die Partner müssen sozusagen neue soziale Normen erfinden, miteinander ausprobieren und auf diese Weise etwas herstellen, was es vorher für keinen von ihnen so gegeben hat. Aber, anders als der Arbeitsmigrant, können die Partner natürlich auch eine »Urlaubsreisendenmentalität« übernehmen: sie können der schwierigen Kommunikation mit »den Anderen« ausweichen oder sich ihr ganz verweigern, sie können in der Gruppe untertauchen, Verständigungsprobleme gar nicht als solche wahrnehmen oder sie im Zweifelsfall auf die Unfähigkeit der Anderen zurückführen. So gibt es selbstverständlich Berichte aus teilweise mißlungenen binationalen Begegnungen, in denen zwei sprachlich homogene Gruppen nebeneinanderhergelebt haben und die jeweils über die andere Gruppe bestehenden Vorurteile global und auch bei jedem Individuum kräftig verfestigt oder sogar weiterentwickelt worden sind.

Die »Bearbeitung« solcher Probleme im Umgang mit den Anderen ist Aufgabe der sogenannten interkulturellen Pädagogik. Sie betreibt auf der einen Seite so etwas wie Ursachenforschung, um die Gründe für die Blockaden im Umgang miteinander zu ermitteln; sie versucht andererseits, Methoden und Praktiken zu entwickeln und zu vermitteln, mit denen die geschilderten Probleme überwunden werden können. Neben einer ganzen Reihe sozialpsychologischer Faktoren spielt dabei natürlich die Sprachkompetenz der an der Kommunikation beteiligten Partner eine nicht unwesentliche Rolle. In diesem Sinne wollen wir »Sprachanimation« als Teilkomponente dieses Gesamtprogramms einer interkulturellen Pädagogik verstehen. Mit Sprachanimation meinen wir dabei all jene Methoden, die als Hilfestellungen zur Herstellung und Bewältigung

von Kommunikationssituationen in der Fremdsprache dienen und die sich ausdrücklich auf den nicht-unterrichtlichen Bereich beziehen.
Es ist kein Zufall, daß sich in allen Berichten über Begegnungssituationen im deutsch-französischen Kontext die große Aufmerksamkeit widerspiegelt, die überall diesem Bereich gewidmet wird. Drei »Stichworte« begegnen uns immer wieder:

- Die »Kennenlernspiele«, für die sich im Französischen nicht zufällig der Terminus *jeux de déblocage* eingebürgert hat. Sie haben eine zentrale Funktion für die Gruppenbildung, die Überwindung von Kontaktängsten und für die physischen und psychischen Entkrampfungen im Umgang mit Fremden; normalerweise ist unser wichtigstes Mittel der Kontaktherstellung ja gerade die Sprache: wir sagen von anderen, daß man mit ihnen gut reden kann, daß sich ein Gespräch schnell entwickelt, daß sie interessant sind, weil sie Interessantes zu sagen haben; dies gilt, mit deutlichen Abstufungen bei den Jüngsten, im Prinzip für alle Altersstufen. Wenn es keine gemeinsame Kommunikationssprache gibt, trotzdem aber sozialer Kontakt hergestellt werden soll, müssen andere »Systeme« entwickelt werden, die ein Gespräch ermöglichen – und dafür gibt es eben Spiele, gemeinsame Aktivitäten, Exkursionen, die eine gemeinsame Erlebniswelt herstellen, in der die Sprache nicht notwendigerweise die zentrale Rolle spielt. Aber natürlich kommt Sprache immer vor, und so bieten diese Aktivitäten die Chance, über den Kontakt zu den Personen auch »unter der Hand« erste Kontakte mit der Sprache des Anderen herzustellen: Objekte werden benannt, Grußsequenzen ausgetauscht, Lieder gesungen, etc. Genau betrachtet findet so etwas wie Hörschulung statt: wir lernen die Laute der anderen Sprache zu identifizieren und zu imitieren, wir lernen Wörter in Äußerungen zu identifizieren und damit die Redeabsicht ganzer Äußerungen zu verstehen, wir entwickeln ein eigenes Lexikon mit Wörtern für Dinge, mit Namen für Personen und mit Äußerungen für Tätigkeiten.
- Viele Berichte bestätigen, daß diese ersten Erfahrungen besonders günstig »ausgenutzt« werden können, wenn die Teilnehmer der Begegnungen in Kleingruppen an Projekten arbeiten. Wie bei den Kennenlernspielen liegt auch hier der Akzent ausdrücklich nicht auf der Sprache, sondern auf den zu erreichenden gemeinsamen Handlungszielen. Dies gilt für eine themenorientierte Projektarbeit in Sportbegegnungen ebenso wie für das Brotherstellungs-Projekt, das mit Kindern eines Schüleraustausches vorbereitet und durchgeführt wird oder für die Arbeit mit Medientexten, über die die Begleiterin berichtet; und in der gleichen Weise trifft es zu auf die gemeinsamen Berufstätigkeitserfahrungen junger Berufstätiger oder für ein Video-Projekt oder eine Passantenbefragung in Schleswig über das Bild vom

französischen Nachbarn, über die berichtet wurde. In allen Fällen motiviert das Interesse an der Sache und am Handlungsziel die Teilnehmer zum Mitmachen. Natürlich wird dabei auch Sprache erworben, aber man könnte fast sagen, daß es keiner merkt, weil Sprache ausdrücklich instrumentelle Funktion erhält. Wir lernen und gebrauchen genau das, was uns zum Erreichen des Handlungsziels und zur Organisation der gemeinsamen Arbeit unerläßlich ist.

- Die Arbeit in Tandems, die in einigen Berichten erwähnt wird, spielt dabei noch eine ganz besondere Rolle: zum Interesse an der gemeinsamen Sache kommt die Neugier an der anderen Person hinzu, denn wir können schwerlich mit jemandem zusammenarbeiten – sofern wir ihn nicht als Person völlig ablehnen –, ohne etwas über ihn wissen zu wollen; zu dem Bild, das wir uns zwangsläufig von anderen machen, gehört neben der Einschätzung der äußeren Erscheinung und der Beobachtung der Handlungen mit anderen auch das »Wissen« um wesentliche Elemente der Biographie, um Einstellungen, Meinungen, Vorlieben, Hobbies. So mündet Tandem-Arbeit unausweichlich in Sprechen, wobei die Sprachenwahl gänzlich offen ist: eine dritte Sprache als »lingua franca« (oft Englisch), jeder spricht seine Sprache, jeder spricht die Sprache des Anderen, die Sprache des Einen oder die Sprache des Anderen dominiert, eine Mischung aus beidem, die man als *parler bilingue* beschreiben könnte. Sprach-Tandem-Arbeit geht da noch einen Schritt weiter und führt die Sprachenwahl als Konstante ein: die Teilnehmer werden gebeten, im Wechsel die Sprache des Einen und dann die der Anderen zu gebrauchen, wobei die Möglichkeit des systematischen Sprachlernens gegeben, aber nicht obligatorisch ist. Gute Tandems haben keine dominante Sprache und keine dominanten Partner und bieten damit eine gute Voraussetzung für erfolgreiches partnerschaftliches Handeln.

2. Spracherwerb »so nebenbei«

Sprachanimation nutzt all diese »unabsichtlichen«, impliziten Spracherwerbstätigkeiten und versucht sie zu potenzieren. Dabei macht sie sich einige sehr einfache und einleuchtende Beobachtungen der Spracherwerbsforschung zueigen, die Hinweise darauf geben, daß in Alltagssituationen des Sprachkontaktes sozusagen automatisch Spracherwerb stattfindet. Wir wollen das an einem Beispiel erläutern.

Für die bereits erwähnte Passantenbefragung in Schleswig hat der Gruppenbegleiter die Jugendlichen mit Tonbändern ausgestattet und sie gebeten, Straßeninterviews durchzuführen. Sie haben zunächst in gemischtsprachigen Gruppen die

Fragen miteinander vereinbart und vorformuliert, die sie dann später in diesem Straßeninterview stellen wollten. Die Fragen bezogen sich auf Erfahrungen mit Frankreich, die die Passanten gemacht haben. Die Rollenverteilung war so festgelegt, daß in den gemischten Gruppen die Französinnen die Straßeninterviewfragen auf deutsch stellen sollten, die Rolle der deutschen Teilnehmerinnen war, auf Band ein Resümee der Antwort in französischer Sprache zu geben, damit dann bei der Präsentation der Ergebnisse am Abend in der Gruppe das Interview in beiden Sprachen vorgeführt werden konnte. In einer der Interviewszenen fragte eine Französin auf der Straße mit deutlich markiertem Akzent: »Können Sie sich vorstellen, mit Franzosen b.. frü.. frü.. ndet zu sein?« Eine der deutschen Teilnehmerinnen interveniert: »befreundet«; die Französin nimmt auf und korrigiert sich »befreundet zu sein?« Einige Minuten später finden wir das gleiche Verfahren noch einmal: phonetische Selbstkorrektur im Zusammenhang mit »befreundet-befründet«, Intervention der Deutschen, Wiederholung durch die Französin und Fortgang im Interview.

Ein zweiter Fall stammt aus der Phase der Übersetzungen. Eine Deutsche spricht auf das Band: *»Il a dit qu'il a été en France dans la guerre«*; zwei Französinnen reagieren fast im Choral: *«...pendant la guerre«*; die Deutsche übernimmt *»pendant la guerre«*. Ein kurzes Stückchen weiter sagt die Deutsche: *»Il dit qu'il a eu beaucoup des amis français pendant la guerre«*, mit einer kurzen Pause zwischen *»beaucoup des amis français«* und *»pendant la guerre«*, wo sie also, kurz nachdem ihr dieses Element *»pendant la guerre«* angeboten worden ist, es nun selbständig nach einer kurzen Planungspause verwenden kann.

Es gibt noch viele solcher Beispiele, die im wesentlichen deutlich machen können, in welcher Weise diese Kommunikationssituationen in der Fremdsprache bewältigt werden können, und wie gleichzeitig in diesen Situationen spontan Methoden angewendet werden, mit deren Hilfe implizit auch sprachliches Material als Lernmaterial vorbereitet und zur Verfügung gestellt werden kann. Wir wollen versuchen, diesen Aspekt ein wenig näher zu beleuchten.

Wenn wir versuchen zu verstehen, wie Spracherwerb außerhalb schulischer Interventionen und organisierten Unterrichts stattfindet, dann können wir in dem Kommunikationsverhalten, so wie wir das gerade an diesen Beispielen dokumentiert haben, einige wichtige Verhaltensschemata feststellen, und wir wollen versuchen, vier davon zu erläutern, weil sie uns besonders prominent und pertinent zu sein scheinen.

1) Es gibt auf der einen Seite den Bereich der Produktionshilfen: Man sucht ein Wort, man sucht eine Konstruktion, man weiß nicht genau, wie man es sagen soll in der anderen Sprache, und dieses auf sehr einfachem Niveau, so wie die Beispiele das gezeigt haben. Die Rolle der Mut-

tersprachler in diesen Situationen besteht darin, so etwas wie eine gemeinsame Vervollständigung zu leisten. Es gibt also kooperative Arbeit, gemeinsame Arbeit an der Herstellung einer französischen Äußerung, die dann ihrerseits dazu angetan ist, die Kommunikation weiterzubringen. Also, gemeinsame Vervollständigung, im Französischen mit dem Fachbegriff *achèvement interactif* benannt, als ein Verfahren, in dem Produktionshilfen in kooperativen gemeinsamen Interaktionsprozessen gegeben werden.

2) Zweiter Fall: Eine Frage wird gestellt, die Antwort kommt nicht, weil die sprachlichen Möglichkeiten zum Erteilen dieser Antwort nicht vorhanden sind. Die Muttersprachler in aller Regel wählen das Verfahren des *modèle de réponse*, also des modellhaften Vorsprechens einer in aller Regel sogar mehrerer möglicher Antworten, und die Nicht-Muttersprachler haben die Möglichkeit, unter diesen angebotenen Antwortmöglichkeiten sich die für sie passende und die ihren Intentionen entsprechende auszuwählen.
3) Wir haben auf der anderen Seite den großen Bereich der Verstehenshilfen: Die Muttersprachler sagen etwas und nehmen nicht immer genug Rücksicht auf die Kompetenz der mit ihnen sprechenden Nicht-Muttersprachler und werden so dazu gezwungen, Erklärungen zu geben, Vokabular zu erklären, Zusammenhänge zu erklären. Und diese *séquences explicatives* werden integriert in eine konkrete Kommunikationssituation, in der die Partner nicht zurückgreifen können auf die relativ abstrakten und ihrerseits wieder nicht verständlichen Definitionsversuche in Wörterbüchern, sondern wo in der konkreten Situation mit dem sprachlichen Material, das für die Kommunikationspartner angemessen sein kann, diese Erklärungen gegeben werden müssen. Diese Verfahren haben einen hohen Wert insbesondere dann, wenn die Erklärungen so gegeben werden, daß dabei etwas herauskommt, was die Nicht-Muttersprachler auch selbst weiter verwenden können. Also, es wird sozusagen das sprachliche Material in der Interaktion selbst entwickelt, zur Verfügung gestellt und weiterverwendet.
4) Und dieses gilt auch für die Situationen, die besonders dramatisch sind in Fremdsprachenkommunikation, wenn nämlich überhaupt keine Verständigung stattfindet, das heißt, wenn eine Frage gestellt wird und als Reaktion darauf nur große Augen, Stirnrunzeln oder irgendwelche unverständlichen Laute entstehen. In aller Regel wird dann darauf so reagiert, daß die Äußerung, die man getan hat, zerlegt wird in kleine Stücke, die man dem anderen zur Bearbeitung und zum Verstehen anbietet. Und dieses Auseinandernehmen komplexer Äußerungen in kleine Scheibchen, die für Verständigung angeboten werden, ist ein sehr gutes und wichtiges Verfahren, um Kommunikation zu erleichtern.

Wir konzentrieren uns nur auf diese wenigen Beispiele, um deutlich zu machen, daß in natürlichen Fremdsprachen-Kommunikations-Situationen die Interaktionspartner miteinander unter der Voraussetzung von Kooperativität sehr viele gemeinsame Aktivitäten in Gang setzen, um die Kommunikation gelingen zu lassen. Und wenn wir dieses aus der Perspektive der Spracherwerbsforschung betrachten, diese Beseitigung von Kommunikationsstörungen, wie man sie nennen könnte, dann wird daran interessant, daß eben das sprachliche Material in der Situation selbst entsteht, daß die Muttersprachler ebenso wie die Nicht-Muttersprachler aufgefordert sind, sprachliche, interaktive und soziale Möglichkeiten zu aktivieren, in die Interaktion miteinzubringen und auf diese Weise dafür zu sorgen, daß die Kommunikation auch wirklich stattfinden kann. Dieses hat etwas zu tun mit der Konzentration auf ein bestimmtes zu lösendes Problem in der Kommunikation, und diese Konzentration auf das zu lösende Problem hat auch etwas mit intensiverer Orientierung kognitiver Aufmerksamkeit auf dieses Problem, und damit auf Ermöglichung von Spracherwerb zu tun.

Was ergibt sich aus diesen Beobachtungen und Überlegungen? Die erste Konsequenz scheint zu sein: Auf der einen Seite ist Spracherwerb ein Lernprozeß eines Individuums, und Psychologen und Psycholinguisten sind aufgefordert – und sind dieser Aufforderung nachgekommen – sich mit den kognitiven Prozessen von Sprachverarbeitung und Sprachproduktion zu beschäftigen und darüber viele Einsichten zu gewinnen. Für uns ist interessanter ein seltenerer Forschungsbereich, in dem es darum geht zu verstehen, daß, damit es zu diesem Lernprozeß des Individuums kommt, soziale Interaktion unerläßliche Voraussetzung ist. Spracherwerb kann nicht stattfinden, wenn nicht Kommunikation stattfindet. Und zwar in allen Bereichen, selbst bei lesender Kommunikation, sind wir auf die soziale Interaktion angewiesen, um fortschreiten zu können. So daß wir sagen können, soziale Interaktion ist Rahmen und Mittel des Spracherwerbs. Denn sie bietet für die Lernerinnen und Lerner den notwendigen Input, die notwendigen sprachlichen Mittel und Materialien, derer sie bedürfen, um ihr internes inneres Sprachsystem zu entwickeln. Soziale Interaktion ist aber auch und vor allem der Ort, an dem gemeinsam gehandelt wird, an dem in bezug auf Handlungsziele, die vorher festgelegt, definiert oder in der Interaktion eingeführt werden, dann durch gemeinsame Arbeit, durch Kooperation die Erreichung dieses gemeinsamen Ziels ermöglicht wird. Sprachliches Verhalten spielt dabei eine Rolle neben vielen anderen Verhaltensformen, die dafür notwendig sind, daß soziale Interaktion überhaupt funktionieren kann. Insofern hat Sprache aus unserer Perspektive in bezug auf das Gelingen von sozialer Interaktion eher einen instrumentellen Charakter. In aller Regel, in dem, was wir beobachten können in den Begegnungssituationen, und was uns besonders interessiert unter dem Stichwort *animation linguistique*, betonen wir Sprache als Instrument und nicht so sehr Sprache als Gegenstand von Kommunikation. Wenn wir auf diese Weise Fremdsprachenkommunikation betrachten, wenn wir auf diese Weise versuchen zu verstehen, in welcher Weise dort Spracherwerb stattfinden kann, und wenn wir diese genannten Konsequenzen daraus ziehen, dann integriert sich das, was wir unter Spracherwerb in Fremdsprachenkommunikation verstehen wollen, in den Gesamtzusammenhang interkultureller Kommunikation.

3. Sprachlernmotivation

Wenn wir bislang den Wert sozialer Interaktion für die Auslösung von Spracherwerbsprozessen betont haben – und damit zugleich die Aufgabe der Sprachanimation zur Herstellung solcher Handlungsmöglichkeiten –, so können wir damit natürlich noch nicht den gesamten Prozeß des Spracherwerbs und seiner individuellen Fortschritte und Rückschläge erklären. Zu Recht betont Wolfgang Klein in seinem sehr lesenswerten Buch über Zweitspracherwerb (Frankfurt: Athenäum, 1987), daß unsere Bemühungen um das Aufrechterhalten eines Gesprächs (unsere »kommunikativen Strategien«) sogar in Konflikt geraten können mit dem Fortschreiten unseres Fremdspracherwerbs; zum Beispiel werden wir im Interesse der Effizienz des Gesprächs die einfachste Lösung unserer Vokabelprobleme suchen und nicht die für unseren Erwerb sehr fruchtbringende Lösung der Paraphrasierung; oder wir werden uns mit einer Erzählung im Präsens zufriedengeben und nicht die schwierigen Vergangenheitsformen zu benutzen – und damit zu üben – suchen. Um also nicht nur als Gesprächspartner, sondern auch als Lerner Erfolg zu haben, müssen wir das Gespräch auch als Lernmöglichkeit und die Gesprächspartner als »Tutoren« definieren: dann werden wir um eine Worterklärung bitten und Verständnisfragen stellen, auch wenn wir die Botschaft schon verstanden haben, wir werden selbst den schwereren Weg für unsere Mitteilungsabsicht suchen und dabei auf das abwartende Verständnis unserer Partner bei unseren holprigen Bemühungen bauen, wir werden ihre Hilfestellung als Beitrag zur Entwicklung unserer Lernersprache zu schätzen wissen und das heißt: die Angebote wiederholend in unsere Äußerung einbauen. Diese »Lernstrategien« müssen wir nicht erst lernen, wir kennen sie ja schon aus früheren Lernereignissen unseres Lebens, aber wir müssen lernen, die Situation des Redens in der Fremdsprache selbst als Lernort zu definieren, und dazu kann Sprachanimation in Begegnungssituationen viel beitragen.

Dazu zwei kurze Beispiele, die aus einem Projekt des DFJW stammen, bei dem die Gruppenbegleiter in ihren Begegnungen im Sommer 1992 eine größere Menge an Beobachtungsaufgaben durchgeführt haben. Es ging darum, einige Materialien zu sammeln, die uns Aufschluß darüber geben sollten, in welchen Situationen, auf welche Weise, mit welchen Motiven und mit welchen möglichen Ergebnissen die Jugendlichen in diesen Begegnungssituationen miteinander kommunizieren. So wurden am Anfang und am Ende der Begegnungen Fragebögen ausgefüllt, es wurden Einzel- und Gruppeninterviews von Teamern durchgeführt, Ton- und Videoaufzeichnungen aus Alltagssituationen sind entstanden und vielfältige Materialien aus den Bereichen der gemeinsamen Aktivitäten wurden gesammelt und dokumentiert, schließlich wurden die Teamer gebeten, ein Tagebuch zu führen, in dem sie die wichtigsten Ereignisse im Zusammenhang der sprachlichen Bewältigung des Alltags durch die Jugendlichen aufgezeichnet haben.

Das erste Beispiel stammt aus dem Video-Projektmaterial einer Begegnung, die in Norddeutschland durchgeführt worden ist. Über mehrere Tage wurden auf der Grundlage recht umfangreicher Aufnahmen aus allen denkbaren Situationen Vorbereitungen für einen Dokumentationsfilm über den gesamten Verlauf der Begegnung getroffen. Außer dem sehr interessanten Endprodukt, also dem Video-Film über die Begegnung, haben wir auf diese Weise auch eine große Menge von Aufnahmen aus Alltagssituationen, die uns Aufschluß über das Kommunikationsverhalten der Partner geben. So kommt eine Französin in das Zimmer einer Deutschen und fragt sie auf deutsch, ob sie als Kandidatin an einem simulierten Fernsehquiz teilnehmen möchte, das am Abend aufgeführt werden soll. Die Französin hat ganz erhebliche Probleme, ihr Anliegen vorzutragen. Wenn wir die Video-Aufnahme jedoch ein paarmal anschauen, dann können wir feststellen, daß die Deutsche ihrerseits sehr kooperativ an diesem Verständigungsprozeß beteiligt ist, indem sie mit den wenigen Worten Französisch, die sie kann, ihrerseits Fragen stellt, so daß die insgesamt sehr spannende Situation entsteht, daß eine Französin mit wenig Deutsch und eine Deutsche mit wenig Französisch jeweils in ihrer Fremdsprache miteinander kommunizieren und versuchen, ein gemeinsames Handlungsziel, das von einer der Partnerinnen vorgeschlagen wurde, zu erreichen. Das geht bis zu einem gewissen Punkt sehr gut, irgendwann jedoch wird die Verständigung immer schwieriger und die Französin greift auf eine der beliebtesten Methoden zur Bewältigung solcher Probleme zurück, sie sucht Hilfe bei einem gerade vorbeikommenden Animateur, der ihr dann zur Seite stehen kann und das Problem endgültig löst.

Das Beispiel macht einerseits deutlich, daß beide Gesprächspartnerinnen den schwereren Weg suchen, was zur Gleichartigkeit der Probleme – also zu einer gleichrangigen Kommunikationssituation – führt, aber auch natürlich auf diesem Wege zu Fortschritten in ihrer eigenen Lernersprache; andererseits wird deutlich, daß die Übernahme des Problems durch den Animateur nicht notwendigerweise ein sinnvoller Beitrag zum Erwerbsprozeß der beiden Gesprächspartnerinnen ist. Sein Verhalten hätte als Beitrag zur Lernstrategie effizienter sein können, wenn er den Gesprächspartnerinnen die für sie notwendigen Mittel zur Verfügung gestellt hätte, das Gespräch aber von ihnen gemeinsam zu Ende hätte führen lassen. In einer solchen Situation heißt Sprachanimation, die eigene Kompetenzrolle zurückzunehmen und mehr Informanten-, Tutorenfunktion zu übernehmen und nicht selber die Lösung zu betreiben.

Das zweite Beispiel bezieht sich auf die Gruppeninterviews, die die Gruppenbegleiterin in ihrer Begegnung für uns durchgeführt hat. Sie hat Jugendliche nach ihren Erfahrungen im Umgang mit den jeweils anderen befragt und dabei auch ganz vorsichtig versucht herauszubekommen, wie denn die Kommunikation untereinander funktioniert hat. Überraschend an den meisten Antworten ist, daß immer wieder das Bemühen zum Verstehen der Sprache des Anderen und zum Benutzen seiner Sprache vorrangig gewesen ist. Englisch als lingua franca ist in den meisten Fällen nur der letzte Rettungsanker gewesen. Viele Jugendliche berichten über das Bemühen zum Verstehen der Sprache hinaus auch Details ihrer – wie wir sie nennen wollen – Erwerbsprozesse: der Versuch, wiederkehrende Elemente in der Rede des Anderen zu isolieren, durch Nachfragen diese Elemente zu verstehen, durch Ausprobieren in neuen Situationen diese Elemente zu verwenden und mit ihnen erfolgreich zu kommunizieren. Dieses sind Belege dafür, daß die Jugendlichen spontan die Situation auch als Lernsituation mitverstehen, ihre Kommunikationsstrategien werden bereichert, manchmal überführt in gezielte Lernstrategien.

Bestätigung erhalten diese Äußerungen aus den Gruppeninterviews durch die Antworten, die die Jugendlichen in den beiden Projektbegegnungen in dem zweiten Fragebogen gegeben haben, der ihnen am Ende der Begegnung vorgelegt wurde, und in dem sie um eine Einschätzung der Begegnung, um die Beschreibung ihrer Erlebnisse und ihrer Beobachtungen, aber auch um Auskunft über ihren eigenen Fortschritt in der Fremdsprache gebeten wurden. Die durchgeführte Auswertung der Fragebögen bereichert die Äußerungen aus den Gruppeninterviews noch um eine große Menge weiterer Lernstrategien, die von den Jugendlichen eingesetzt werden und unter denen Wiederholungen und die Korrektur durch andere eine hervorragende Rolle zu spielen scheinen. Die Antwort auf eine Frage im Fragebogen hat noch ein weiteres interessantes Phänomen offenbart; die Frage nämlich, ob die Beantwortung des Fragebogens einen positiven Effekt auf das eigene Verhalten der Jugendlichen gehabt hat,

hat bei vielen die Antwort provoziert: Durchaus, denn die Fragestellungen und die Aufforderung, eine Antwort dazu zu überlegen, hat zur Beförderung des Bewußtseins der eigenen Situation und auch des Bewußtseins über die eigenen Lern- und Kommunikationsstrategien beigetragen. Die zunächst als Beobachtungsinstrument gedachten Interviews und Fragebögen sind somit selbst Teil der Methoden der Sprachanimation in den Begegnungssituationen geworden. Um noch einmal auf das Buch von Wolfgang Klein zu verweisen: Wir wissen, daß das Bewußtsein über die eigenen Lernprozesse förderlich für den Lernprozeß selbst ist.

4. Vorläufiges Fazit

Es ist hoffentlich deutlich geworden, daß Fremdsprachenlernen ohne Unterricht in alltäglicher Kommunikation mit gezielter Anwendung von Lernstrategien und befördert durch das Bewußtsein der eigenen Lerntätigkeit in einem kooperativen Prozeß aller Gesprächsbeteiligten stattfinden kann. Daraus erwachsen die zentralen Aufgaben der Sprachanimation:

- Schaffung von Handlungsmotiven, die ohne Fremdsprachenbenutzung nicht befriedigt werden können
- gezielte Beförderung der Lernstrategien, die den Kommunikationsort auch zu einem Lernort machen
- Schaffung des Bewußtseins der eigenen Lerntätigkeit und der Rolle der Anderen in diesem Prozeß durch dafür geeignete Methoden.

Sprachanimation ist somit nicht die spielerische Variante von Fremdsprachenunterricht, sondern sie hat zum Ziel, für autonome, selbstverantwortliche Lerner einen für den Erwerbsprozeß förderlichen sozialen Rahmen herzustellen und dafür Methoden und Materialien zur Verfügung zu haben. Sie ist Teil des Gesamtkonzepts einer Pädagogik der interkulturellen Begegnung.

6. UNE AUTRE FAÇON D'ENSEIGNER LES LANGUES

6. SPRACHUNTERRICHT EINMAL ANDERS

Anne Plaud, Municipalité de Saint-Sébastien-sur-Loire (Loire-Atlantique)

Langue et jumelages de ville

Saint-Sébastien-sur-Loire, cité jardin de la rive sud de la Loire près de Nantes, vit depuis 1964 au rythme des événements marquant la vie quotidienne de Glinde, ville verte proche de Hambourg, et inversement Glinde s'associe fidèlement à tous les moments de la vie de Saint-Sébastien-sur-Loire.
C'est en 1958, à Liège, dans le cadre du Congrès des Communes d'Europe, que le hasard provoque la rencontre de Marcellin Verbe, Maire de Saint-Sébastien-sur-Loire, et Arthur Christiansen, Maire de Glinde. Tous deux portent en eux la nécessité de concrétiser cette union entre une ville française et une ville allemande, pour effacer les mauvais souvenirs que le passé leur a légués, et créer à l'intention des enfants à venir français et allemands, un espace commun d'amitié et de solidarité. Par cet acte audacieux au lendemain de la deuxième guerre mondiale, Marcellin Verbe et Arthur Christiansen fondent l'un des premiers jumelages à caractère réconciliateur visant à la réalisation d'une paix durable et à la construction d'une Europe unie, et ceci à la base, c'est-à-dire au niveau des populations, des individus eux-mêmes.
Saint-Sébastien-sur-Loire et Glinde présentent des caractéristiques communes, sur le plan démographique, chaque ville comptant environ 20.000 habitants, sur le plan géographique, en raison de la proximité de l'estuaire de la Loire pour l'une et de l'estuaire de l'Elbe pour l'autre, enfin sur le plan économique.
A son retour de Liège, le Docteur Marcellin Verbe s'attache à établir des relations en direction de la jeunesse. Le premier échange franco-allemand de jeunes voit le jour immédiatement. Très tôt, également, il met en place une sensibilisation à la langue allemande dans un groupe scolaire maternel et primaire. Il est essentiel à ses yeux que la culture spécifique des deux pays soit connue des générations de jeunes. La langue véhicule des mots et transmet tout

un patrimoine culturel. Aujourd'hui, cette initiative s'étend progressivement aux autres groupes scolaires de la commune.

Le jumelage connaît peu à peu une diffusion sociale réelle. Véritable catalyseur, il recèle un précieux tissu de rencontres à exploiter. Par expérience, Marcellin Verbe sait que l'incompréhension linguistique peut engendrer involontairement des problèmes et des difficultés. Il invite donc la population à participer aux cours du soir d'allemand pour adultes qu'il organise dès la naissance du jumelage.

Ces cours du soir d'allemand dont l'enseignement m'a été confié pendant plusieurs années sont à l'origine d'une enquête que j'ai menée plus largement au niveau du département de Loire-Atlantique.

- Environ 200 personnes ont répondu au questionnaire diffusé dans les différents cours du soir d'allemand. Malgré les obstacles liés à l'élaboration et à la transmission du questionnaire lui-même, les réponses ont apporté des éléments d'information et d'analyse précieux.
- Les cours pour adultes organisés par les comités de jumelage, les associations, les centres socio-culturels, les municipalités ou les bénévoles, accueillent des apprenants qui se distinguent par leur âge, leur origine socio-culturelle et leur motivation. L'apprentissage linguistique fait réapparaître les originalités, les différences, et les apprenants composent alors des groupes hétérogènes, handicap majeur pour le professeur.
- Parmi les formateurs rencontrés, le locuteur natif bénéficie d'un préjugé favorable auprès des apprenants. Pourtant la maîtrise parfaite de la langue ne suffira pas si le formateur n'a pas reçu de formation pédagogique. Par ailleurs, le formateur qui a fait, lui-même, le »parcours du combattant« rassure et sécurise les apprenants. Il leur inspire la considération et éveille en eux un désir d'identification.
- La motivation est l'élément fondamental, propre à chaque apprenant: appartenance à un jumelage, amis allemands, petits-enfants issus d'un mariage franco-allemand, enfant scolarisé, ancien prisonnier de guerre, puis loin derrière: voyages, besoin professionnel, activité de retraite, désir de compenser un déficit scolaire. Peu d'élèves apprennent pour apprendre. Les relations amicales entre les individus suscitent chez chacun d'entre-eux le souhait d'apprendre la langue de l'autre. Le rapport affectif à la langue fait naître une motivation toute différente de celle que l'on peut exprimer pour une langue utilitaire, ou langue des affaires.
- Il faut dédramatiser et déscolariser l'apprentissage d'une langue étrangère. Le cadre dans lequel se déroulent les cours peut contribuer à une atmosphère plus détendue. Le jour où dans l'un de mes cours nous avons abandonné le

cadre rigide et anonyme de la salle de classe pour une pièce plus chaleureuse chez un particulier, les langues se sont déliées.

- Chaque type de rencontre place les individus en situation de communication et nécessite des compétences langagières spécifiques. C'est pourquoi les apprenants souhaitent acquérir le plus tôt possible les éléments linguistiques leur permettant de communiquer avec leurs amis: c'est la pratique, la langue du quotidien. Les besoins spécifiques se précisent ensuite selon les groupes tels que les pompiers, les philatélistes, etc.
- Les causes d'abandon ou de fermeture d'un cours sont variées: usure d'un jumelage ancien, concurrence des organismes privés, précarité du bénévolat à long terme, lenteur des progrès, caractère facultatif du cours.
- Par contre, l'assiduité des apprenants révèle la valeur du maître. Les apprenants adultes ont le souci de justifier leurs performances faibles ou lentes: ils rendent le formateur responsable de leurs déboires (»les textes sont trop durs«); ils cherchent de faux prétextes (»je manque de temps pour étudier«), ou bien ils ont peur de perdre leur prestige (»je ne vais quand même pas chanter«) et ils refusent de jouer le jeu.

En tenant compte de ces éléments, les comités de jumelage de Saint-Sébastien-sur-Loire et de Basse-Goulaine, commune voisine de Saint-Sébastien-sur-Loire, ont mesuré combien il est important d'entretenir ou de relancer la motivation dans les cours. En septembre dernier, nous avons rassemblé les apprenants des deux communes pour les répartir ensuite dans des groupes moins hétérogènes. Pour encourager les apprenants à persévérer dans la phase initiale, lorsque l'enthousiasme est le plus vif mais les progrès les plus faibles, nous leur avons proposé un apprentissage intensif soit deux fois une heure par semaine pendant un mois avant de prendre le rythme de l'année, soit une heure et demie par semaine. Cette suggestion a remporté l'adhésion et la satisfaction de tous. A la fin du premier trimestre, les deux formateurs ont invité l'ensemble des apprenants à suivre la projection d'un film de vingt minutes, suivie d'une discussion, dans un climat de détente et de convivialité.

Le cours d'allemand est l'une des activités mise en place par le comité de jumelage de Saint-Sébastien-sur-Loire. La richesse associative de la commune intensifie les relations dans le jumelage. Si nous considérons que le jumelage est à l'origine de la réunion (parfois de la confrontation) de deux micro-sociétés, il génère le croisement des pratiques sociales les plus diverses, et il tend à produire des effets en profondeur. Permanente des relations internationales à la Mairie de Saint-Sébastien-sur-Loire, permettez-moi ici de vous présenter quelques-unes des actions engagées entre nos deux villes: les échanges de livres entre les bibliothèques; les concerts communs des écoles de musique: les rencontres timides d'abord puis si chaleureuses des retraités, c'est-à-dire de cette génération touchée par la dernière guerre mondiale, les premières célébrations œcuméniques, les échanges d'enfants de classes primaires, l'accueil d'un élève pour une année scolaire, un festival culturel allemand à Saint-Sébastien-sur-Loire et un festival culturel français à Glinde, l'implantation de mobilier urbain tel qu'une cabine téléphonique, sans oublier des phénomènes plus originaux tels que la délibération en commun des deux conseils municipaux ou encore le parrainage, par les deux villes, en la personne de leurs maires, d'un nouveau-né.

Il convient d'ajouter à cela trois actions triangulaires, explicitement issues du jumelage primitif franco-allemand sous la forme de l'extension à un pays de l'Est ou du Sud:

Saint-Sébastien-sur-Loire – Glinde (Schleswig-Holstein) – Kaposvar (Hongrie)

Saint-Sébastien-sur-Loire – Glinde (Schleswig-Holstein) – Cernavoda (Roumanie)

Saint-Sébastien-sur-Loire – Glinde (Schleswig-Holstein) – Arabebe (Mali)

En conclusion, j'affirmerai que les rencontres entre citoyens de divers pays éveillent l'intérêt pour l'apprentissage de la langue. Inversement, les cours de langue et les connaissances linguistiques favorisent l'engagement dans les échanges. En diversifiant les rencontres, en intensifiant et en adaptant les cours de langue aux objectifs de communication, le jumelage devient le cadre priviligié d'un apprentissage linguistique et d'un apprentissage interculturel.

Renate Reiske, Volkshochschule Frankfurt/Main

Sprache und Partnerschaften

Unbegrenztheit und Komplexität des Arbeitstitels »Sprachunterricht einmal anders« werfen Fragen auf: Warum nur »einmal«? Worauf bezieht sich »anders«? auf Kursteilnehmer/Innen auf Kursleiter/Innen? auf Medien? auf Lehrmaterial? »anders« im Vergleich zu anderen Anbietern, Schulen? zu Standardangeboten? anders zu welchem Zeitpunkt: vor 30 Jahren oder jetzt?

Es gibt Jahre, da verdichten sich Chancen und Möglichkeiten, eine Arbeit, ein Unterrichtsprogramm »anders« zu gestalten. Meines Erachtens war dies Ende der 70er, Anfang der 80er Jahre der Fall. Dafür einige Aufzählungen:

- Die beginnende Professionalisierung der Volkshochschulen (VHS) – für die sprachliche Weiterbildung wurden hauptberufliche Mitarbeiter eingestellt – brachte Chancen für Qualifizierung und Entwicklung neuartiger Angebote.
- An den Hochschulen intensivierte sich durch die Lernzielvorgabe »Kommunikation« die fachdidaktische Diskussion um Inhalte und Methoden.
- Die Kommunen erweiterten und intensivierten ihre städtepartnerschaftlichen Beziehungen, schufen dafür Budgets oder sogar eigens Ämter. Die ersten Jahre der Aussöhnungsbegegnungen waren vorüber. Die Kontakte mit den Partnerstädten mußten ins Alltägliche überführt, sollten von den Bürgern, nicht nur von Politikern wahrgenommen werden.
- Von hoher politischer Ebene kamen Impulse. Die sogenannte »Kulturerklärung« des deutsch-französischen Gipfeltreffens 1981 verlangt: »Im außerschulischen Bereich [...] sollen insbesondere zwischen Partnerstädten Pilotprojekte ins Leben gerufen werden.

Es erscheint mir kein Zufall, daß unter maßgeblicher Beteiligung von Dr. Fritz Kerndter, Leiter des DFJW-Sprachreferats, in der Zeitschrift *Zielsprache Französisch* 1980 ein Schwerpunktheft »Landeskunde im Französischunterricht« entstand, in dem die bestehenden Städtepartnerschaften und der Sprachenunterricht an Volkshochschulen in Beziehung gesetzt wurden. Die damaligen Fragen: Was ist Landeskunde? Ist sie für Sprachunterricht etwas Zusätzliches? Wie sie integrieren? Landeskunde für wen? doch hoffentlich nicht nur für Fortgeschrittene? Welche Themen? doch hoffentlich nicht immer wieder die Erörterung von Klischeevorstellungen: nicht immer wieder die Diskussion über Todesstrafe?

Im Zuge solcher Fragen und Wünsche wurde an der VHS Frankfurt das Projekt »Integration von VHS-Französischunterricht und Städtepartnerschaft

Lyon – Frankfurt« auf den Weg gebracht. Es folgten in Hessen die VHS Marburg, verbunden mit Poitiers, die VHS Hanau, verbunden mit Bourges. Die Absicht: Weg vom rein pragmatisch ausgerichteten Sprachunterricht! Inhalte und Landeskunde so konkret und so aktuell wie möglich und vor allem nicht erst für Fortgeschrittene!

Hervorhebenswert erscheint mir hier, daß wir diesen Qualifizierungsversuch des VHS-Sprachunterrichts keineswegs für das weit umfangreichere Englischprogramm starteten, sondern für den Französischunterricht. Warum? Es gab das Deutsch-Französische Jugendwerk, das uns gedanklich und finanziell unterstützte. Unter dem Arbeitstitel »Integration von VHS-Sprachunterricht und Städtepartnerschaft« begannen wir auch nicht, wie allenthalben üblich, mit der Organisation von Studienreisen, sondern mit der Erstellung von »Lyon-Dossiers«. Dazu gehörte das Auffinden, Sammeln, Auswählen, schließlich die Didaktisierung von schriftlichen und mündlichen Dokumenten aus Lyon zu Themen wie beispielsweise Verkehr, Kultur, Freizeit, Ausbildung, Presse... (immer kontrastiv aufbereitet zu Frankfurt) – für die Verwendung in allen VHS-Französischkursen. Wir stellten damals eine Präambel unserem VHS-Französischprogramm voran:

VHS-Französischunterricht und die Städtepartnerschaft Frankfurt – Lyon

Wir möchten Ihnen in unseren Französischkursen nicht nur Sprachkenntnisse, sondern auch landeskundliche Informationen vermitteln; beides ist ja im Grunde nicht voneinander zu trennen. Damit Sie sich aber beides – die Sprachfertigkeiten und die landeskundlichen Kenntnisse – auf möglichst konkrete Weise aneignen können, wird Ihr Kursleiter von Zeit zu Zeit Informationen über die Partnerstadt Lyon in den Französischunterricht einbringen: u.a. über das Kulturleben, die Verkehrssorgen, die sozialen Fragen, die Kriminalität, die Gastronomie in Lyon. Auf anschauliche Weise werden Sie dadurch rasch Ihr Französisch verbessern, die Lebensgewohnheiten unserer Nachbarn kennenlernen und Verständnis für deren Probleme aufbringen.

Dieser Hinweis im Lehrplan, mehrere Semester wiederholt, war damals fast eine Schutzformel für unser Vorgehen. Sprachunterricht, nicht nur mit einem Lehrbuch bestritten, war damals »anders«. Dafür mußten wir die Kursleiter/-innen und Kursteilnehmer/-innen noch gewinnen.

Danach erst kam die Organisation von Sprachstudienaufenthalten (nicht-reisen, gefördert und durchgeführt in Zusammenarbeit mit den städtischen Ämtern, der Universität (Lyon II, »Formation continue«) und der Industrie- und Handelskammer in Lyon. Dazu nur die Aufzählung einiger Charakteristika: Teilnehmer sind schon Lernende des ersten Lernjahres, sie sind in Gastfamilien untergebracht, lernen vormittags in Gruppen anhand von Material aus und über die Stadt, erhalten für den Nachmittag Projektaufgaben, denen sie durch Interviews oder Erkundungen in der Stadt nachkommen. Das Verhalten und sprachliche Vermögen der Teilnehmer/Innen sind heilsame Rückmeldungen über die inhaltliche und methodische Qualität unseres VHS-Französischunterrichts. Nicht nur in der Vorbereitung, auch in der Auswertung und pädagogischen Nachbereitung der Begegnungen in der Partnerstadt äußert sich die angestrebte Integration von Projekt und Unterricht.

Ab 1991 kam es zu einer zusätzlichen Bereicherung des Projektes, durch die Hineinnahme einer Gruppe von Französischlernenden unserer Partnervolkshochschule Leipzig. Die französischen Gastfamilien nahmen erstmalig Deutsche auf, die zeitgeschichtliche Erfahrungen einbrachten, die sie bisher nur durch die Medien oder aus der Literatur kannten; die Deutschen aus Leipzig konnten ihrem Kulturwissen – endlich – lebendige Sprach- und Landeserlebnisse hinzufügen; und schließlich kann das Zusammentreffen von Ost- und Westdeutschen – und dies auch noch in einem gemeinsam durchzustehenden Lernprozeß – im Ausland, in dem keiner Platzvorteil genießt, eine heilsam neutrale Begegnung sein.

Nun zu der Frage, was könnte, sollte, müßte jetzt, 1993, und künftig »anders« sein oder werden. Aufgrund der hier geschilderten Einsichten und Erfahrungen einige Vorschläge oder Anregungen.

- Die Städtepartnerschaften sind konkrete Ansatzpunkte für die Pflege und Förderung von Inter- oder Multikulturalität. Wir sollten die gegenwärtigen politischen und fachdidaktischen Diskussionen nutzen, um schon bestehende Projekte in neuerliche Aufmerksamkeit und neuerliche Förderung zu rücken.
- Wir sollten kritisch überprüfen, ob die bestehenden städtepartnerschaftlichen Beziehungen (auch die der Vereine) in den Sprachunterricht integriert sind oder ob diese nebenher existieren. Ich greife die Frage eines Fachkollegen aus einer Veröffentlichung der PAS des DVV, erschienen 1989 unter dem Titel *Entdeckende Landeskunde* auf: »Welche Entschuldigungen gibt es eigentlich dafür, daß VHS-Sprachunterricht und Städtepartnerschaften nicht überall und schon längst eine selbstverständliche Einheit bilden?«
- Wir müßten nicht nur die Begegnung von Lernenden fördern, sondern auch die der Lehrenden.
- Wir sollten in die Begegnungen in französischen Partnerstädten die Lehrenden und Lernenden unserer ostdeutschen Partnerstädte einbeziehen.
- Wir könnten unsere städtepartnerschaftlichen Beziehungen um die europäische Dimension erweitern. Warum nicht Französischlernende aus Frankfurt, Leipzig und Krakau miteinander in Lyon zusammenbringen? Warum nicht Deutschlernende aus Krakau und Lyon in Frankfurt oder Leipzig zusammen-

bringen? Warum nicht zur Fortbildung Französischlehrende aus Frankfurt, Leipzig, Krakau, Mailand, Birmingham... zusammenbringen?

Dies alles, damit Sprachunterricht durch Pilotprojekte nicht nur »einmal anders« durchgeführt wird, sondern damit die Unterrichtenden durch Lernmaterial und Fortbildung jede Unterrichtsstunde »anders« gestalten, anders als die vorhergehende.

Francine Danin, Université d'Orléans

Les stages binationaux

Lorsque l'OFAJ et les *Fachhochschulen* de Landshut et de Nuremberg nous ont demandé d'expérimenter un stage binational à orientation économique, nombreuses furent les questions que nous nous posions: quelle langue parleraient les étudiants? Qui seraient ces étudiants? Comment se déroulerait concrètement ce stage? Qu'en tireraient nos étudiants? C'est pourquoi, je me propose de répondre d'avance à vos questions, en vous présentant d'abord les caractéristiques générales du stage binational, le bilinguisme tel qu'il y est pratiqué, les objectifs que l'on peut viser et les conséquences qui en découlent pour les organisateurs.

1. Les caractéristiques du stage binational

Le caractère binational:
- un groupe comprenant un nombre, si possible, égal d'étudiants français et allemands, qui travaillent en tandem, dans un domaine ou sur un thème spécifique commun;
- deux lieux d'enseignement, l'un en France, l'autre en Allemagne,
- un parfait bilinguisme des enseignants.

Le caractère intensif du stage:
- cours ou activités à temps plein, pendant quatre semaines;
- même lieu de vie avec une préférence pour les foyers d'étudiants, y compris pour les »nationaux« résidant sur place. Cela permet de s'adapter à un mode de vie différent, une fois français, une fois allemand et de constituer un groupe. Cela n'exclut pas, bien au contraire, les groupes restreints et les tandems qui seront l'assise du perfectionnement linguistique et des relations humaines ultérieures.

2. Le bilinguisme du stage

Il s'instaure »naturellement« puisque les étudiants pratiquent ou ont appris les deux langues (plus au moins, nous y reviendrons), et puisque les enseignants sont bilingues.

La langue quotidiennement employée n'est pas imposée. Au début du stage, on s'exprime généralement dans sa langue maternelle et le travail de compréhension de la langue du partenaire domine. Puis on passe quelquefois par un »idiome intermédiaire«, surtout en petits groupes, avec l'aide et les corrections de »tuteurs« spontanés que sont les étudiants partenaires. Enfin, l'expression dans la langue étrangère devient une sorte de courtoisie à l'égard des partenaires avec lesquels on se sent en confiance. La maîtrise passive de la langue partenaire est essentielle puisqu'elle permet de commencer à travailler ensemble. Certains travaux, des comptes rendus, des synthèses, sont produits in fine, dans la langue du pays où l'on se trouve, mais leur préparation a été effectuée dans un bilinguisme plus ou moins effectif selon le niveau des étudiants, la langue des documents proposés, etc.

Le tandem ou le groupe restreint est un cadre privilégié dans le processus d'apprentissage linguistique: il y règne une camaraderie qui met en confiance, la censure grammaticale n'est pas de mise puisque les partenaires du tandem sont dans la même situation. Les corrections ainsi effectuées visent un savoir linguistique procédural, utile, et non la perfection.

En dehors des périodes de cours, les relations interpersonnelles, lors des loisirs, des repas, etc. constituent une référence de communication bilingue authentique que l'on prolonge dans le travail universitaire. Le bilinguisme n'est plus imposé artificiellement pour des nécessités pédagogiques, il est une donnée des relations humaines authentiques établies ailleurs.

3. Les objectifs du stage et leurs conséquences

Les objectifs

Il est d'abord nécessaire que les organisateurs, universités, instituts, soient bien d'accord sur les objectifs du stage. Ceux-ci peuvent aller de la mise à niveau linguistique au séminaire, en passant par l'approfondissement d'une langue de spécialité, l'étude comparative des institutions, de l'urbanisme.

L'objectif premier n'est pas d'apprendre la langue du partenaire mais de comprendre et de connaître la vie et les pratiques économiques de son pays, par exemple. Pour y parvenir il faut cependant s'en donner les moyens linguistiques. Peu importe la nature ou la spécificité de cet objectif à partir du moment où les universitaires se sont mis d'accord sur les contenus, la validation éventuelle du stage. En revanche une absence de motivations réelles, une simple curiosité, mettent le groupe en péril. Elles induisent un comportement de consommateur incompatible avec ce genre de stage. Un entretien de motivation avec les candidats est donc recommandé.

L'organisation pédagogique et matérielle

Il convient pour les institutions organisatrices de prévoir: La recherche des sources et des outils qui pourront être mis à la disposition des enseignants si l'on fait appel à des enseignants extérieurs aux universités (articles de presse, articles scientifiques, documents techniques, ouvrages de références, etc.).

- Les outils et les équipements appropriés: dictionnaires ou lexiques spécialisés, équipements informatiques, laboratoires, ateliers, etc.
  Il ne faut pas sous-estimer l'importance de cette préparation; elle conditionne la réussite du stage, par le soutien plus ou moins efficace qu'elle apporte aux enseignants, par l'intérêt que porteront les étudiants aux travaux de recherches qui leur seront proposés.
- Le programme de conférences et de visites à organiser: rencontres avec des professionnels, des chercheurs, des chefs d'entreprise, des élus, visites d'entreprises, de services publics, de monuments historiques, etc. Le choix des intervenants et des sites est essentiel, l'étudiant ne retient parfois que l'expert ennuyeux avec qui il n'a pas pu discuter, les visites ne sont pas du tourisme (on peut en faire, mais en activités de loisirs). Elles constituent une partie du travail »de terrain«.

C'est pourquoi elles doivent s'inscrire:

- dans les objectifs du programme universitaire,
- dans la pédagogie du stage: elles doivent être préparées puis exploitées.

Sur le plan pratique, il convient d'offrir un espace pédagogique propice au travail en continu et à la pédagogie de groupe:

- une salle de travail pour les enseignants,
- une grande salle de cours pour le travail du groupe au complet,
- une ou deux autres petites salles pour le travail des groupes restreints,
- des ateliers ou laboratoires si nécessaire,
- un espace de détente, indispensable pour les pauses.

Dans la mesure du possible, il est bon d'offrir aux enseignants et aux stagiaires tout l'équipement audiovisuel et des moyens de communication avec l'extérieur (téléphone, télécopie). J'ajouterai, plutôt à l'intention des Français, une évidence: les enseignants et les stagiaires doivent trouver à leur arrivée tout le petit équipement de papeterie indispensable à un stage.

Le recrutement des étudiants

Les principaux critères de recrutement sont la motivation et la spécialité. La motivation existe si l'étudiant a un intérêt personnel à suivre le stage: un niveau linguistique insuffisant ou un manque de connaissances spécialisées pour réaliser un projet universitaire ou professionnel.
La spécialité des stagiaires doit être relativement homogène: dans un stage à orientation économique, on peut mélanger des gestionnaires, des comptables, des économistes et des étudiants en tourisme à condition que le contenu du stage leur ait été clairement communiqué. Il serait plus hasardeux d'inclure les linguistes n'ayant pas commencé une spécialisation.
Le niveau linguistique n'est pas un critère déterminant, sauf dans les cas extrêmes. Quelles que soient les compétences linguistiques de départ, elles s'améliorent nécessairement. Si l'étudiant ne progresse que dans des proportions classiques, comparables aux progrès consécutifs à un séjour à l'étranger, il prend davantage conscience de ses lacunes, les identifie clairement; il les comble ensuite avec d'autant plus d'efficacité et de motivation.
J'aborderai pour finir la question de l'encadrement. Quels enseignants et combien? Là encore, je me place du point de vue des universités organisatrices, avec le souhait légitime de voir leurs objectifs atteints. Deux enseignants bilingues sont indispensables, un assistant bilingue pour le travail en groupe, et ponctuellement un ou plusieurs professeurs spécialisés monolingues, germanophone en Allemagne, francophone en France. En effet, la charge de travail en continu exige la présence de deux pédagogues bilingues mais un contenu de spécialité peut aussi dépasser la compétence de professeurs »généralistes«. A cette équipe, il convient d'adjoindre un assistant animateur pour la logistique du stage, les copies de documents, l'organisation d'un repas »extra«, diverses démarches que les pédagogues ne peuvent effectuer. En conséquence, cette équipe pédagogique doit:

- respecter les objectifs des universités organisatrices, et ceux des étudiants;
- élaborer en commun un programme de stage et un mode de fonctionnement collectif, ce qui n'est ni habituel ni aisé. Cela requiert de la part des enseignants spécialistes et généralistes, des qualités d'ouverture et d'adaptation.

C'est aussi une équipe universitaire, ce qui signifie que les enseignants doivent avoir un niveau universitaire, autrement dit avoir achevé un troisième cycle.
En résumé, je dirai que ces stages binationaux peuvent être très fructueux, à la condition d'être conçus:

- dans une perspective véritablement binationale, d'échange, de comparaison, de confrontation, mais aussi de parité;
- avec des exigences de qualité du contenu, de l'encadrement;
- comme une chance donnée à des étudiants motivés qui ont un projet personnel clair, projet professionnel ou universitaire.

Ces objectifs une fois définis, on peut aborder de manière plus précise les contenus (projet précis ou thème), le recrutement des étudiants, la structure d'accueil du stage, le profil et le nombre des enseignants.

Petra Timpe, Lehrbeauftragte an der Universität Köln

Binationale Fachsprachenkurse

Ich möchte über Erfahrungen berichten, die wir in drei binationalen Fachsprachenkursen für Studenten der Landwirtschaft gemacht haben. Die Kurse wurden im Rahmen der Partnerschaft der FH Weihenstephan und des *Lycée agricole* de Byans-sur-Doubs (Franche-Comté) organisiert und sollten die Studenten beider Hochschulen sprachlich und interkulturell auf ein Fachpraktikum im jeweiligen Nachbarland vorbereiten. Jeweils drei Lehrkräfte haben diese Kurse geleitet.
Als wir 1990 den ersten Intensivkurs im Rahmen dieser Partnerschaft durchführten, waren binationale Fachsprachenkurse für uns alle etwas Neues. Wir mußten uns also zunächst über die Bedingungen klar werden, die sich bei der Begegnung von deutschen und französischen Studenten für das gemeinsame Erlernen der jeweils anderen Fachsprache ergeben. Auch hier möchte ich daher mit einer kurzen Darstellung der Lernsituation in binationalen Intensivsprachkursen beginnen.

Lernsituation in binationalen Fachsprachenkursen

Gemeinsames Interesse am Fach

Stellen Sie sich bitte eine Begegnungssituation vor, in der Berufstätige oder, wie in unserem Fall, Studenten gleicher Fachrichtung zusammentreffen. Was bringen diese Teilnehmer mit?
Alle haben ein bestimmtes Fachwissen, sie sind an ihrem Fach interessiert und neugierig in bezug auf die kulturellen Gegebenheiten im anderen Land. Sie wollen mehr über die fremden Menschen und ihr Alltagsleben erfahren und dabei vorgeprägte Meinungen von der anderen Kultur überprüfen.
Vor allem aber wollen sie sich in ihrem Fachgebiet über die Verhältnisse im Nachbarland informieren und Erfahrungen mit ihren Partnern austauschen. Durch den direkten Kontakt und das gemeinsame Fach entsteht bei den Teilnehmern ein wirkliches Interesse am Gespräch, verbunden mit dem beiderseitigen Bemühen um Verständigung. Und diese Motivation gilt es in binationalen Kursen zu nutzen und auf ein wechselseitiges Sprachlehren und -lernen hinzulenken.

Spracharbeit im Tandem

In deutsch-französischen Begegnungen erfolgt Sprachenlernen im Tandem, denn jeder Teilnehmer verfügt ja in seiner Muttersprache über eine allgemein- und fachsprachliche Kompetenz und somit über Kenntnisse, die er an andere weitergeben kann.
Rollentausch und Verlagerung des Lehrens auf zwei Personen bzw. beide Partnergruppen, die Lehrer und Lerner zugleich sind, führen in binationalen Kursen zu einer völlig anderen Lernsituation als im herkömmlichen Unterricht. Nicht der Lehrer steuert den gesamten Lernprozeß, nicht er ist für die Beantwortung aller Fragen zuständig, sondern die beiden Tandem-Partner untereinander bzw. alle Teilnehmer der jeweils anderen Gruppe. Da es kein Lehrer-Schüler-Gefälle gibt, überwindet der einzelne viel leichter seine Hemmungen, die Fremdsprache zu sprechen. Bei der Arbeit im Tandem steht jedem Partner wesentlich mehr Redezeit zur Verfügung; zudem können die Zweiergruppen ihr Lerntempo selbst bestimmen, indem sie einander so viele Hilfestellungen geben, wie jeder braucht und sich gegenseitig immer wieder korrigieren. Effizientes Lernen führt in kürzerer Zeit zu größerer Sprechfertigkeit.
Da die Begegnungsteilnehmer auch in der Freizeit zusammen sind, ergeben sich über den Unterricht hinaus ständig neue, authentische Kommunikationssituationen, in denen Hörverstehen und Ausdrucksfähigkeit geschult werden. Jede Alltagssituation gehört somit zur Lernsituation, was aber nicht so empfunden wird.

Funktion der Lehrkräfte

Welche Funktion übernehmen nun die Lehrkräfte, wenn die Sprachvermittlung weitgehend durch die Teilnehmer erfolgt? Sicher können Sie die binationale Lerngruppe nicht einfach sich selbst überlassen, denn das Tandem-Verfahren ist, wie Jürgen Wolff einmal formuliert hat, »nicht als ein völlig autonomes Lernverfahren anzusehen, sondern eher als eine Verschränkung von lehrergesteuertem bzw. vermittlerinitiiertem und autonomem Lernen.« Gerade in Kursen, die der Vorbereitung auf ein Fachpraktikum dienen, muß die Arbeit im Tanden auf bestimmte Themenschwerpunkte hingelenkt und methodisch so vorbereitet werden, daß beide Fremdsprachen in gleichem Maße geübt werden. Die Lehrkräfte haben also die Aufgabe, das Kursprogramm zu planen und den Teilnehmern Hilfsmittel sowie Lernmaterialien mit bestimmten Arbeitsaufträgen zur Verfügung zu stellen. Während des Unterrichts sind sie dann da, um den Tandems, falls nötig, bei der Klärung sprachlicher Probleme zu helfen, ihnen weitere Anregungen zu geben, Diskussionen in der Großgruppe zu leiten usw.

Äußerer Rahmen

Die drei Intensivkurse, die wir bisher für Studenten der Landwirtschaft durchgeführt haben, dauerten jeweils zwei Wochen und fanden entweder in Deutschland oder in Frankreich statt. Untergebracht waren die Teilnehmer in der Tagungsstätte selbst, die neben Mensa und Cafeteria auch sportliche Einrichtungen bot. Dadurch ergaben sich außerhalb des offiziellen Begegnungsprogramms etliche Möglichkeiten für die gemeinsame Freizeitgestaltung und Kommunikation.

Gestaltung des Begegnungsprogramms

Das Begegnungsprogramm bestand in jedem Jahr aus Sprachunterricht und fachbezogenen Besichtigungen. Der Unterricht war in der Regel vierstündig und fand vormittags statt, nachmittags wurden dann verschiedene Einrichtungen besucht.
Eine Besonderheit dieser Hochschulpartnerschaft ist es, daß sich die Studienrichtungen nicht ganz decken. Während auf deutscher Seite die landwirtschaftliche Produktion im Mittelpunkt steht, bezieht sich das Studium an der französischen Hochschule hauptsächlich auf die Weiterverarbeitung und Vermarktung von Agrarprodukten. Dieser Tatsache mußten wir in unseren Begegnungsprogrammen Rechnung tragen und jeweils beide Schwerpunkte berücksichtigen.
In der ersten Kurswoche behandelten wir Themen aus dem Bereich der Produktion und gingen dann zu verschiedenen Nahrungsmittelindustrien und Vertriebssystemen in Deutschland und Frankreich über. Welche Themen im einzelnen behandelt wurden, hing u.a. von den Einrichtungen ab, die in der Nähe des Tagungsortes zu besichtigen waren. Immer bestand jedoch ein enger thematischer Zusammenhang zwischen Sprachunterricht und Besichtigungen, damit einerseits die Gaststudenten sprachlich so gut wie möglich auf die Besuche vorbereitet wurden, andererseits die einheimischen Studenten ihren Partnern bei den Führungen Übersetzungshilfen geben konnten. Beide Gruppen hatten also die Möglichkeit, das am Vormittag Gelernte unmittelbar anschließend im realen Umfeld anzuwenden.
Bei der Programmgestaltung berücksichtigten wir in jedem Jahr auch Erfahrungen, die wir im Vorjahr bei der Durchführung gemacht hatten. So verzichteten wir z.B. ab dem zweiten Jahr auf die Einbeziehung allgemeinsprachlicher Themen in den Unterricht, weil wir beim ersten Mal gesehen hatten, daß sich die Teilnehmer über Fragen des Alltagslebens in beiden Ländern ausführlich

in der Freizeit unterhielten, im Unterricht hingegen ausschließlich Fachthemen zu behandeln wünschten.

Durchführung der Sprachkurse

Teilnehmer

An den Sprachkursen nahmen jeweils 20 bis 30 Studenten teil. Abgesehen vom ersten Jahr, wo auf deutscher Seite ein starker Überhang bestand und sechs deutschen Studenten mononationaler Anfängerunterricht erteilt werden mußte, waren beide Austauschgruppen jeweils gleich groß, und alle Teilnehmer brachten zumindest Grundkenntnisse im Französischen bzw. Deutschen mit.

Kurseinstieg

Wir begannen unsere Kurse mit einer kurzen Erläuterung des Tandem-Verfahrens und baten die Studenten dann, sich mit einem beliebigen Partner aus der fremden Gruppe zusammenzusetzen, um ihm in der Fremdsprache einige Fragen zur Person zu stellen. Eine Collage diente als Einstieg in das Gespräch.
Bereits hier war in der Regel zu beobachten, daß die Studenten schnell Kontakt zueinander aufnahmen, sich gegenseitig viele Fragen stellten und bei Formulierungen behilflich waren. Auch waren die meisten nachher bereit, ihre Partner der Großgruppe in der Fremdsprache vorzustellen.

Organisation des Sprachunterrichts

Aufgrund der Ergebnisse eines Tests, den wir im Anschluß an die Kennenlernphase durchführten, bildeten wir drei binationale Gruppen aus Lernern mit schwachen, mittleren und fortgeschrittenen Kenntnissen. Jede Niveaugruppe wurde von einer der drei Lehrkräfte betreut. Die Spracharbeit fand vorwiegend im Gruppentandem statt, mononationaler Grammatikunterricht wurde nur dann anberaumt, wenn es die Teilnehmer ausdrücklich wünschten.
Erst am letzten Kurstag trafen sich die drei Niveaugruppen wieder im Plenum, um einander kleine Projekte (z.B. Referate, Songs, Sketche zum Thema Landwirtschaft) vorzustellen, die außerhalb des Unterrichts vorbereitet worden waren. Wie sich immer wieder gezeigt hat, entwickelten die Teilnehmer bei der Projektarbeit viel Spaß und eine z.T. erstaunliche Kreativität, so daß auch dieser Programmteil dazu beitrug, die Interaktion zwischen Deutschen und Franzosen zu fördern.

Lehr- und Lernmaterialien

Die Arbeit in den drei Gruppen verlief inhaltlich parallel, sprachlich jedoch auf unterschiedlichem Niveau. Zu den im Begegnungsprogramm vorgesehenen Themen hatten wir Dossiers mit Lehr- und Lernmaterialien zusammengestellt, die in sich eine gewisse Progression enthielten. Je nach Kenntnisstand und Lerntempo konnten die Tandem-Partner der drei Gruppen aus jedem Dossier unterschiedlich viele und verschieden anspruchsvolle Aufgaben erledigen.
Das Kursmaterial war so zusammengestellt, daß es in beiden Sprachen abwechselnd zur fachbezogenen Konversation anregte und ein landeskundlicher Informationszuwachs für beide Seiten gewährleistet war. Eingeleitet wurde das gegenseitige Vermitteln und Lernen durch Arbeitsaufträge in der Fremdsprache. So erhielten z.B. die französischen Studenten die Aufgabe, anhand von Abbildungen fehlendes Fachvokabular bei ihren deutschen Partner einzuholen oder einen Fachtext mit ihm zu erschließen, ihn dann um weitere Informationen zu bitten und schließlich Meinungen mit ihm auszutauschen. Entsprechende Redemittel zur Verständigung wurden zur Verfügung gestellt.

Arbeit im Tandem

Die Arbeit im Tandem klappte gut, wenn es auch hin und wieder Zweiergruppen gab, die sich persönlich nicht mochten oder vom Lerntyp her zu unterschiedlich waren. Wir haben dann dafür gesorgt, daß sich andere Lernpartnerschaften bildeten oder die Partner innerhalb der Gruppe regelmäßig gewechselt wurden. Im allgemeinen aber waren die Teilnehmer engagiert bei der Sache: in der Muttersprache bemühten sie sich darum, langsam zu sprechen, ihrem Partner Begriffe so einfach wie möglich zu erklären und ihn angemessen häufig zu korrigieren. Als Lerner fragten sie nach, wenn sie etwas nicht verstanden hatten, baten um Hilfe bei der Aussprache, notierten Vokabeln usw.
Ich habe in meinen Gruppen häufig beobachtet, daß die Motivation zum wechselseitigen Sprachlehren und -lernen im Laufe des Kurses stieg. Die partnerschaftliche Lernform brachte auch Teilnehmer mit sehr geringen Kenntnissen bald dazu, einfache Sachverhalte in der Fremdsprache zu formulieren, wo sie zu Kursbeginn noch resigniert hatten und nach zwei Tagen wieder abreisen wollten.
Manchmal entwickelte sich in den Zweiergruppen bereits dadurch ein Gespräch, daß sich die Partner gegenseitig einen Begriff erklärten und dabei feststellten, daß es kulturelle Unterschiede in bezug auf die Sache gab. Rege Diskussionen in der Großgruppe wurden häufig durch Sachtexte zum Thema Umweltschutz oder biologische Landwirtschaft ausgelöst. Unterschiedliche Denk- und Verhaltensweisen auf deutscher und französischer Seite förderten die Diskussionsbe-

reitschaft zuweilen dermaßen, daß die Gespräche abends wiederaufgenommen und bis spät in die Nacht fortgesetzt wurden.

Gesamteindruck von den Kursen

Sicher war nicht in allen drei Kursen die Stimmung gleich gut und der Kontakt zwischen Deutschen und Franzosen gleich eng. In den Abschlußbesprechungen hoben die meisten Studenten jedoch hervor, daß sie sprachlich viel gelernt hätten und die Begegnung zu einem besseren Verständnis der anderen Kultur beigetragen habe. Auch sei ihre Bereitschaft zu einem längeren Aufenthalt im Nachbarland gestiegen.
Die Erfahrungen mit binationalen Fachsprachenkursen zeigen, daß sich bei genauer Berücksichtigung der Lernsituation in kurzer Zeit erstaunliche Erfolge erzielen lassen, und zwar auch bei Lernern mit geringen Fremdsprachenkenntnissen. Uns Lehrkräften hat es jedes Mal viel Spaß gemacht, und ich kann Sie nur dazu ermutigen, sich selbst einmal auf das Experiment eines binationalen Sprachkurses einzulassen.

Marie Méchineau-Herrmann, Gesellschaft für übernationale Zusammenarbeit (GüZ), Bonn
Christiane Reinert, Bureau International de Liaison et de Documentation (B.I.L.D.), Paris

Les séjours binationaux du B.I.L.D.

A. Objectifs de l'organisme

Créé dès 1945 pour promouvoir l'entente franco-allemande considérée comme un facteur essentiel de la construction européenne, le Bureau International de Liaison et de Documentation (B.I.L.D.) a été rapidement confronté à la nécessité d'avoir une action dans le domaine linguistique. Pour atteindre notre objectif, les rencontres que nous organisons ne pouvaient se limiter à des participants connaissant déjà suffisamment les deux langues pour communiquer. L'intervention d'interprètes pouvait être une solution pour des séminaires à thème et de durée limitée, mais les rencontres de jeunes scolaires rendaient nécessaire le développement d'une méthode et d'un matériel pédagogique spécifiques.

Pour qu'il puisse y avoir communication, il faut qu'il y ait compréhension. Une rencontre franco-allemande prend toute sa valeur dans la mesure où une communication personnelle et directe est possible entre les participants. Cette communication se heurte dans la pratique à de nombreuses difficultés non seulement sur le plan linguistique, mais également sur le plan de la culture: comportement, sensibilité, réactions respectives. Même si les jeunes ont déjà des connaissances scolaires de la langue du partenaire, on constate des insuffisances notoires au niveau de l'expression orale qui les empêchent de communiquer sur les choses de la vie courante, même en formulant les phrases les plus simples. La langue doit être la clé qui ouvre la porte de la conversation et donne accès à une culture étrangère.

Au-delà de cette compréhension, les jeunes doivent apprendre à discerner les différentes facons d'être, à les discuter et à les élargir à d'autres domaines (politique, européen, international). Cet objectif de communication franco-allemande a servi de base à la formule d'animation linguistique que le B.I.L.D. et la GüZ, ont élaborée; elle met en pratique trois principes essentiels:

- Informer les jeunes sur l'un ou l'autre pays: données politiques, sociales, économiques, etc.

- Permettre la rencontre entre jeunes Allemands et Français autour d'activités sportives et culturelles
- Perfectionner les connaissances linguistiques des participants en les incitant à s'exprimer oralement.

B. Notre méthode linguistique

Qu'a-t-elle de particulier?
Elle est tout d'abord incluse dans un projet ponctuel – une rencontre franco-allemande de jeunes, se déroulant sur une période limitée (2-3 semaines), durant laquelle les jeunes Allemands et Français vivent ensemble et se voient dispenser des cours à raison de trois heures par jour et cinq fois par semaine. Nous insistons cependant sur le fait que les participants ne sont absolument pas placés dans un cadre contraignant de type scolaire.
Ces cours quotidiens ne peuvent être dissociés de la vie du groupe, mais sont au contraire étroitement liés au programme de la journée: ce sont les activités qui sont la principale source d'inspiration, mais réciproquement les cours préparent également aux activités.
Le contenu des cours est mis au point et actualisé régulièrement par nos propres équipes. Les thèmes sont choisis en fonction de l'actualité et de nos objectifs linguistiques et pédagogiques; ils peuvent être adaptés pendant les rencontres selon les demandes exprimées. Parmi ces thèmes: se présenter, faire des courses, la région, les relations franco-allemandes, les jeunes, l'Europe, la littérature, l'économie, les goûts, les chansons, etc. Les sujets traités en cours trouvent ensuite leur utilité dans les activités parmi lesquelles la découverte du milieu occupe une place privilégiée. Elle permet d'une part aux participants d'avoir des contacts personnels avec la population locale et de s'informer sur son mode de vie, ses conditions de travail, ses loisirs, sa participation à la vie politique, ses problèmes sociaux, etc. et elle constitue également un excellent terrain d'exercice pour la pratique de la langue et la compréhension du langage parlé. Elle s'effectue sous forme d'excursions, de rallyes et d'enquêtes. Ces dernières, en groupe mixte franco-allemand, favorisent les échanges entre participants car les interviews réalisées peuvent être ensuite exploitées sous forme de sketches ou de montages audio-visuels. C'est alors une excellente occasion pour les participants de mettre en pratique leurs acquisitions linguistiques.
Quant à l'animateur, il assume ici un double rôle: enseignant et animateur. Ainsi il n'y a pas de rupture entre les différents types d'activités. Cette continuité permet un meilleur suivi et une meilleure prise en charge du groupe. L'équipe d'encadrement est toujours franco-allemande et composée

d'animateurs bilingues formés par nos soins; ce sont les animateurs de langue allemande qui sont responsables de la promotion linguistique des jeunes Français et inversement.

Cet enseignement est spécialement conçu pour nos rencontres et a été mis au point à partir de nos propres expériences sur le terrain. Il est basé sur l'expérience que vit un individu placé dans une situation nouvelle, qui rencontre d'autres individus et est obligé de s'exprimer. Il doit donc permettre aux jeunes des deux pays de communiquer dans une situation analogue. Ils le feront tout d'abord avec leurs propres possibilités (verbales et non verbales) et ensuite à l'aide des moyens que nous leur aurons apportés. Donner confiance et donner envie de communiquer sont ici deux facteurs essentiels.

La communication est dans un premier temps simple, pratique et purement linguistique (ex.: Donne-moi le pain...); dans un deuxième temps, il s'agira de comprendre des phénomènes interculturels comme: Le Français, contrairement à l'Allemand a besoin de pain pour le déjeuner. Il s'agit alors d'éveiller la curiosité, d'exploiter l'étonnement pour constater et analyser différences, divergences et points communs.

En résumé, il s'agit de donner aux jeunes d'une part les moyens linguistiques purs qui leur permettent de communiquer (mots, structures, fonctionnement de la langue) et de parvenir à une *compréhension linguistique,* et d'autre part les moyens de remarquer et d'analyser les phénomènes interculturels afin de déboucher sur une *compréhension translinguistique*.

Ce travail de compréhension comporte deux étapes distinctes: tout d'abord une phase d'acquisition durant laquelle les jeunes discutent ensemble en groupe de même nationalité; ensuite une phase d'application durant laquelle les jeunes mettent en pratique, en groupe binational, leurs nouvelles connaissances.

C. Contenu de notre matériel pédagogique

Le travail en groupe national est une phase de motivation, de sensibilisation au sujet, au cours de laquelle les bases linguistiques et d'informations sur les deux pays sont transmises aux participants. Le niveau linguistique et le contenu des informations sont bien entendu adaptés à l'âge, au niveau et à l'intérêt des participants (débutants, moyens, avancés, niveau Bac).

Durant la phase binationale, les jeunes mettent en application, approfondissent et élargissent en tandems les acquis de la phase précédente: un Français et un Allemand travaillent ensemble sur un sujet choisi, chacun s'exprimant de préférence dans la langue de l'autre. Le retour à la langue maternelle est toujours possible pour des raisons de commodité, mais la barrière linguistique demeure car alors l'interlocuteur ne comprend pas la langue qui n'est pas la sienne. Le participant *veut* et *doit* se faire comprendre, une démarche qui n'est pas évidente mais qui est par contre très stimulante. Les difficultés ne les éloignent pas mais au contraire les rapprochent. L'idéal est bien sûr le prolongement des conversations au cours des autres activités de la journée: enquête l'après-midi, soirée de présentation... Cette phase peut être considérée comme la phase de participation active.

D. Quelques remarques méthodologiques

L'animateur »travaille« toujours dans sa langue maternelle – alors que les participants sont incités à s'exprimer dans la langue étrangère. En groupe national l'animateur français enseigne le français au groupe allemand et vice versa. Dans la phase binationale, les deux animateurs se retrouvent avec un groupe binational devant lequel ils continuent de s'exprimer dans leur langue maternelle.

La »méthode du tandem« appliquée notamment au cours du travail d'approfondissement de la phase binationale permet aux participants de prendre conscience des difficultés de l'autre, de relativiser les leurs, ce qui leur donne une certaine confiance et leur permet de minimiser leurs appréhensions et de s'exprimer sans crainte dans la langue étrangère. Ainsi libérés les participants trouvent un regain de motivation qui leur permet d'aller plus loin.

Les membres de chaque tandem se corrigent mutuellement; les jeunes apprennent *avec* et *à travers* l'autre. En outre, chacun s'efforce de maîtriser et de nuancer sa propre langue pour faciliter la compréhension de son partenaire. Il faut éviter de tomber dans la solution de facilité qui consisterait à ce que chaque membre du tandem binational s'exprime dans sa langue maternelle, l'Allemand en allemand, le Français en français.

Nous venons de présenter une méthode d'enseignement de la langue en tant que moyen privilégié de la rencontre franco-allemande. Toutefois pour que la rencontre soit un succès, rien ne saurait remplacer les contacts humains qui s'établissent entre jeunes Français et Allemands, source de respect, de compréhension et d'amitié.

Martine Lestrat / Jörg Carpus, Arbeiterwohlfahrt Oldenburg

Sprachwochenenden

Seit drei Jahren führen wir in Zusammenarbeit mit dem Jugendwerk der Arbeiterwohlfahrt in Oldenburg Sprachwochenenden durch und zwar im Rahmen der Vorbereitung für deutsch-französische Jugendbegegnungen. Es handelt sich um Jugendliche aus Oldenburg und Umgebung im Alter von 14 bis 17 Jahren, mit denen wir für ein Wochenende im Vorfeld der Jugendfreizeit zusammenkommen. Die Gruppengröße liegt dabei zwischen 20 und 25, so daß jedes Jahr zwei oder drei Sprachwochenenden bei uns durchgeführt wurden.
Wir haben jedes Jahr ein oder zwei Wochenenden gemeinsam geleitet und durch diese Kontinuität und durch die Rückmeldungen der Jugendlichen konnten wir das Konzept und die Durchführung der Sprachvorbereitung in diesem Rahmen von Jahr zu Jahr verbessern.

Martine Lestrat

Bien que les participants soient Allemands, notre expérience dans le domaine de l'animation franco-allemande s'est avérée plusieurs fois utile pendant ces week-ends de préparation. Nous avons aussi pu remarquer qu'il est important que nous soyons une équipe franco-allemande: du point de vue langagier naturellement, mais aussi parce que pour certains adolescents je suis le premier contact avec la France ou la langue française. Pour eux, je représente la France. De plus, le fait que mon allemand ne soit pas parfait donne du courage à ceux qui ont peur de faire des fautes. Pour présenter ce que nous faisons avec les jeunes, nous avons choisi de prendre un de ces week-ends comme exemple, d'en donner le déroulement et d'expliquer les méthodes utilisées.

Jörg Carpus

Was ist das Ziel unserer Sprachvermittlung?
Wir wollen zur französischen Sprache anregen, das heißt für uns, Sprach- und Sprechangebote zu machen, Neugier, Interesse und Aufmerksamkeit zu wecken, bzw. zu fördern in direktem Bezug auf die kommende deutsch-französische Begegnung und/oder allgemein ein Erlebnis, für einige einen Erstkontakt zu

ermöglichen, bei dem die Jugendlichen erfahren, Französisch hat Spaß gemacht, Französisch kann ich ja gut gebrauchen!

Martine Lestrat

Nous voulons aussi donner la possibilité aux adolescents d'entrer en contact avec la langue française, ou d'en améliorer leur connaissance, d'une façon différente de celle qu'ils connaissent jusqu'à présent. C'est-à-dire avec de nouvelles méthodes et un contenu parfois autre que celui du programme scolaire, et aussi par le fait que débutants et avancés soient parfois ensemble et parfois séparés.
Nous essayons que ces week-ends se déroulent dans une atmosphère agréable. Les participants (adolescents et moniteurs) arrivent le samedi après midi vers 14 heures et repartent le dimanche vers 16-17 heures. Les deux journées sont réparties en unités linguistiques entre lesquelles ont lieu des pauses plus ou moins longues. Des petits carnets se trouvent à la disposition des participants et peuvent être utilisés selon leur envie et sans contrôle de notre part.

Jörg Carpus

Am ersten Tag begrüßen wir die Jugendlichen auf deutsch und schließen eine gemeinsame – manchem mag es zunächst paradox klingen – non-verbale Kennenlernphase an, denn die Teilnehmerinnen und Teilnehmer benötigen eine gewisse Zeit, um sich zu orientieren, um Sicherheit zu gewinnen, um bereit zu sein, sich mit Französisch zu befassen. Wir haben anfangs Erfahrungen gemacht – einmal haben wir die Jugendlichen bereits auf Französisch begrüßt, ein anderes Mal haben wir direkt nach der Begrüßung versucht, die Jugendlichen anzuleiten, sich auf Französisch vorzustellen – wir haben bemerkt, viele machten »dicht«, einige reagierten verschüchtert und ängstlich. Erst nach der non-verbalen Phase machen wir den ersten Schritt zum Französischen – jede Person stellt sich vor mit *»je suis...«* und fragt den Nachbarn oder die Nachbarin *»et toi?«* An dieser Stelle haben es alle geschafft, für viele schon ein erstes Erfolgserlebnis. »Ich hab mich auf Französisch vorgestellt«, »Es hat geklappt, ich kann mich auf Französisch vorstellen!«

Martine Lestrat

Après ce tour de présentation, nous enchaînons avec »Faire sa valise«. A l'aide de ce jeu, les adolescents apprennent ou revoient les noms des objets qu'ils utilisent pendant leur camp comme par exemple pantalon, sac à dos, lampe de poche ou préservatif. Bien que beaucoup de vocabulaire apparaisse pendant ce jeu, nous avons remarqué que les adolescents participent jusqu'à la fin parce qu'il s'agit de termes qui les intéressent.
Après une pause nous répartissons les participants en petits groupes »vrais débutants«, »débutants« et »avancés«. A l'aide de différentes revues françaises les adolescents font un collage de ce qu'ils »comprennent« ou »reconnaissent«. Je voudrais insister sur le fait que pour les »vrais débutants«, le collage était une grande réussite, bien qu'ils aient été fort sceptiques au départ. En l'espace d'une heure, ils ont rempli une page avec des mots et des phrases qu'ils avaient reconnus (internationalismes) ou qu'ils avaient devinés (soit parce que proches de l'anglais, ou à côté d'un mot connu).
A la fin de ce collage, ils étaient très fiers de présenter leur résultat au reste du groupe et la peur de ne *rien* comprendre en France avait disparu pour plusieurs d'entre eux.

Jörg Carpus

An die Collage schließen wir eine Einheit an, bei der wir nochmal differenzieren in Einsteiger / Fortgeschrittene, damit die Jugendlichen den ihrer Lernstufe entsprechenden speziellen Bedürfnissen nachgehen können, denn wir haben gemerkt, daß für eine gewisse Zeit integriertes Lernen sehr wohl sinnvoll und interessant ist, über einen längeren Zeitraum aber zu Unter-, bzw. Überforderung führt. Nach dieser Phase wird gemeinsam das kalte Büffet aufgebaut mit Speisen, die von den Teilnehmerinnen und Teilnehmern mitgebracht und durch Kärtchen mit französischen Namen versehen werden. Am Abend gibt es Informationen zur Ferienfreizeit mit Diaschau durch die Betreuerinnen und Betreuer, die die Jugendlichen begleiten werden.

Martine Lestrat

Le dimanche matin, le programme commence avec »Comment ça va?«, un jeu de mouvement, auquel nous enchaînons une chanson française. Ensuite, les participants sont à nouveau répartis en deux groupes (débutants/avancés). Cette fois-ci ils sont séparés, mais préparent quelque chose l'un pour l'autre:

- Les débutants apprennent chacun un mot d'une phrase française qu'ils disent par la suite tout en se déplaçant dans la pièce. Les avancés devront par la suite reconnaître ces mots pour reconstituer la phrase.
- Les avancés imaginent des scènes, avec des dialogues courts et simples, à partir de situations qui se déroulent en France (à la poste, au café, à la boulangerie).

Ces scènes sont jouées ensuite devant les débutants, qui un par un reprennent le rôle des avancés. Pendant ce temps, les avancés restent auprès des débutants pour les aider en cas de besoin. Dans cette unité de travail il est important pour nous que débutants et avancés apprennent l'un de l'autre.

Les avancés ont beaucoup de plaisir à reconstituer la phrase française et à préparer et jouer leurs scènes pour les débutants. Les débutants ne se trouvent pas seulement dans la situation, où ils apprennent des avancés. Ils préparent aussi quelque chose pour eux (la phrase) et nous avons remarqué qu'ils prennent ce rôle très au sérieux.

Après le repas de midi, pendant 3/4 d'heure environ, les participants ont la possibilité de choisir eux-mêmes ce qu'ils font:

- regarder les affiches écrites pendant les unités précédentes, et si besoin est, recopier quelque chose,
- et/ou revoir les dialogues des scènes,
- et/ou regarder les revues ou les bandes dessinées françaises que nous avons apportées.

En cas de besoin, nous sommes là pour répondre à des questions ou donner un coup de main. Avant le départ, nous faisons une évaluation avec les participants, tout d'abord par écrit puis oralement.

Jörg Carpus

Zusammengefaßt – was haben wir gemacht, was war für uns wichtig – im Grunde drei Aspekte:

- Schaffung einer angenehmen, lernfreundlichen Atmosphäre – dazu gehört die Kennenlernphase, Sicherheit gewinnen, ausreichende Pausen, Lernangebote statt Druck machen
- Themen, die für die Jugendlichen, besonders bezogen auf ihre Freizeitbegegnung, interessant sind – dazu gehören die Bereiche Sich-Begegnen, »ihre Dinge« benennen können, Vokabular für Aktivitäten bis hin zum Schimpfen und Lieben

- Unterschiedliche Methoden, ruhige und lebendige, in Groß- und Kleingruppen oder zu zweit, Spiele mit Bewegung, mit Gestik, mit Musik; Zeichnen, Malen, Collage, u.a.m.

Wir gehen davon aus, daß der eine oder die andere bei manchen Methoden auch Schwierigkeiten haben wird, andererseits sind wir davon überzeugt, daß durch eine Vielfalt von Methoden jeder Person ermöglicht wird, ihren Zugang zur Fremdsprache zu finden, ihre Stärken zu zeigen. Wir schreiben am Ende keine Klausur und nehmen auch keine Prüfung ab. Wir haben aber sehr wohl registrieren können, mit welchem Interesse und mit welchem Spaß die Jugendlichen mitgemacht haben, was während der Wochenendauswertung auch von ihnen geäußert wurde.

Und wir haben Betreuerinnen und Betreuer nach der deutsch-französischen Begegnung gefragt, wie es denn mit der Verständigung gelaufen sei und sie haben berichtet, daß wiederholt an Dinge angeknüpft wurde, die während unseres Wochenendes zur Sprache kamen und auch von Jugendlichen, die in der Schule noch kein Französisch hatten, war die »fremde« Sprache zu vernehmen.

Martine Lestrat

Nous voulions montrer, dans cet exposé, que cela vaut la peine, malgré certaines difficultés, de faire une préparation linguistique avant l'échange avec un groupe mononational. Il est cependant important que l'équipe d'encadrement soit franco-allemande.

7. QUAND ET COMMENT COMMENCER A APPRENDRE UNE LANGUE ETRANGERE?

7. WANN UND WIE MIT DER FREMDSPRACHE BEGINNEN?

Brigitte Millet, Inspecteur pédagogique régional, Inspecteur d'Académie d'allemand, Metz-Nancy

I – Le rôle de l'âge

A cette question qui est au centre des décisions institutionnelles les réponses ne sont pas, à l'heure où nous parlons, clairement définies. Le rôle exact joué par l'âge de l'apprenant demeure un domaine controversé. Il faut distinguer les deux modes fondamentaux d'enseignement d'une langue: la situation d'immersion et la situation d'enseignement spécifique.

1) L'apprentissage en situation d'immersion

Dans ce mode d'enseignement d'une langue étrangère, on essaie de créer les mêmes situations que lors de l'acquisition de la langue maternelle qui se développe de la naissance à trois ans. Tous les enfants connaissent intuitivement et inconsciemment les règles fondamentales de leur langue maternelle dès trois ans. Ils n'ont besoin d'aucun enseignement pour cela. Ces enfants, s'ils se trouvent plongés dans un milieu où l'on parle une autre langue que leur langue maternelle, l'acquièrent spontanément et aussi bien que leur langue maternelle.

Un des premiers mouvements d'imitation de l'apprentissage naturel est parti du Canada dont on connaît les expériences d'immersion datant des années 60. Elles ne concernent toutefois que 0,3 % des enfants canadiens dans des contextes sociaux et sociolinguistiques particuliers. Des approches de ce type se sont développées en France dans les écoles bilingues. Je citerai pour l'anglais l'Ecole Active Bilingue de Jeanine Manuel à Paris et pour l'allemand les classes bilingues dont Madame l'Inspecteur Général Delaunay fut l'initiatrice, à Bordeaux, en 1964.

Dans ces écoles, la langue n'est pas seulement matière d'enseignement, elle est également moyen d'enseignement. Les enfants de trois-quatre ans s'approprient une langue étrangère comme un jeu, un peu comme ils se sont appropriés leur langue maternelle. Il suffit de leur donner des conditions semblables, c'est-à-dire des situations naturelles qui répondent à des besoins de l'enfant: jouer, chanter, écouter des histoires... L'enfant apprend la langue non pour elle-même, mais parce qu'elle lui sert à agir. Assez vite la langue devient aussi outil d'enseignement et d'apprentissage: il sera possible de faire de l'histoire, de la géographie, des sciences dans la langue étrangère. Les résultats de ces élèves sont extrêmement positifs. Il faut préciser que ces classes ont bénéficié d'enseignants qui maîtrisent parfaitement la langue étrangère. Il s'agissait souvent de participants au programme d'échange de l'OFAJ.
Actuellement un dispositif de semi-immersion existe en Alsace: dans quelques classes maternelles bilingues, la langue allemande est intégrée à la scolarité comme véhicule de communication sur des bases de parité horaire (13 heures en langue française et 13 heures en langue allemande). Ces maternelles sont régies par les circulaires ministérielles dites circulaires Savary du 21.6.1982 et du 30.12.1983.
Les maternelles bilingues à horaires paritaires représentent dans la situation française une solution maximale dont le succès est avéré. Mais il est évident qu'aucune nation d'Europe ne dispose pour l'instant du personnel enseignant en qualité et en quantité pour généraliser cette formule. Ce mode d'apprentissage est encore réservé à une minorité mais il est permis d'espérer le développement de ces classes. Cependant la généralisation d'un enseignement précoce ne peut s'effectuer dans ces conditions d'immersion. Une généralisation n'est envisageable en milieu institutionnel, qu'en termes d'enseignement spécifique.

2) L'enseignement spécifique

Traditionnellement dans la plupart des pays d'Europe, le début de l'apprentissage d'une langue vivante étrangère coïncide avec l'entrée dans le secondaire (vers onze ans). Un certain nombre de pays comme la Finlande, l'Autriche, l'Irlande, le Luxembourg, la Suède et la Suisse ont introduit un enseignement »précoce« des langues à l'école primaire, l'âge de onze ans apparaissant comme trop tardif. »Précoce« signifie donc seulement avant l'âge prévu par l'institution pour l'apprentissage des langues étrangères et renvoie presque toujours (sauf pour les expériences mentionnées précédemment) à l'école primaire. Ce mot »précoce« n'a donc pas de valeur scientifique: c'est un terme institutionnel.

Que nous apprennent les chercheurs, que nous apporte la psycholinguistique lorsqu'il s'agit de répondre à la question qui nous préoccupe: quand commencer à apprendre une langue étrangère en milieu scolaire? Les réponses sont diverses, le concept de »période critique« dans l'acquisition des langues vivantes a beaucoup évolué depuis sa naissance dans les années 60, je ne voudrais pas en faire ici une analyse, mais, me contenter d'évoquer les points sur lesquels une majorité de spécialistes est d'accord.

- Il faut commencer l'étude des langues avant la puberté. Avant 12 ans l'enfant joue avec la langue, ne craint pas de faire des erreurs et progresse. La puberté marque le début d'un déclin des facultés d'acquisition.
- Plus on rapproche l'enseignement de la période de l'enfance, plus on facilite un apprentissage naturel. Cela permet de s'appuyer sur une certaine spontanéité de l'enfant avant qu'elle ne disparaisse, cela permet de mettre en œuvre des techniques de type ludique.
- Dans le domaine phonologique, la spécialisation se fait très tôt (à moins de trois mois) et la maîtrise des phonèmes est atteinte dès quatre-cinq ans. On rencontre donc assez tôt une plasticité moins grande pour la réception et la reproduction des phonèmes non représentés en langue maternelle. Après six-sept ans, il devient déjà plus difficile d'apprendre à articuler une courbe mélodique intonative différente de celles auxquelles on est habitué. A huit-neuf ans les facultés d'adaptation et la malléabilité restent cependant exceptionnelles. Ces facultés diminuent de manière notable entre neuf et dix ans. Il est donc préférable de faire acquérir la phonologie d'une langue étrangère aux enfants avant que n'intervienne la dégénérescence de leur capacité d'acquisition phonique, c'est-à-dire avant l'âge de dix-onze ans.
- Pour l'acquisition lexicale et surtout pour l'acquisition morphosyntaxique, le déclin des facultés d'assimilation est beaucoup plus tardif et plus progressif.
- A partir de neuf-dix ans, les facultés mentales de l'enfant, son développement cognitif permettent d'avoir recours à des activités de réflexion sur la langue, à des comparaisons avec la langue maternelle.
- La motivation pour l'apprentissage d'une langue étrangère est souvent plus grande chez un enfant de neuf-dix ans que chez un adolescent. Il éprouve encore une envie naturelle de communiquer, a plaisir à agir avec la langue, à jouer, à découvrir des horizons différents.

Si l'on essaie de prendre en compte ces différents paramètres, l'âge de neuf ans semble être un âge favorable pour débuter en milieu scolaire d'autant plus qu'il permet de ménager une continuité sans laquelle la motivation et le rythme d'acquisition connaissent une baisse importante.

II – Les choix de l'Education Nationale en France

En septembre 1989, le Ministère de l'Education Nationale a décidé la mise en place d'une expérimentation contrôlée de l'enseignement d'une langue vivante à l'école élémentaire.

Cette expérimentation a été conçue en tenant compte des leçons du passé, c'est-à-dire des conclusions des différents rapports d'évaluation des expériences ponctuelles d'enseignement précoce des années 60-70, en particulier le rapport de Monsieur l'Inspecteur Général Girard paru en 1974. Ce rapport présentait un tableau nuancé des expériences françaises. Les bons résultats souvent constatés plaidaient en faveur d'un enseignement précoce, qu'il paraissait cependant souhaitable de concentrer sur les dernières années de l'école primaire pour des raisons d'efficacité. Parmi les recommandations figurait la nécessité de créer d'abord les conditions d'une véritable »expérimentation contrôlée« avant toute décision de généralisation. Le rapport insistait sur les critères indispensables à la réussite d'un enseignement précoce: des enseignants formés, des horaires suffisants, une méthodologie adaptée aux besoins des enfants, une continuité assurée et une liaison avec le secondaire, un contrôle et une évaluation.

Le cahier des charges qui figurait dans le protocole d'expérimentation de 1989 s'est largement inspiré de ces conclusions. Les enseignements étaient confiés, selon leur qualification, soit à des instituteurs, soit à des professeurs de collèges, soit à des intervenants extérieurs à raison de deux heures hebdomadaires.

Les objectifs ont été clairement énoncés: il ne s'agit pas de former des enfants bilingues. Il s'agit:

- de préparer à l'apprentissage d'une langue au collège;
- de privilégier la langue orale à des fins de communication;
- de proposer une réflexion sur le fonctionnement de la langue étrangère et de la langue maternelle;
- de ménager une ouverture sur une autre civilisation.

Les textes précisaient également que l'expérimentation n'avait pas pour objet de privilégier l'enseignement d'une langue, en particulier l'anglais, mais de proposer un choix parmi les langues enseignées dans les collèges de la zone de recrutement. L'expérimentation concernait les CM1 et les CM2, c'est-à-dire les deux dernières années de l'école élémentaire, les enfants ayant entre neuf et onze ans.

Pendant les trois années de l'expérimentation, son contrôle faisait partie du programme de travail de l'Inspection Générale de l'Education Nationale. Un rapport annuel détaillé a été remis au Ministre par le rapporteur national, Monsieur l'Inspecteur Général Jean Favard que je représente ici aujourd'hui. La meilleure façon de résumer le bilan de trois années d'expérimentation nationale est de citer des extraits des rapports successifs de Monsieur Favard:

- Du point de vue quantitatif, les résultats de l'expérimentation sont particulièrement convaincants. Près d'un élève de CM2 sur trois étudie une langue étrangère. Au total 330 000 élèves sont maintenant impliqués dans 8.145 écoles. La progression en CM2 a été constante de 1989 (12,8 %) à 1990 (25,9 %) et 1991 (31,8 %). Au CM1, la progression a été moins forte mais également constante.
- Du point de vue qualitatif, l'évaluation comparée des comportements d'apprentissage des élèves ayant bénéficié d'un enseignement d'initiation et des élèves débutants confirme que celui-ci remplit avec succès sa fonction d'éveil et de motivation. C'est dans le domaine de la compréhension de l'oral que les acquis de l'enseignement d'initiation sont les plus nets.

L'enseignement d'initiation s'articule naturellement sur une pédagogie des échanges scolaires internationaux et participe ainsi à l'ouverture de l'école primaire sur le monde extérieur. Déjà 11 % des écoles concernées par l'expérimentation déclarent organiser un voyage à l'étranger.

L'opposition sensibilisation – apprentissage commode pour distinguer deux stratégies d'organisation n'est pas pertinente du point de vue didactique, car il n'est pas de sensibilisation qui, dans la durée, n'induise un apprentissage, selon Monsieur Favard. La sensibilisation est une stratégie d'éveil, d'ouverture. Elle met l'accent sur les objectifs généraux d'ordre comportemental culturel ou cognitif. En même temps qu'un travail dans la langue, elle prévoit entre autre un travail de repérage sur la langue étudiée. Elle se réclame d'une approche globale et doit profiter aux autres apprentissages de l'école.

La circulaire parue au Bulletin officiel du 19 septembre 1991 a pris résolument position pour un apprentissage: c'est le terme d'enseignement d'initiation qui a été retenu et opposé à la sensibilisation sans toutefois renoncer aux objectifs de celle-ci. Ces satisfactions ne doivent pas masquer un certain nombre de déficits importants et préoccupants:

- L'expérimentation n'a pas permis de progresser dans la diversification de l'offre des langues enseignées. L'initiation renforce la position prédominante de l'anglais qui représente 77,7 %. L'allemand reste choisi par 17,1 % des élèves, mais son maintien en zone rurale est souvent menacé. L'espagnol représente 4,1 %. Les autres langues sont peu ou prou effacées.
- La continuité de l'initiation dans l'enseignement secondaire est loin d'être assurée. L'initiation peut enrichir l'apprentissage au collège, le rendre plus communicatif, plus attrayant, mieux centré sur l'élève, mais on est encore loin d'une remise en cause des pratiques de classe.

Au vu de ces bilans une décision d'extension a été prise pour la rentrée 1992, 42 % des CM2 sont maintenant touchés et le Ministre de l'Education nationale, Monsieur Jack Lang, a annoncé officiellement le 20 janvier la généralisation de l'enseignement d'une langue à tous les CM2 d'ici trois ans. Les modalités de cette généralisation sont en cours d'élaboration.

III – La situation dans l'Académie de Nancy-Metz

Etant en fonction dans l'Académie de Nancy-Metz, je ne voudrais pas terminer cette intervention sans évoquer la situation particulière du département de la Moselle, l'un des quatre départements qui composent l'Académie de Nancy-Metz. Terre d'accueil et de rencontres, située dans l'espace Sarre – Lorraine – Luxembourg que nous nommons Sar-lor-lux, sur le modèle de Benelux, riche d'un patrimoine historique marqué par une double culture, la Moselle n'a cessé de développer avec ses voisins d'Allemagne et du Benelux des liens dans de nombreux domaines; elle occupe de ce fait en Europe une place privilégiée. Le bilinguisme d'une partie de ses habitants représente une richesse à préserver et à exploiter.

Des mesures ont donc été prises pour valoriser dans le département et en particulier dans la région frontalière la coexistence des deux cultures et des deux langues. Mais il faut bien savoir que toutes ces mesures qui prennent en compte l'appartenance à une double culture présentent un caractère d'exception dans la politique éducative de l'ensemble de la Lorraine. La situation est différente dans l'Académie de Strasbourg dont les deux départements sont intégralement concernés.

La richesse naturelle que constituent le substrat dialectal et les usages culturels créés par de nombreux contacts transfrontaliers facilite l'apprentissage de l'allemand. Un programme d'actions particulières inspiré des actions mises en œuvre dans l'Académie de Strasbourg, mais adapté à la réalité spécifique mosellane a été progressivement mis en place en vue de promouvoir un bilinguisme de qualité: je me limiterai ici à évoquer les mesures qui concernent le 1er degré.

Dès l'année scolaire 1976-1977, l'enseignement précoce de l'allemand, dispensé par des instituteurs, a été introduit dans les deux dernières classes des écoles à raison de quatre séances hebdomadaires de trente minutes. Cette décision impliquait à la fois le Conseil Général de la Moselle, les communes, les familles et bien sûr l'Education Nationale.

Une circulaire publiée en septembre 1990 par Monsieur le Recteur Claude Mesliand intitulée: »Langue et culture régionales: voie spécifique mosellane«

confirmait ces mesures et les développait dans la région dialectophone de la Moselle. Ainsi à titre expérimental dans quelques écoles, des maîtres compétents peuvent dispenser en langue allemande les enseignements en éducation physique, arts plastiques ou musique.
L'enseignement de l'allemand peut commencer au CE2, chaque fois que les conditions réglementaires sont réunies (volontariat des maîtres, accord du conseil d'école, des parents et de la commune par délibération du conseil municipal).
De même, toujours à titre expérimental, un apprentissage de l'allemand est organisé dès la grande section de maternelle depuis la rentrée 1991. Cette expérience concerne 293 élèves en maternelle et 250 élèves en cours préparatoire (1ère année d'école élémentaire) dans des communes situées autour de Sarralbe et de Bitche.
J'aimerais en conclusion vous dire quelques mots de cette expérimentation dont j'assure la responsabilité pédagogique.
L'entraînement à la compréhension auditive forme l'essentiel de cette initiation à la langue allemande.
A partir de récits brefs, de contes, de chansons et de comptines, l'enfant est familiarisé avec l'intonation et les sons de l'allemand. A l'aide de supports visuels, de gestes, de mimes, il peut associer le message entendu à un sens précis. Cet entraînement est primordial. Il constitue la base de tous les apprentissages linguistiques futurs.
L'expression orale n'est pas absente. Elle comporte surtout des activités d'imitation de reproduction de comptines et de chants.
Chaque jour quinze minutes sont consacrées à ces activités. De plus certaines activités de type psychomoteur sont parfois conduites en allemand. La mise en œuvre de cette expérimentation s'accompagne d'un plan de formation des maîtres concernés et de visites de classes fréquentes effectuées par les membres de l'équipe d'animation d'allemand.
Nous avons pu constater un grand enthousiasme chez les enfants et un engagement constant chez les enseignants. Les résultats obtenus dans le domaine de la compréhension sont très satisfaisants, par contre pour ce qui est de la qualité phonologique de l'expression, des progrès sont nécessaires. La compétence linguistique des enseignants est bonne, les facultés d'adaptation des enfants sont encore très bonnes. Toutes les conditions sont donc réunies pour obtenir d'excellents résultats sur ce plan. Il ne reste qu'à sensibiliser les enseignants à ce problème. Une formation sera envisagée pour les amener à percevoir et rectifier les erreurs de type phonologique.
Pour les élèves ayant reçu cette formation à l'école maternelle, l'expérimentation vient de démarrer au CP. Les objectifs restent les mêmes, mais l'entraînement à

l'expression orale est étendu. Les enfants apprennent des formulations simples d'actes de parole. Vingt minutes par jour sont réservées à cette formation au CP. Cette extension prometteuse pose néanmoins un certain nombre de problèmes que nous nous attachons à résoudre:

- Difficulté de trouver des maîtres volontaires parmi les maîtres compétents d'où la difficulté d'assurer le suivi;
- Difficulté de lutter contre l'habitude du »tout expression« et de convaincre les maîtres de l'importance de la compréhension;
- Difficulté de désacraliser la mémorisation de petits dialogues.

Ces difficultés rendront une extension de cette expérimentation particulièrement délicate.

J'espère vous avoir présenté un reflet fidèle de la situation française en ce qui concerne l'apprentissage précoce des langues étrangères. Vous avez pu voir à la fois un dispositif national et des dispositifs locaux correspondant à des situations linguistiques particulières.

Astrid Meyer, professeur à l'IUFM d'Alsace, Strasbourg

I. Age optimal pour le début de l'apprentissage

Lorsque les enfants commencent l'apprentissage d'une langue étrangère en 6e, l'une des premières difficultés est l'acquisition d'une bonne prononciation. Les enfants de l'école maternelle par contre répètent avec facilité et une prononciation étonnamment correcte la comptine ou le chant que leur enseigne l'intervenante étrangère. La recherche psycho-linguistique explique et corrobore ces constatations. Elle souligne la malléabilité considérable, exceptionnelle du jeune enfant pour l'acquisition phonologique. Encore deux à quatre ans, cette faculté va en décroissant et s'affaiblit nettement vers dix-onze ans, âge où l'enfant entre en 6e. A partir de cette considération, il est intéressant d'étudier le processus d'apprentissage »naturel« de la langue première: lorsqu'il apprend à parler, l'enfant reproduit en tout premier lieu des sons.
Puis l'apprentissage se poursuit par l'acquisition lexicale et s'achève par l'acquisition morpho-syntaxique vers dix-onze ans.
L'apprentissage d'une langue seconde devrait donc se faire le plus tôt possible, c'est-à-dire entre trois et huit ans au plus tard pour permettre à l'enfant l'utilisation de ses capacités naturelles. L'enfant sait faire avant de savoir. L'adulte sait avant de savoir faire!

II. Conditions pour un enseignement précoce efficace

La langue seconde ne devrait pas être une matière »à part« qui s'ajoute aux autres en les côtoyant: elle doit s'intégrer dans le processus des apprentissages fondamentaux. Différentes pratiques ont fait leurs preuves:

- L'idéal est évidemment l'apprentissage en immersion qui reproduit la situation de l'acquisition naturelle de la langue. Mais l'idéal est rarement atteint.
- Un autre moyen privilégié consiste à mettre en place dans certaines académies des classes à horaire paritaire, déjà à partir de la maternelle:
  13 heures d'enseignement du français et de certaines matières en français. Les autres 13 heures comportent l'enseignement de la langue seconde et des autres matières en langue étrangère, dispensées par un locuteur natif du pays de la langue cible.
- Enfin, il existe l'enseignement précoce d'une langue étrangère intégré dans l'emploi du temps et prévu par les textes. Cet enseignement peut être

dispensé par le maître de la classe selon ses compétences linguistiques ou par un intervenant extérieur. Pour être efficace, un tel enseignement devrait comporter un minimum hebdomadaire de deux à trois heures réparties sur tous les jours de la semaine à raison d'une demie heure à trois quarts d'heure par jour. La régularité et le suivi de l'enseignement sont les conditions fondamentales de son efficacité.

III. Mise en œuvre pédagogique et didactique

Les exigences didactiques – clés de l'efficacité de l'enseignement précoce – ne devraient pas nous faire oublier les stratégies de l'enseignement naturel. Nous ne pouvons présenter ici que quelques réflexions et donner de brefs exemples:

- Une phase d'imprégnation au début est importante pour l'enfant. Il ne faut pas être pressé de l'amener à produire lui-même.
- Après avoir donné les consignes et annoncé le thème en français, donner le primat à la langue cible: elle peut être simple mais idiomatique et permet ainsi de créer une »mini-immersion«.
- L'entraînement phonétique au moyen de comptines et de chants doit être systématique et intégré dans des situations authentiques. Par contre on n'utilisera pas ou le moins possible les exercices structuraux qui freinent la créativité de l'enfant.
- Dans un premier temps, on pratiquera une correction purement communicative, surtout en maternelle, c'est-à-dire on ne corrigera que les erreurs entravant gravement la communication. Mais il est essentiel de signaler d'abord que le message a été compris. On peut ensuite modeler la correction des erreurs phonologiques et morpho-syntaxiques des enfants sans pour autant briser leur spontanéité.
- Il faut avant tout créer des situations et donner des contenus motivants, correspondant à l'âge, au quotidien et à l'environnement naturel de l'enfant, pour pratiquer des activités usuelles dans la langue seconde. Les thèmes sont donnés par le cadre de vie familiale (jeux, repas, fêtes...) et scolaire de l'enfant, de plus dans celui de l'enfant du pays de la langue cible. C'est le début de l'apprentissage interculturel.
- Ces situations suscitent des échanges verbaux simples mais naturels et motivants: l'enfant trouvera plaisir à participer à des activités de correspondance avec une classe du pays dont il apprend la langue (échange de cassettes, de peintures, de cartes postales, etc.) Les rencontres et jumelages sont tout à la fois couronnement et motivation supplémentaires pour un approfondissement de l'apprentissage linguistique.

IV. Le facteur »temps«

Au début de cet exposé, nous avions préconisé l'intégration de l'enseignement de la langue seconde dans le processus des apprentissages fondamentaux. La question qu'on est inévitablement amené à se poser est la suivante: mais SUR QUOI prendre les heures?
Or loin de freiner le cursus scolaire de l'enfant, on constate que l'apprentissage d'une langue seconde favorise le développement psychologique et intellectuel ainsi que le comportement social de l'enfant. Celui-ci acquiert un certain nombre de compétences transversales, par exemple: la faculté d'écoute, la capacité de mémorisation, la découverte progressive de mécanismes de fonctionnement linguistique, le développement des potentialités accrues de verbalisation.
Ses connaissances de la langue amènent l'enfant à pratiquer modestement des activités dans la langue (à l'école maternelle surtout) et peuvent être à la base d'un enseignement DANS la langue en sections européennes et autres classes bilingues, plus tard en collège et lycée. La langue étrangère peut fonctionner dans tous les domaines.

V. Les enseignants

Nous avons déjà cité plus haut un mode de fonctionnement possible des intervenants à l'école maternelle et à l'école élémentaire. Mais si l'enseignement précoce d'une langue doit se généraliser, il faudra développer les potentialités existantes.

- Les étudiants, futurs professeurs des écoles ont, pour la plupart, en entrant à l'Institut Universitaire de Formation des Maîtres (IUFM), certaines compétences linguistiques en langue vivante 1 (LV1), voire LV 2. Celles-ci pourraient être réactivées en leur proposant un nombre d'heures conséquent, dans la langue vivante. Une telle mesure reste cependant à mettre en place.
- Les professeurs des écoles stagiaires ont, eux, la possibilité de suivre un cours de langue validé de trois à quatre semaines en Allemagne.
- Les Académies intéressées par l'enseignement précoce de l'allemand peuvent participer à un échange institutionnalisé d'enseignants pour la durée d'une année scolaire.
- Enfin, l'OFAJ propose différents stages.

A l'avenir la mobilité des personnes en Europe et la reconnaissance bilatérale des diplômes permettra à des professeurs d'aller enseigner dans le pays partenaire. Toutes ces potentialités sont à la base d'un enseignement précoce performant qui favorisera par la suite la connaissance et la compréhension mutuelles entre Européens.

Heribert Rück, Professor für Romanistik und Didaktik des Französischen an der Universität Koblenz-Landau, Landau

Mehrsprachigkeit: Das mehrsprachige Individuum ist das Ziel in diesem neuen Europa, in dem die Grenzen gefallen sind, in dem es keine Zollschranken mehr gibt, in dem berufliche Mobilität in einem Maße herrscht, wie wir sie uns früher nie vorgestellt hätten. Mehrsprachigkeit: Doch wie diese zu erzielen sei, darüber gibt es unterschiedliche Auffassungen. Ein Konsens freilich scheint dahingehend zu bestehen, daß man möglichst früh beginnen sollte mit der Vermittlung einer, möglicherweise sogar mehrerer, fremder Sprachen.

Früh, das kann Verschiedenes heißen. Das kann heißen: Beginn im Kindergarten; es kann auch heißen: Beginn mit der ersten Grundschulklasse; es kann ferner heißen: Beginn mit der dritten Grundschulklasse. Dieses letzte, also eine zweijährige Vorlaufphase vor dem eigentlichen systematischen Fremdsprachenunterricht, wie er in der Sekundarstufe sich vollzieht, dies ist das Modell, das in Deutschland heute weithin akzeptiert scheint. Und wenn Sie sich die Lehrmaterialien ansehen, die jetzt in großer Zahl auf den Markt kommen, dann geht es im allgemeinen eben um diese beiden Jahre, Klasse 3, Klasse 4; Fremdsprachenvermittlung und nicht Unterricht, Vermittlung an 8-, 9-, 10-Jährige. Der systematische Unterricht sollte den weiterführenden Schulen vorbehalten bleiben. Das heißt aber nicht: ein chaotisches Tun, ungeordnete Aktivitäten, sondern sehr wohl durchorganisert, aber nicht nach einer linguistischen Progression, nicht im Sinne eines Lernfortschritts, der sich bemißt nach dem Zuwachs an gelernten Strukturen und Wörtern, sondern der zu allererst auf kommunikativen Leitvorstellungen beruht.

Und ein Weiteres: Ist nicht auch ein ganz wesentliches Ziel einer solchen Begegnung mit Fremdsprachen das Erzeugen, das Fördern von Einstellungen dem Fremden gegenüber? Wir haben in der vorigen Veranstaltung davon gehört, wie wichtig es ist, das Fremde als interessant und erlebenswert zu erfahren, Aufgeschlossenheit zu erzeugen, Ethnozentrismus zurückzunehmen, Neugier auf das Fremde zu wecken. Das Fremde ist für unsere Schülerinnen und Schüler heute eine tägliche Erfahrung, die im Umgang der Kinder untereinander meist keinerlei Probleme aufwirft. Doch geht es weiterhin darum, das Blickfeld zu öffnen auf eine neue Dimension hin: zu Frankreich, zur französischen Kultur, zur französischen Sprache.

Wenn ich aus der Perspektive des Landes Rheinland-Pfalz, in dem ich tätig bin, einiges zu sagen versuche, dann muß ich zwei verschiedene Modelle gegeneinanderstellen, obwohl es zwischen ihnen durchaus Beziehungen und Ähnlichkeiten gibt. Das eine: Französische Spracharbeit, wie sie sich seit über zwanzig Jahren auf breiter Basis im Lande vollzieht, und zwar auf der Grundlage eines Austauschprogramms. Französische Lehrerinnen und Lehrer kommen zu uns, und wir entsenden deutsche Lehrerinnen und Lehrer nach Frankreich, im allgemeinen für ein Jahr.

Das Zweite ist ein Modellversuch, den es seit 1990 gibt – seit 1991 wird er vom Bund finanziell gefördert. Während das Projekt, das ich zuerst nannte, vom DFJW in Verbindung mit dem Staatlichen Institut für Lehrer-Fort- und Weiterbildung in Speyer pädagogisch betreut wird, wurde der Modellversuch vom Ministerium für Bildung und Kultur in Mainz initiiert, und die Betreuung liegt ebenfalls bei diesem Institut. Dieser Modellversuch wird an neun Schulen in unserem Bundesland durchgeführt, davon leider nur drei mit Französisch und die anderen sechs mit Englisch, doch sind zwei Schulen im Saarland assoziiert, so daß man dann immerhin auf fünf Schulen mit Französisch kommt. Worum geht es bei diesem Modell? Es soll geklärt werden, ob und unter welchen Bedingungen eine generelle Einführung einer Fremdsprache in der Grundschule erfolgversprechend ist. Dieser Versuch wird konsequent wissenschaftlich begleitet von drei Wissenschaftlern der Universität Koblenz-Landau, einem Romanisten – dem hier Vortragenden –, einem Anglisten und einer Professorin für Grundschulpädagogik. Wir haben eine promovierte wissenschaftliche Hilfskraft, die im Bereich der Evaluation Aufgaben versieht. Ein Netz von Fachberatern erstreckt sich über das Land, das es ermöglicht, die konkrete Arbeit mit den Lehrerinnen und Lehrern zu diskutieren und Modelle auszuarbeiten auf der Grundlage von thematischen Bereichen und sprachlichen Handlungen, die wir in einer systematischen Übersicht anbieten. Ein Schulpsychologe wurde eingestellt, der Elternbefragungen durchführt.

Ich möchte etwas auf die methodisch-didaktischen Charakteristika des Schulversuches eingehen. Französisch und Englisch werden in diesem Modellversuch nicht als isolierte Fächer oder Lernbereiche angeboten. Das heißt, es gibt nicht zwei- oder dreimal in der Woche zwei Stunden Französisch oder Englisch, sondern die Fremdsprache ist integriert in andere Lernbereiche, so daß die Kinder täglich ungefähr zwanzig Minuten in irgendeinem Lernbereich, sei es Sport, sei es Musik, sei es Kunst, sei es Sachunterricht, mit der Fremdsprache konfrontiert sind. Das darf nun nicht so mißverstanden werden, als handle es sich um bilingualen Unterricht. Der bilinguale Unterricht, wie er in der Sekundarstufe, in Gymnasien etwa, auch in einigen Realschulen, eingeführt worden ist, läuft ja darauf hinaus, daß Schulfächer in der Fremdsprache unterrichtet werden. Das wäre für die Grundschule sicher eine Überforderung. Wir können nicht neue Sachverhalte den Kindern in der Fremdsprache vermitteln, oder nur in Ausnahmefällen, nämlich wenn es sich um ganz einfache Dinge handelt. Wir wollen aber Lerninhalte, die bereits bekannt sind, in der Fremdsprache

aufgreifen, neu perspektivieren und fragen: Wie sagt man dies oder das auf Französisch, wie benennen es die Franzosen? Am besten funktioniert diese Art der Sprachvermittlung, wenn der Klassenlehrer die Sprachbegegnung leitet. Und das setzt voraus, daß wir über sprachlich kompetente Klassenlehrer verfügen. Wir haben dieses Problem sehr wohl gesehen und Französisch und Englisch in der Grundschule als universitäres Fach eingeführt; diese können studiert werden als ganz normale Fächer, so daß wir hoffen, nach einer bestimmten Zeit, in drei oder vier Jahren etwa, gut ausgebildete, didaktisch und sprachlich kompetente Lehrer bereitstellen zu können.
Was nun die didaktische Seite angeht, so stützt sich unser Versuch auf das psycholinguistische Konzept, das Astrid Meyer erwähnt hat. Das heißt, wir wollen weg vom Einschleif-Modell des Behaviourismus, in dem Dinge präsentiert, nachgesprochen, von der Klasse im Chor gesprochen werden, und in dem die Kinder zu schnell mit der Anforderung konfrontiert werden, etwas, was sie ein oder zwei Mal gehört haben, auch schon sagen zu müssen. Denn im Gegensatz zu vielen meiner Kolleginnen und Kollegen bin ich der Auffassung, daß die Imitationsfähigkeit der Kinder gar nicht so hoch zu veranschlagen ist, wie man in der Regel annimmt. Ich habe da viele, auch negative, Erfahrungen gemacht, und es gibt eine Untersuchung, in der nachgewiesen wird, daß die Imitationsbereitschaft der Kinder zwar sehr hoch ist, die Imitationsfähigkeit jedoch oft zu wünschen übrig läßt. Nicht selten erhalten wir, wenn wir Wörter wie *le citron* oder *le ballon* einführen, als Ergebnis »la zitrone« und »le ballong«, und wir bekommen für *pommes frites* »pommès«, und dergleichen. Die Kinder greifen zurück auf ihnen in der Muttersprache Bekanntes und nähern die Aussprache dem an. Wir fassen Spracherwerb auf als einen kreativen Prozeß, als ein Bilden und Testen von Hypothesen, das sich im Kopf des Kindes abspielt. Deswegen sind auch wir der Meinung, daß die Kinder viel *Input* benötigen, *beaucoup d'entrées linguistiques*, ein hohes Maß an sprachlicher Eingabe, aber nicht undifferenziert, sondern wohldosiert. Ein Zuviel an sprachlicher Eingabe erzeugt leicht Frustration, es führt zu psychologischen Blockierungen. Was in Kanada oder in Luxemburg funktioniert, wo es ein zweisprachiges Ambiente gibt, muß hierzulande noch lange nicht funktionieren. Auch wir geben viel Sprache, wir geben sprachliche »Begleitmusik«. Was der Lehrer tut, das verbalisiert er auch, und alles, was gesagt wird, muß aus dem Handlungskontext, aus der Mimik, der Gestik und aus dem sprachlichen Zusammenhang plausibel und verständlich sein. Wenn es das ist, dann haben wir die Hoffnung, daß natürliche Spracherwerbsfähigkeiten nicht verschüttet werden. Das schließt aber andererseits nicht aus – und diese Forderung gilt für die Grundschule wie für alle Lehr- und Lernprozesse –, daß auch geübt wird. Wir können nicht darauf vertrauen, daß nur vom *Input* her, nur von der

Konfrontation mit der Sprache her, die Sprache auch wirklich gelernt wird. Wir müssen Schwierigkeiten aufgreifen und an neuralgischen Punkten immer wieder üben.

Zum Schluß: Ich warne vor dem *bain de langue*, wie man es im allgemeinen versteht. Viele Kinder ertrinken darin, andere wehren sich mit Händen und Füßen dagegen, in dieses Bad gestoßen zu werden. Ein solches Vorgehen wollen wir nicht. Wir wollen, daß die Kinder schwimmen lernen. Dazu brauchen sie genügend Wasser, aber sie brauchen auch unsere Hilfe.

Helmut Wittmann, Grundsatzreferent im Bayrischen Kultusministerium, München

1. Hintergrund und Ausgangssituation

Die folgenden Ausführungen basieren auf den Erfahrungen mit über 25 Jahren »Französisch in Kindergarten und Grundschule in Bayern« sowie dem seit einigen Jahren laufenden Modellversuch »Fremdsprachen in der Grundschule«.

1.1. Französisch »Begegnungssprache« im Rahmen des deutsch-französischen Lehrer- und Erzieheraustausches

Seit 1968 haben rund 30.000 bayerische Kinder im Rahmen des Erzieher- und Lehreraustausches eine Begegnung mit der französischen Sprache erhalten. Als Zielsetzungen gelten hierbei: Die positive Motivation und Haltung hinsichtlich der Partnersprache und Begegnungssprache Französisch grundzulegen und zu vertiefen, Kommunikationsfähigkeit im Sinne von Hörverstehen und Sprechfertigkeit anzubahnen sowie eine offene, aufgeschlossene und tolerante Haltung gegenüber anderer Kultur und Lebensweise anzustreben.
Die Spracharbeit in Kindergarten und Grundschule wurde über weite Strecken wissenschaftlich begleitet und ausgewertet. Folgende Begründungen für den frühen Fremdsprachenerwerb sind als Begleituntersuchungen (u. a. Natorp, E. 1978; Maier, W. 1991) festzuhalten. Unter der Voraussetzung einer kindorientierten Methodik gilt:

- daß sich frühe Fremdsprachenförderung – hier im Französischen – positiv auf die Entwicklung der Muttersprache auswirke, zumindest schädliche oder hemmende Einflüsse auf eine Weiterentwicklung der Muttersprache ausgeschlossen werden können;
- daß sich die Förderung in französischer Sprache auf eine größere Wortschatzvariabilität auswirke;
- daß zusätzliche Französischförderung auch Kinder mit niedrigerem IQ nicht überfordere;
- daß Kindergarten- und Grundschulkinder auf Grund ihrer hohen Sprechfreudigkeit und Spontaneität und dem für diese Altersstufe typischen Imitationslernen günstige Voraussetzungen für den Einstieg in eine Fremdsprache mitbringen;

– daß durch Fremdsprachenerwerb eine Erweiterung der geistig-seelischen Entwicklung des Kindes im Sinne von positiven Einstellungen gegenüber Anderssprechenden (Toleranz) möglich ist.

1.2. Laufender Schulversuch (ab 3. Jahrgangsstufe der Grundschule)

1.2.1. Zielsetzungen

Der Schulversuch, der in allen Regierungsbezirken Bayerns mit derzeit rund 1.700 Kindern der 3. und 4. Jahrgangsstufe in den Begegnungssprachen Englisch oder Französisch oder Italienisch durchgeführt wird, soll insbesondere zur Klärung folgender Fragen beitragen:

– Soll in der Grundschule überhaupt eine Fremdsprache eingeführt werden?
– Sollen alternativ mehrere Fremdsprachen nebeneinander angeboten werden?
– Welchen Verbindlichkeitsgrad soll eine Fremdsprache in der Grundschule erhalten?
– Soll als Unterrichtsziel die Begegnung mit der Fremdsprache (das Erleben) oder das systematische Erlernen der Sprache (Sprachkompetenz) im Vordergrund stehen?
– Wie ist die Begegnung mit einem anderen Sprachsystem außerhalb der Muttersprache didaktisch aufzubereiten?
– Welchen Einfluß hat das Erlernen einer Fremdsprache in den Jahrgangsstufen 3/4 auf das Erlernen einer weiteren Fremdsprache in den weiterführenden Schulen?

1.2.2. Didaktisch-methodischer Rahmen

Die Fremdsprachenvermittlung in der Grundschule orientiert sich an folgenden Prinzipien:

– Grundschulgemäßheit
– Erziehung zur »Normalität des Fremden«
– Grundschulfremdsprache als ein (erster) Baustein für *lifelong learning.*

Inhalte, Ziele und Themen der Fremdsprachenvermittlung dürfen keinen »Fremdkörper« im Lehrplan der Grundschule darstellen, sondern müssen vor allem mit den Fächern Deutsch, Heimat- und Sachkunde, Musik- und Bewegungserziehung sowie Kunsterziehung in Einklang gebracht werden.

Die Orientierung am Kind steht im Mittelpunkt. Bei aller Wahrung der Eigenständigkeit der Grundschule muß ein solides Fundament an Wissen und Können für das spätere Lernen gelegt werden; die Grundschule darf aber nicht Aufgaben der weiterführenden Schulen vorwegnehmen. Jedes Kind wird mit

dem Ziel der allseitigen Förderung betreut. Der Lehrer entscheidet, welche Lerninhalte er miteinander verbindet. Der Lehrer berücksichtigt dabei die Didaktik und Methodik der Fremdsprachenvermittlung.
Die Fremdsprachenvermittlung in der Grundschule nimmt Rücksicht auf kindgemäße Erfahrungs- und Lernmöglichkeiten, ohne aber die authentische Fremdsprache nach didaktischen und pädagogischen Vorstellungen zu vereinfachen. Sie ist nicht als stofforientierter Unterricht wie in den Jahrgangsstufen 5/6 der Hauptschule konzipiert, sondern als eine Reihe von weitgehend offenen erlebnis- und handlungsbetonten »sprachlichen Aktionseinheiten«. Aktionseinheiten sind Tätigkeiten, deren Durchführung an fremdsprachliche Äußerungen seitens des Lehrers oder/und des Schülers gebunden ist. Ihr Ziel ist es, dem Grundschüler ohne Leistungsdruck eine Fremdsprache als Mitteilungs-Medium und mit »fremden« kulturellen Erscheinungen zu ermöglichen. Diese Aktionseinheiten gehen allerdings nicht davon aus, daß das Kind schon alles verstehen muß. Die fremde Sprache ist zunächst durchaus fremd (nicht verstehbar).

1.2.3. Generalisierung – Übertragung

Eine sukzessive Einführung ist frühestens ab 1995 vorgesehen und hängt insbesondere von zwei Faktoren ab:
- quantitativ; das heißt: können die notwendigen Lehrerstunden (mindestens zwei pro Woche) bereitgestellt werden?
- qualitativ; das heißt: sind die dafür notwendigen Lehrer entsprechend vorbereitet und fortgebildet? Der Qualifikation des Lehrers wird größte Bedeutung beigemessen (vgl. Imitationslernen der Kinder). Bayern versucht derzeit durch ein über den Schulversuch hinausgehendes, breites Fortbildungsangebot (z. B. LINGUA-Programm) Sprachkompetenz und Methodik möglichst vieler Lehrer zu verbessern.

2. Thesen zum Beginn des Fremdsprachenlernens

Bei kritischer Sichtung der Fachliteratur ist festzustellen, daß sich Befürworter und Gegner eines frühen Fremdsprachentermins in den letzten 30 Jahren oft harte Auseinandersetzungen geliefert haben. Insgesamt zeichnet sich unter psychologisch-pädagogischer Bewertung eine klare Tendenz zu einem frühzeitigen Fremdsprachenerwerb (etwa bis 8./9. Lebensjahr) ab. Im folgenden werden die Pro- und Contrapositionen stichwortartig aufgelistet:

Pro frühen Fremdsprachenbeginn:

- Stern (1967) spricht von einer Gabe in bezug auf den Spracherwerb bei Kindern, wie sie mit zunehmendem Alter mehr und mehr verloren zu gehen scheint. Dies schildert er in folgendem Zitat:
  »The young child is believed to possess not only
  1. special powers of imitation but also
  2. greater flexibility,
  3. greater spontaneity,
  4. fewer inhibitions than the adolescent or the adult.«
  Gesell und Ilg ergänzen diese Aufzählung noch durch:
  »5. Klareres Erkennen der Sprachstrukturen
  6. Eine Freude an Spracherfahrung und
  7. Eine Bereitschaft zu lernen und zu kommunizieren.«
- Bühler schränkt allerdings ein, daß Stern selbst auf die Notwendigkeit empirischer Überprüfung aufmerksam machte und folgert:
  »Die FLES-Bewegung (Foreign Language in Elementary School) basiert somit eher auf einem Mangel an Forschungsresultaten als auf gesicherten Erkenntnissen.«
- Carrol 1969 führt aus: *»My opinion is that the amount of competence one achieves is largely a matter of the amount of time spent in learning, rather than the actual age of starting.«*
- Dodson (1967) befaßte sich experimentell mit der Fähigkeit zur Lautimitation und mit dem Auswendiglernen. Er stellte fest, daß ein achtjähriges Kind maximal vier Wiederholungen bis zur korrekten Aussprache benötige; mit zunehmendem Alter sinke diese Fähigkeit rasch ab.
- Oerter (1969) meint: »So können Fremdsprachen vermutlich am leichtesten vor dem sechsten/siebten Lebensjahr erlernt werden.«
- Gompf, die seit 1970 den hessischen Schulversuch betreut, führt pädagogische Gründe an: »Fremdsprachenlernen im Grundschulalter fördert die generelle sprachliche Regsamkeit. Wer eine Sprache, selbst in einfachen Situationszusammenhängen übt, der fängt ganz natürlich an, auch über die eigene Sprache nachzudenken und sie differenzierter zu sehen. Die Erfahrung, daß es außer der eigenen Sprache und der eigenen Lebenswelt auch noch andere Sprachen und andere Lebensformen gibt, und daß man sich mit dem Medium »Fremdsprache« ein Tor zu Menschen und Lebensformen öffnen kann, das einem ohne dieses Wissen verschlossen geblieben wäre, ist prägend für die geistig-seelische Entwicklung jüngerer Kinder, für ihre persönlichkeitsfördernde Erziehung zu Aufgeschlossenheit und einem gegenüber Fremden aufgeschlossenen Verhalten. Zugegebenermaßen handelt es sich bei diesen Bildungs- und Erziehungszielen nicht um abfragbares

Wissen. Die Tatsache jedoch, daß das Abrücken von Ethnozentriertheit durch nichts so nachhaltig erreicht wird, wie durch das Erlernen einer anderen Sprache, legt es – zumal mit Blick auf die Erziehung zum Staatsbürger der Europäischen Union – heute zwingend nahe, das Curriculum der Grundschule zu öffnen und den neuen Lernbereich ›Fremdsprache‹ zu einem für alle Grundschulkinder verbindlichen Unterrichtsangebot zu erklären, als eine ebenso selbstverständliche ›Kulturtechnik‹ wie ›Lesen‹, ›Rechnen‹ und ›Schreiben‹.«(Gompf 1989).

- Wolfgang Maier (1991), der auf langjährige Forschungen und Erfahrungen auf diesem Gebiet zurückgreifen kann, räumt ein, daß die sehr hohen Erwartungen, die infolge der Erkenntnisse über die Plastizität des kindlichen Gehirns in die Frühvermittlung von Fremdsprachen gesetzt wurden, einer gewissen Ernüchterung Platz gemacht hätten: »Es besteht zwar nach wie vor kein Zweifel daran, daß es sich hier um eine »sensible Phase« handelt (Wieczerkowski/Oeveste 1982), in der die besonders dichte Verknüpfung der Verbindungen der links- und rechtshemisphärischen Nervenzellen den Erwerb weiterer Sprachen begünstigt. Ebenfalls ist erwiesen, daß die »Ego-Durchlässigkeit« (Guiora 1972) und die hochentwickelte Imitationsfähigkeit dieser Altersstufe die Aneignung einer (weitgehend) authentischen Aussprache und die Überwindung der ethnozentrischen Haltung des Kindes erleichtert (Morehead 1971)«. Maier befürwortet eine primäre Fremdsprachenvermittlung u.a. unter den Aspekten der Fähigkeit zur Lautunterscheidung und zur sprachlichen Reflexion. Er folgert demnach: »Da jede tiefere Einsicht auf dem Vergleich zweier Erscheinungen oder Tatsachen beruht, beginnt das deutschsprachige Kind bei der Begegnung mit der Unterschiedlichkeit der Sprachlaute, Benennungen und sprachlichen Strukturen über Sprache an sich nachzudenken. Und gerade hier liegt die grundlegendste sprachfördernde Wirkung der Begegnung mit einer fremden Sprache in der Grundschule.«

An Contra-Aussagen sind festzustellen:

- Kinder ab 11 Jahren lernen Fremdsprachen schneller und effizienter (Zahl der Wörter und Satzstrukturen); Gründe dafür sind rascheres Durchschauen des Systems einer Sprache, die Fähigkeit, Vergleiche mit der Muttersprache anzustellen, größere geistige Reife und mehr Lebenserfahrung, bessere Lernstrategien, treueres Gedächtnis (jüngere Kinder fassen zwar rascher auf, vergessen aber auch schneller), bessere Zugänglichkeit für Sachargumente.
- Lesen und Schreiben können als fremdsprachliche Fähigkeiten erst erworben werden, wennn sie in der Muttersprache einigermaßen gefestigt sind; beim Frühbeginn müssen diese Bereiche im wesentlichen bis zum dritten

Lernjahr ausgeklammert werden; bei einem sehr frühen Beginn können nur die Bereiche Hören und Sprechen erfaßt werden; bei erst mangelhafter Ausprägung der Muttersprache können sogenannte Interferenzen auftreten (Semi-Lingualismus).

- Bei älteren Lernenden ist ein konzentrierteres Arbeiten möglich (anhaltendere Aufmerksamkeit).
- Mangelnde Effizienz des frühen Fremdsprachenbeginns; sprachliche Vorsprünge seien nach wenigen Monaten der Förderung im Sekundar I-Bereich eingeebnet.

Zusammenfassend ist festzustellen, daß man über den zeitlichen Beginn des Fremdsprachenlernens »nicht abstrahierend diskutieren und entscheiden« kann und darf. Es kommt auf die Bedingungen an, unter denen Sprachen gelernt werden: Auf die Ausgangssituation der Schüler, auf die soziale Wertung von Ausgangs- und Zielsprache und natürlich auf die Konzeptionen und Methoden, mit deren Hilfe neue Sprachen vermittelt werden« (Weisgerber, Loccum 1990). Je nach Alter des Lernenden werden unterschiedliche Ebenen der Sprachvermittlung beschritten werden müssen, z.B.

- ganzheitliche Sprachaufnahme
- einkanalige oder mehrkanalige Sprachaufnahme (z. B. über das Ohr, über das Auge oder gleichzeitig über mehrere Sinnesorgane)
- Nachahmungsfähigkeit
- Behaltensfähigkeit
- Hördiskriminationsfähigkeit
- Analytische Fähigkeit
- Systematische Lernfähigkeit und systematisches Lernbedürfnis
- Expliziter oder impliziter Einbezug der Muttersprache
- Sprechbereitschaft
- Artikulation
- Internationsfähigkeit
- Frustrationstoleranz, etc. (vgl. Christ, 1992)

Es geht letztlich darum, eine auf das Lebensalter der Kinder zugeschnittene Methodik des Fremdsprachenerwerbs zu entwickeln, wenn dieser tatsächlich zu einer Bereicherung der kindlichen Gesamtentwicklung führen soll. Dies führt zu einer Reihe von pädagogischen und speziellen unterrichtlichen Konsequenzen.

3. Folgerungen für Erziehung und Unterricht

3.1. Frühvermittlung als Begegnungssprache

Es ist davon auszugehen, daß eine Vermittlung der Fremdsprache in Kindergarten oder Grundschule für das einzelne Kind meist als Erstbegegnung mit einem Kommunikationssystem außerhalb seiner Muttersprache stattfindet. Manfred Pelz (1991) verweist auf drei wichtige Merkmale des Begegnungssprachenkonzepts:

- Es ist nicht als vorverlegter Fremdsprachenunterricht zu verstehen; vielmehr geht es darum, Schüler in einem besonders aufnahmefähigen Alter für andere Sprachen und Kulturen zu sensibilisieren, also um interkulturelles Lernen im Zusammenhang mit personalen Begegnungen. Für diese Spracharbeit qua praktisches Lernen reicht die herkömmliche Fremdsprachendidaktik nicht aus und ist vielmehr eine Didaktik der Begegnung noch zu schaffen.
- Es soll Offenheit für Fremdkulturelles erzeugen, d.h. sprachliche Ziele lassen sich begegnungsbezogen und motivational an der Spracharbeit mit Themen und Texten/Spielen und Liedern festmachen. Freude am Anderssprachigen und Offenheit für Fremdkulturelles ist intendiert, eine Aufgabe, die viel methodische Vitalität verlangt.
- Es legt den Baustein für den Erwerb einer »Internationalismuskompetenz« d.h. die Grundschularbeit hat ein Ziel in sich und darf nicht (wie in der Vergangenheit oft geschehen) mit an linguistischen Ergebnissen, festgestellt durch nachfolgende Schularten, gemessen werden.

3.2. Konsequenzen für den Unterricht

Die Fremdsprachenvermittlung in der Grundschule nimmt Rücksicht auf kindgemäße Erfahrungs- und Lernmöglichkeiten, ohne aber die authentische Fremdsprache nach didaktischen und pädagogischen Vorstellungen zu vereinfachen. Daher soll soweit als möglich auf authentisches Material zurückgegriffen werden.

Dies hat zur Folge:

- keine systematische Steuerung der Fremdsprachenvermittlung in der Grundschule; jedoch nicht Spielwiese, sondern gemäßigte Progression (Maier, 1991);
- Verzicht auf Noten in der Bewertung der Lernergebnisse; Gestaltungsfreiheit des Lehrers in der Aufbereitung und Durchführung des Unterrichts;
- Ganzheitliches Lernen, Lernen mit allen Sinnen; Fremdsprachenlernen nicht nur als Fach, sondern fächerübergreifend; Möglichkeiten suchen, auch in der

Fremdsprache zum Beispiel zu basteln, zu singen, einen Ausschnitt eines Sachthemas zu bearbeiten, etc.

Als Inhalte des fremdsprachlichen Unterrichts sind Hören und Sprechen anzustreben. Dies heißt insbesondere:

- Sprachrhythmus erfassen;
- Satzmelodie und Betonung richtig wahrnehmen und wiedergeben;
- Laute und Lautkombinationen richtig wahrnehmen, unterscheiden und korrekt bilden;
- einfache Äußerungen im Rahmen vertrauter Situationen und Themen verstehen und darauf nonverbal und verbal reagieren;
- sich im Rahmen vertrauter Situationen und Themen äußern.

Sobald das Klangbild abgesichert ist, kann das Schriftbild lernunterstützend eingesetzt werden.

Strukturen und Redemittel werden auf dieser Lernstufe ganzheitlich erfahren und erlebt. Von einer Vorgabe grammatikalischer Regeln ist daher abzusehen.

In den ersten Monaten liegt der Schwerpunkt des Unterrichts im Bereich der Sprachrezeption; allmählich kommt auch die Sprachreproduktion hinzu. Gegen Ende der Jahrgangsstufe 3 beginnt die Sprachproduktion.

Ein so gestalteter Unterricht soll dazu führen, daß die Schüler dem Fremden in einer Haltung begegnen lernen, die das Fremde weder stilisiert, noch übersteigt, herabsetzt oder nur aus der Perspektive des je eigenen Weltbildes bestimmt. Das Kind sollte das jeweils andere/Fremde als ebenso normal wie sich selbst annehmen. Ein frühes Fremdsprachenangebot fördert die Gewöhnung an diese doppelte Normalität des Fremden: Es gewöhnt das Kind daran, daß die Existenz von Fremdem in seinem Alltag normal ist und daß dieses Fremde trotz seiner spezifisch anderen Ausprägung als ebenso normal wie die eigene Identität bewertet werden muß.

Fazit:

Ein früher Fremdsprachenbeginn – ob in Kindergarten oder Grundschule – ist insgesamt zu befürworten. Seine erfolgreiche Durchführung im Sinne einer Bereicherung der kindlichen Gesamtentwicklung hängt im wesentlichen von den Rahmenbedingungen (z.B. sprachliche Kompetenz des Lehrers, Material, Zeit, Finanzen) ab, insbesondere aber der Methodik, die auf die jeweilige Altersstufe, die Gesamtsituation der Kinder/Schüler sowie die Erwartungshaltung von Eltern und Gesellschaft abgestimmt sein muß.

AUSGEWÄHLTE LITERATUR:

Behnken/Wittmann, Fremdsprachen in der Grundschule, Erste Erfahrungen aus dem bayerischen Schulversuch, München, 1992

Bühler, U.B., Empirische und lernpsychologische Beiträge zur Wahl des Zeitpunkts für den Fremdsprachenunterrichtsbeginn, Zürich, 1972

Carrol, J.B., Psychological and educational research into second language teaching to young children. In: H.H. Stern (Hg.): Languages and the young school child, London, 1969

Christ, H., Das Lebensalter der Fremdsprachenlerner – ein übersehbarer Faktor? Dortmund, 1992

Dodson, C.J., Language Teaching and the Bilingual Method, London, 1967

Gompf, G. (Hg.), Jahrbuch 1990, Stuttgart, 1990

Guiora, A., Construct validity and transpositional research in the clinical process. Comprehensive Psychiatry 13, 1972, S. 139-150

Maier, W., Fremdsprachen in der Grundschule, Eine Einführung in ihre Didaktik und Methodik, München, 1991.

Theorie und Praxis der Fremdsprachenvermittlung – eine Einführung, München, 1991

Natorp, E., Französisch als erste Fremdsprache im Elementarbereich. Dissertation, München, 1976

Oerter, R., Moderne Entwicklungspsychologie, Donauwörth, 1969

Pelz, M., Anfangsunterricht im Fach Französisch, Freiburg, 1991

Stern, H.H., Foreign Languages in Primary Education, London, 1967

Weisgerber, Grundlegendes zum Zweitsprachenerwerb, Loccum, (23. – 25. November 1990)

Wieczerkowski,W., Erwerb einer zweiten Sprache im Unterricht, Hannover 1971

8. L'APPRENTISSAGE DES LANGUES DANS L'EUROPE DE 1993 UN DEFI POUR L'ECOLE, L'UNIVERSITE ET LA FORMATION CONTINUE

8. SPRACHERWERB IM EUROPA VON 1993 ANFORDERUNGEN AN SCHULE, HOCHSCHULE UND WEITERBILDUNG

Michelle Brenez, Professeur d'allemand, Professeur consultant au CIEP, Sèvres

De quels enseignants avons-nous besoin?

Welche Sprachmittler brauchen wir heute?

Le mot »enseignant« ne couvre en l'occurence que le professeur chargé d'élèves de collèges ou de lycées.

Qu'est-ce qu'un professeur de langues vivantes?

Le professeur de langues vivantes est chargé, comme tout autre professeur, de la transmission du savoir. Mais dans son cas, ce savoir est à la fois:
- un outil de communication non maîtrisé par l'élève,
- l'objet d'une description,
- l'outil de cette description.

A ce titre, en classe,
- l'enseignant enjoint l'apprenant de parler. Il est le meneur de jeu, directif ou non. Son idéal est de parvenir à s'effacer au bénéfice d'échanges entre élèves. Mais en même temps, il fournit aux élèves les moyens nécessaires pour qu'ils puissent s'exprimer. Il informe, décrit, explique tour à tour, tout en maintenant ouverte la communication entre tous.
- Il juge, il corrige les productions des élèves, il est évaluateur. Ce qui ne sous-entend pas uniquement des notes ou des appréciations, mais aussi des

gestes, des regards, un mot, une manière de reprendre ce qui est bon, ou alors ce qu'il faut corriger, qui sont autant d'appréciations. On dira que l'enseignant gère l'ensemble de la production langagière du groupe, qu'il est vecteur d'information (s'appuyant sur des documents ou décrivant lui-même des faits de langue ou de civilisation). Bref, il est le témoin et le véhicule vivant du savoir qu'il enseigne.

Aucune autre matière ne présente de caractéristiques semblables, ne demande autant de doigté ni de vigilance. Si le professeur n'est pas parfaitement à l'aise dans ces rôles, il souffrira d'un profond sentiment d'insécurité.

Ce rôle va-t-il subir des transformations?

Jusqu'à présent, les enseignants de langue ont toujours bénéficié d'une formation linguistique et littéraire. Certains professeurs d'université se prennent cependant à songer que la formation Langues Etrangères Appliquées dispensée en France pourrait être plus adaptée à l'enseignement de demain, car elle couvre un domaine plus étendu et plus conforme à certaines attentes de la part des élèves.

Or, si l'enseignant disposait jusqu'à présent de recettes et de supports face à un public plus ou moins homogène, ce public devient de plus en plus hétérogène et il s'agit chaque jour davantage d'innover, d'adapter, de repenser ce qu'on a appris à faire. Et comme il se trouve que les langues, et elles seules, font l'objet d'un choix des familles, ce choix impose de ne pas décevoir les attentes des parents et des enfants, lesquels, en plus, raisonnent toujours plus en consommateurs.

On attendra donc d'un professeur bien d'autres compétences que celles sur lesquelles il aura été jugé – et sévèrement jugé lors des examens et concours. Il devra être flexible (voyages, échanges), il devra être capable de remédier à la faiblesse à la fois de l'immersion dans la langue *input* et de la production personnelle de l'élève *output*. Il devra savoir tenir compte des émissions de télévision en langue étrangère, de l'omniprésence de la vidéo, de la nécessité croissante de communiquer avec des partenaires étrangers. Par la force des choses, il devra enseigner à »travailler ensemble«, à se comporter face à »l'autre«.

C'est dans cet esprit, probablement, que se créent actuellement quelques classes européennes. Et que les linguistes sont donc invités à enseigner en langue étrangère des matières autres que les langues. Mais est-il imaginable d'usurper le rôle des professeurs d'histoire, de biologie ou de physique? C'est peut être bien l'inverse qui se produirait en cas de généralisation de cette expérience et les futurs élèves bilingues seront à leur tour invités à se spécialiser dans d'autres matières que les langues. Il est vrai que le professeur de langue a toujours enseigné en même temps l'art, l'histoire, la géographie, la sociologie, la philosophie ou l'instruction civique. Pourquoi ne pas se spécialiser véritablement dans une matière nouvelle, telle l'écologie, le cinéma, l'Europe ou la télématique? A condition toutefois que la formation, tant initiale que continue, soit à la hauteur des ambitions de nos ministères...

De quels enseignants avons-nous besoin?

Face à des apprenants de moins en moins exigeants envers eux-mêmes, mais de plus en plus exigeants vis-à-vis de leurs maîtres, les enseignants de demain devraient:

- avoir la possibilité matérielle de prendre du recul par rapport à l'organisation et au contenu de leurs cours. Une recherche menée par l'Institut National de la Recherche Pédagogique (INRP) nous a, en effet, amenés à l'observation suivante: le professeur se permet rarement de prendre le temps d'une réflexion commune sur le fonctionnement de la langue. Il semble même exprimer avec réticence des explications sur les faits de langue en présence de visiteurs. De même n'ose-t-il pas consacrer de temps à des indications méthodologiques. Ces réticences témoignent sans équivoque du souci majeur de l'enseignant germaniste »d'en faire le plus possible« en un minimum de temps. (Cette observation peut être considérée comme non-pertinente étant donné le nombre de classes observées. Elle reste néanmoins révélatrice d'une angoisse face à la relation contenus/temps);
- bénéficier d'une formation à la fois bien ciblée et approfondie, car leur public est impitoyable. Il a été beaucoup question ici d'élèves motivés, je dirais que dans bien des cas, l'enseignant est déjà heureux quand ils ne sont pas démotivés;
- être initiés aussi à ce qu'on peut nommer la psychologie des adolescents, mais qui engloberait tout aussi bien une réflexion sur les conditions de vie des élèves et la manière de réagir à leurs besoins, parfois exprimés avec agressivité;
- par rapport aux nouvelles données politiques, avoir la possibilité d'accéder aux données concernant les conditions d'évolution du marché du travail. Il est, en effet, important de savoir quelles responsabilités sous-entend le mécanisme de l'orientation au niveau européen. Qu'est-ce qu'un »double diplôme«? A quoi mènent les études de droit-langues? Une certaine concertation entre l'enseignement secondaire, supérieur et technique serait sans doute profitable;

– avoir droit statutairement à une certaine flexibilité et une disponibilité particulière pour des séjours dans tout pays européen, tant pour des échanges de classe que pour des stages à titre personnel. Cette ouverture étant ensuite prise en compte dans les évolutions de carrières.

Comment conclure?

Etre enseignant est une étiquette relativement dévalorisée à ce jour. Le mot a des connotations de monotonie et de statut social modeste. Mais un professeur de langues vivantes se doit d'ignorer la monotonie et de profiter de toutes les opportunités qui lui sont offertes pour voyager à travers le monde. Son dynamisme et son esprit d'ouverture se répercuteront de manière positive et gratifiante dans la salle de classe. Dans tous les cas de figure, c'est son rôle qui va subir les transformations les plus profondes dans les prochaines années, ceux qui le préparent à enseigner au vingt-et-unième siècle se doivent d'être de hardis innovateurs!

Jean Klein, Professeur à l'Ecole d'Interprètes de l'Université de Mons

De la nécessité d'avoir des enseignants en devenir

1. Introduction

Par définition, les langues vivantes sont des langues en devenir. Elles évoluent et, avec elles, les cultures, les civilisations qui les sous-tendent mais aussi les individus qui changent, s'adaptent, ont d'autres besoins, d'autres intérêts, d'autres enjeux.
Cette transformation est rapide. Il ne faut plus aujourd'hui attendre une génération pour percevoir des changements essentiels. Pour un(e) adolescent(e) de quinze ans, un jeune adulte de vingt-cinq est un »vieux«.
Bref, les temps sont durs pour les enseignants qui doivent être à l'écoute permanente de leurs élèves, afin de pouvoir les motiver, les intéresser, leur donner le goût d'apprendre, de persévérer, de rester curieux.
Certes, il faut distinguer ici entre les élèves soumis à l'obligation scolaire et ceux qui volontairement ou pour des raisons professionnelles impératives choisissent d'apprendre une langue étrangère. Ce n'est évidemment pas du tout le même public. Mais quel que soit le type d'élèves, l'enseignant se trouve dans l'absolue nécessité de combiner les impératifs de l'apprentissage aux attentes des élèves. C'est une adéquation difficile, toujours remise en question et qui parfois d'ailleurs tente de concilier l'inconciliable.

2. Un métier difficile

Il est bien révolu le temps où l'enseignant de langues vivantes pouvait se calfeutrer dans les serres chaudes de ses classes et de ses manuels, le temps où on ne voyageait pas, où on ne rencontrait pratiquement jamais de personnes parlant une autre langue, sauf dans de rares milieux privilégiés. On pouvait alors se consacrer à perte de vue aux subtilités de la grammaire, véhiculées dans des phrases sans contenu réel ou à l'apprentissage de la langue vivante par le biais de récits mythologiques, copiant ainsi celui du grec et du latin.
Aujourd'hui un professeur de langues vivantes doit être une personne polyvalente soumise à la fois aux contraintes des programmes et directives officielles et aux impératifs d'un enseignement basé sur l'approche communicative véhiculant un contenu politique, économique, social et culturel au sens large.

C'est le spécialiste de la langue, du pays et de ses habitants, non pas en tant que scientifique étudiant tout cela de sa tour d'ivoire, mais en tant qu'acteur, émissaire et multiplicateur. Les profanes ne s'y trompent d'ailleurs pas: le professeur d'allemand ou de français maison est celui qui, par définition, sait tout de l'Allemagne et des Allemands ou de la France et des Français.

Cette exigence est particulièrement marquée en ce qui concerne la cinquième compétence, la traduction, à laquelle nous allons nous attacher plus spécialement pour en souligner la composante interculturelle. Cette dernière constitue une des différences essentielles entre le thème et la version d'une part et la traduction de l'autre. Saint Jérôme, patron des traducteurs et interprètes, ne s'était pas trompé quand, au IVe siècle de notre ère, il a exprimé des pensées déjà définitives sur l'opération traduisante. »Il faut prendre le sens captif«, écrivait-il, »le ramener comme un butin et l'exprimer pour être compris des siens.« C'est la définition même du transfert interculturel qui est présent dans toutes les traductions quelle que soit la nature du message ou du texte (politique, économique, commercial, publicitaire, juridique, administratif, technique, médical, scientifique... et bien sûr culturel). Les quelques exemples ci-dessous illustreront ce propos.

Lors d'une réunion des commissaires européens, le président Jacques Delors, regrettant l'absence de structure et de logique dans le déroulement des débats, lança à la cantonade »et un raton laveur«, ce qui entraîna un silence total dans les cabines d'interprétation chargées de reproduire les paroles du président dans les autres langues de la Communauté. Les interprètes n'avaient pas perçu l'allusion au poème de Prévert »L'inventaire« ou n'avaient pas été assez rapides pour déceler l'intention de Delors.

Après cet exemple politico-littéraire, mentionnons-en deux autres, extraits d'un mode d'emploi pour cuisinières électriques. De nombreux textes allemands en la matière (et la quasi totalité des modes d'emploi anglo-saxons) commencent par une phrase introductive du type *»Gratuliere, Sie haben...« (Congratulations, you have...)* qui, en version, donnerait »Félicitations, vous avez...«, ce qui constituerait une traduction parfaitement erronée, car les modes d'emploi rédigés en français conçoivent de façon tout à fait différente la relation fabricant-client puisqu'on y trouve la phrase »Nous vous remercions de votre confiance«.

Dans ce même mode d'emploi, il est question du four de la cuisinière et le texte allemand le qualifie de *Backofen mit einer Vollglastür* ce qui, en version, donne »un four avec une porte entièrement en verre/tout en verre...«, une formule strictement inconnue dans les modes d'emploi français où ce n'est pas l'objet qui est décrit mais bien la fonction de l'objet, ce qui aboutit à l'expression »four panoramique«.

Il est possible de multiplier les exemples à l'infini pour souligner la dimension interculturelle de la cinquième compétence et toute personne qui, de près ou de loin, a été un jour confrontée à la traduction sait combien ce transfert interculturel est à la fois passionnant et délicat mais aussi strictement nécessaire, car seules *Les belles infidèles*, pour citer le titre du célèbre ouvrage de Georges Mounin, sont dignes d'intérêt.
Spécialiste des langues, des pays et de leurs civilisations au sens large du terme et par conséquent de l'interculturel et de son transfert, le professeur de langues vivantes quelle que soit la compétence qu'il exerce (les quatre traditionnelles ou la cinquième) est confronté à un changement et à une adaptation permanente et il faut se poser la question de savoir si la profession qu'il exerce est...

3. ... un métier pour »mutants«?

La réponse est oui, mais pas à n'importe quel prix et pas n'importe comment. Oui parce qu'il n'est pas possible d'enseigner la même matière de la même façon pendant trente ans, sauf si on se coupe de toute réalité. L'apprentissage d'un allemand ou d'un français atemporel, aseptisé, enseigné à l'aide de techniques hors sol, en milieu stérile, ne se justifie que dans des cas extrêmement rares, par exemple celui d'un chercheur qui veut pouvoir lire les articles relatant les recherches fondamentales de collègues. Il serait d'ailleurs mieux inspiré en en demandant une bonne traduction.
L'enseignant de langues vivantes vit donc dans un changement linguistique, thématique et culturel permanent d'une part, mais aussi pédagogique, relationnel et hiérarchique d'autre part et il doit l'intégrer dans son enseignement. C'est à la fois sa chance et son malheur. Sa chance car il ne risque pas de s'encroûter et de sombrer dans une monotonie desséchante, mais aussi son malheur car il risque d'attraper le vertige ou de le faire attraper à ses élèves, de devenir un touche-à-tout dont les cours ressemblent davantage à de perpétuelles conversations très approximatives de café du commerce qu'à des moments d'apprentissage où doivent obligatoirement intervenir des périodes de fixation et de systématisation. Autant une programmation stricte, itérative, monotone est mortelle pour toute forme d'apprentissage parce qu'elle tue toute imagination et toute spontanéité, autant l'improvisation pure et la superficialité sont inutiles parce qu'elles ne permettront jamais de maîtriser valablement une matière et les élèves n'auront pas l'impression de progresser.
Nous avons donc besoin de mutants éclairés, conscients de ce qu'ils font et du pourquoi ils le font. Ici, il s'agit moins de trouver la formule magique, qui d'ailleurs n'existe pas, que de rechercher en permanence un équilibre,

une harmonie entre rigueur et souplesse, systématisme et spontanéité, figures imposées et figures libres. La caractéristique de cet équilibre est d'être toujours précaire et complexe. Il est en perpétuel devenir et devra être adapté et taillé à la mesure du groupe. Il est également pluriel en fonction des moments, des différents objectifs et des moyens pour y arriver.
L'enseignement des langues vivantes est donc bien un métier de mutant équilibriste pour qui un faux pas peut signifier la chute.

4. Un métier de Titan?

Comme dans tous les métiers, aujourd'hui, l'enseignant de langues vivantes doit s'informer, se former, aller toujours plus loin pour son édification personnelle tant linguistique que thématique et pédagogique.
S'informer n'est pas chose aisée face à la masse des outils proposés aux enseignants. Le temps où il n'existait que des manuels et ouvrages »papier« est bien révolu. Il y a eu le matériel auditif, visuel sous forme d'images fixes puis de cassettes vidéo et, plus récemment, informatique avec d'abord le texte, puis l'hypertexte et l'hypercarte débouchant sur le multimédia.
Tous ces nouveaux outils permettent une approche et un apprentissage individuel et collectif beaucoup plus varié. C'est ainsi qu'à côté de la classe et des heures de cours traditionnelles, il est possible de développer, en soutien, un programme d'apprentissage ou de remédiation individuel multimédia modulable et personnalisé qui peut donner de bons résultats.
Mais il ne suffit pas de s'informer sur ces nouvelles possibilités, il faut encore se former ou être formé et cela demande du temps, voire de l'argent, ne fût-ce que pour l'achat du matériel.
De plus, il faut savoir discriminer, trier et doser les différents éléments pour en faire les composants d'un cours, car, à l'heure actuelle, un enseignant peut, ou même doit constituer son cours à partir de sources différentes et multiples qui n'assurent pas seulement la variété mais aussi la complémentarité, voire la complétude. Il faut choisir dans la masse d'ouvrages et de documents pédagogiques et authentiques ceux qui, à la fois, répondent aux besoins et aux goûts des élèves, aux impératifs de l'apprentissage comme par exemple une progression consciente et variable selon les compétences linguistiques exercées et *last but not least* à la capacité, à la sensibilité et aux aptitudes des professeurs.
Un tel corpus n'est jamais définitif. Il change, du moins partiellement, d'année en année en fonction des nouveaux produits, des nouveaux médias, des nouveaux contenus, du vieillissement ou du caractère obsolète de certaines

parties, des nouvelles générations d'élèves... Bref, il est aussi un élément en devenir, heureusement pour les élèves et pour les maîtres aussi d'ailleurs.
Tout cela constitue incontestablement une lourde charge pour l'enseignant de langues vivantes, qui, plus que tout autre, a l'obligation d'être dans le monde et se doit donc de suivre de près l'évolution de la langue, de la civilisation et de la culture des pays dont il enseigne la langue.
Un travail de Titan? Oui, car on lui demande vraiment beaucoup.

5. Un métier exaltant?

En principe, oui. Ce plus vieux métier du monde – car, n'en déplaise à d'aucuns qui ont d'autres idées sur le sujet, enseigner est bien le plus vieux métier du monde – est probablement une des fonctions les plus importantes, les plus essentielles au sens philosophique du terme qu'un être humain puisse exercer. Et pourtant, le travail en classe est loin d'être exaltant tous les jours. Combien de collègues ne sont-ils pas découragés par le comportement des élèves, mais aussi de la direction de l'école et des parents? Combien ne se posent-ils pas la question de savoir à quoi ils servent? Certains, aspirant même à la fin d'un »cauchemar«, quittent la profession, d'autres décident de ne pas y entrer au point que, pour certaines matières, la pénurie d'enseignants se fait déjà cruellement sentir.
Il est vrai qu'à l'heure actuelle, un enseignant en général, et celui de langues vivantes en particulier, n'a pas le choix: il faut être bon. Il faut amener les élèves à adhérer au programme et à participer activement à la classe. C'est là une réflexion fondamentale que doit faire chaque professeur plusieurs fois par an avec les différentes classes dans lesquelles il enseigne. C'est une question de volonté, de persévérance mais aussi d'honnêteté intellectuelle.
Cela suppose toutefois que toutes les parties prenantes du secteur enseignement – pouvoirs publics, enseignants, élèves et parents d'élèves – mettent tout en œuvre pour réussir, ensemble, un contrat-programme de formation à la fois adéquat et utile, sinon le nombre des professeurs motivés, dynamiques et »en devenir« – et nous en connaissons encore beaucoup – diminuera sans cesse et les écoles se videront de leurs bons enseignants qui préféreront poursuivre dans la formation continue avec des adultes »intéressants« ou changer tout simplement de métier. C'est un appel urgent, car, de ce point de vue, l'enseignement secondaire aujourd'hui n'est pas seulement en crise, il est en danger.

6. En bref

L'enseignant en devenir doit être un bon artisan au sens noble du terme. Un peu comme un maître tisserand ou un créateur de parfum, il doit utiliser un canevas ou un certain nombre d'essences de base; dans son cas, ce sont les fondements lexicaux et grammaticaux. A partir de là mais seulement à partir de là, il pourra et devra varier les tons, les couleurs, les motifs ou les senteurs afin d'obtenir un mélange harmonieux, agréable voire subtil qu'il pourra varier en fonction de l'ouvrage et dont la cohérence et la solidité seront garanties par le canevas.

C'est là l'essentiel, nous n'irons pas jusqu'à prétendre que tout le reste n'est que littérature mais, normalement, »il vous sera donné par surcroît«.

Jean-Claude Lasnier, Directeur du Centre de Formation Professionnelle (CCI), Montivilliers

Définir le profil de l'enseignant idéal en matière de langues étrangères, c'est peut-être tout d'abord décrire les caractéristiques du public cible auquel cet enseignant va être confronté.

Une approche centrée sur l'apprenant

L'accent doit désormais être mis sur une démarche pédagogique centrée sur l'apprenant qui suscite, motive son désir d'apprendre et développe son aptitude à communiquer en lui proposant un éventail de tâches réalistes, réalisables, utiles, dont la mise en œuvre, l'exécution, lui procure satisfaction, assurance et confiance en son potentiel de communicateur pour le préparer à communiquer en situation réelle en dehors de la classe.

Une priorité à la compétence communicative

La nature même de l'enseignement dispensé doit permettre à l'apprenant d'acquérir volonté et aptitude à communiquer en privilégiant compréhension, négociation, signification grâce à l'acquisition de structures grammaticales, d'éléments lexicaux et de fonctions langagières, qui doivent être utilisés et être considérés comme des outils et non comme un fin en soi.

Un développement de l'autonomie d'apprentissage

L'apprenant doit prendre en charge son apprentissage, s'approprier cet outil de communication qu'est la langue. Pour ce faire, il devra apprendre à apprendre, apprendre à évaluer son travail, ses progrès, bref, être un participant de plus en plus autonome qui pourra poursuivre, améliorer, actualiser sa compétence communicative en recourant de moins en moins à l'aide de l'enseignant.
Ces trois caractéristiques me semblent d'ailleurs être parfaitement résumées dans le titre choisi par le Conseil de l'Europe pour son nouveau programme des langues modernes: *»Des langues pour vivre et travailler«*.
Face à cette nouvelle donne, l'enseignant ne peut plus être celui qui connaît a priori les besoins de l'apprenant, a le monopole des connaissances, décide qui

intervient ou interviendra ensuite, sanctionne, juge, etc., mais au contraire, il devra être:

- *un gestionnaire d'activités communicatives* qui propose une gamme adaptée aux niveaux et intérêts des membres du groupe
- *un motivateur, un faciliteur, un catalyseur* qui saura rechercher, analyser, exploiter les potentiels de communication des apprenants
- *un co-participant*, souvent non spécialiste de disciplines techniques maîtrisées par des participants adultes, sa spécialisation de communication en langue étrangère ne lui conférant qu'un simple statut d'égalité au niveau du groupe
- *un négociateur* qui s'imposera par la flexibilité de ses approches, son ouverture d'esprit
- *un authentique »centre de ressources«* toujours disponible pour prodiguer conseils et assistance aux tentatives de communication des apprenants
- *un auditeur et un observateur attentif* toujours à l'écoute de l'expression des difficultés ou des besoins particuliers de son groupe
- *un chercheur* adepte de la formation permanente et apte à partager, échanger avec ses collègues, son travail, ses expérimentations, son expérience
- *un locuteur* compétent dans la langue cible et une personne dotée d'une grande patience *qui exerce un métier noble et passionnant.*

Métier combien passionnant puisqu'il consiste à motiver à l'utilisation des langues comme outil de communication. Le langage n'est-il pas, en effet, comme l'indiquait un spécialiste de l'intelligence animale, dans un récent documentaire télévisé, la différence essentielle existant entre l'homme et les grands primates, c'est-à-dire son véritable pouvoir qui lui permet de transmettre ce patrimoine qui génère évolution et progrès humain. Ne soyons donc pas des »dresseurs« enseignant des réflexes mécaniques mais des faciliteurs d'une communication interculturelle.

Herbert Braun, Diplom-Handelslehrer, Handwerkskammer des Saarlandes

In der Handwerkskammer des Saarlandes habe ich die Aufgabe, mich um die »Berufsbildungspolitik« zu kümmern und leite die Akademie des Handwerks. Die Tatsache, daß wir in einer Grenzregion leben, führt dazu, daß wir uns als Handwerkskammer mit der Fremdsprachenproblematik stark beschäftigen. In der Tat überqueren tagtäglich Personen aus beiden Ländern die Grenze, sei es um einzukaufen, Freunde zu besuchen oder aber auch um zu arbeiten. Seit 1985 hat sich daher die Handwerkskammer des Saarlandes mit der Problematik der Fremdsprachenkenntnisse auseinandergesetzt. Der Wegfall der Binnenmarktgrenzen ist ein Grund mehr, die Anstrengungen zu verstärken. Unsere Tätigkeit auf diesem Gebiet orientiert sich auch an der Tatsache, daß das Handwerk bundesweit Fach- und Führungskräfte braucht; d.h. auch Lehrlinge. Allein an der Saar könnten wir 10.000 Fach- und Führungskräfte im handwerklichen Betrieb einsetzen – wenn wir sie hätten! Außerdem könnten wir 5.000 Lehrlinge ausbilden. Wir haben sie nicht und wollen über die Landesgrenze hinaus Angebote machen, und somit die Mobilität und die Flexibilität erhöhen.
Das Handwerk an der Saar hat sich mit zehn Handwerkskammern in vier Ländern – Frankreich, Luxemburg, Belgien und Deutschland – zu gemeinsamen Projekten zusammengeschlossen. In Frankreich sind es die Handwerkskammern Metz, Nancy, Epinal, Bar-le-Duc; in Belgien Arlon; in Luxemburg die Handwerkskammer der Stadt Luxemburg und in Deutschland Mainz, Kaiserslautern, Trier, Koblenz und Saarbrücken. Aus den unterschiedlichen Projekten, die wir zusammen durchführen, ist sicherlich dasjenige, welches wir für die berufliche Bildung entwickelt haben, eines der Bedeutendsten. Die Aus- und Weiterbildungssituation in Frankreich und in Deutschland wurde durch Bildungsexperten der Kammern analysiert. Es zeigen sich deutliche Gemeinsamkeiten, aber genau solche Unterschiede, die jeweils durch rechtliche Bestimmungen geregelt sind. Aus diesen Unterschieden und Gemeinsamkeiten haben wir ein Bausteinsystem entwickelt, das dem Saar-Lor-Lux-Raum gerecht wird. Einer der besonders wichtigen Bausteine ist das Sprachenlernen.
Bevor wir die Anforderungen an einen Sprachmittler definieren konnten, mußten wir zunächst die Bedürfnisse des Handwerks sowie den Stand der Fremdsprachenkenntnisse der potentiell Interessierten analysieren. Die Kenntnis über Handwerk oder fachspezifische Sprache generell für kleine und mittlere Unternehmen ist bundesweit sehr gering. Die Literatur ist unzureichend, so daß wir, zusammen mit Herrn Prof. Raasch, ein gemeinsames Projekt begonnen haben, das sich jetzt in der Umsetzung befindet. Die Ergebnisse einer

Fragebogenaktion haben deutlich gemacht, daß Fremdsprachenvorkenntnisse entweder gar nicht oder nur zum Teil vorhanden sind. Die Konsequenz daraus war die Entwicklung eines Bausteinsystems, das »Quereinsteigen« erlaubt. Erst wenn ein gemeinsames Niveau erreicht ist, wird die fachspezifische Sprache für kleine und mittlere Betriebe eingeführt. Der allgemeinsprachliche Teil des Bausteinsystems beinhaltet auch kulturelle Informationen, sowie eine Sensibilisierung für das Interkulturelle. Die berufsspezifischen Aspekte kommen später dazu. Das Publikum, das wir ansprechen, will sich in Frankreich verständigen, aber auch verhandeln, kooperieren und verstehen, in welchem Umfeld diese Kooperation stattfindet.

Die Fragen, die sich diese Personen stellen, sind sehr konkret: »Mache ich in Frankreich eine Zweit-Niederlassung auf oder nicht?«, »Wickle ich mein Bankkonto über Frankreich oder Deutschland ab?« u.ä. Die Fremdsprachenbausteine müssen folglich so aufgebaut sein, daß sie sowohl die allgemeinsprachlichen als auch die fachspezifischen Bedürfnisse berücksichtigen.

Welche Sprachmittler brauchen wir also für diese Zielgruppe?

Schauen wir uns zunächst einmal die Situation im beruflichen Bereich an. Hier müssen wir zwischen zwei Zielgruppen unterscheiden: die jungen Menschen in der Ausbildung und diejenigen, die sich in der Weiterbildung befinden. Im Ausbildungsbereich handelt es sich in der Regel um Personen, die das duale Ausbildungssystem durchlaufen und die im Normalfall eine Schule absolviert haben, in der eine Fremdsprache gelernt wird. Die Ausbildung im dualen System wird in den Betrieben und in der Schule weitergeführt. Es wäre natürlich wünschenswert, daß die Berufsschulen Fremdsprachenunterricht anbieten würden. Wir haben uns an der Saar sehr bemüht, eine solche Entwicklung zu erreichen, sind jedoch an dem Problem des Stundenvolumens der Berufsschulen gescheitert.

Die Aufnahme von Fremdsprachenunterricht in den Lehrplan würde bedeuten, daß ein dritter Berufsschultag eingeführt werden müßte. Dies wird von den Gewerkschaften und den Arbeitgebern unterschiedlich bewertet. Hinzu kommt, daß die Ausbilder in den Betrieben und in den Kammern zwar über sehr konkrete fachpraktische Kenntnisse aber weniger über Sprachkenntnisse verfügen, so daß eine fremdsprachliche Ausbildung der Ausbilder notwendig wäre. Dies hätte den Vorteil, daß der Erfahrungsschatz, den diese Ausbilder mitbringen, mit in die Fremdsprache einfließen könnte. Im Moment ist man leider von diesem Idealfall weit entfernt, so daß wir uns in unserem Modellversuch für eine gangbare Lösung entschieden haben: Sprachmittler der Universität und Fachpraktiker, die Beispiele mit einbringen, arbeiten eng zusammen.

Der Sprachmittler muß zunächst den »Lern-Unerfahrenen« entgegenkommen. Letztere arbeiten den ganzen Tag, lernen freiwillig abends in ihrer Freizeit und sind sehr motiviert. Sie begleiten den Unterricht, wünschen ständig Anpassungen, bringen selbst Beispiele ein, die in die fließende Konzeption aufgenommen werden. Diese ist kommunikationsorientiert: Üben von Einladungen in eine Gaststätte, Restaurant, aber natürlich auch berufliche Kommunikation. Jeder Teilnehmer soll lernen, seine berufliche Tätigkeit zu beschreiben, z.B. Stellenanzeigen für handwerkliche Berufe aufzugeben. Aufgabe des Sprachmittlers ist es, Grundkenntnisse über die Interaktion des Berufs- und Arbeitslebens zu geben, dies- und jenseits der Grenze. Die Motivation der Teilnehmer ist zwar wie gesagt vorhanden, der Sprachmittler muß jedoch aufzeigen, was erreichbar, was machbar ist und wie lange man dafür braucht.

Betriebsberater haben Beispiele zusammengestellt, die als Ausgangspunkt für die Konzeption dieser Maßnahme dienten. Der Unterricht ist auf diese Beispiele aus dem Erlebnis- und Erfahrungsbereich aufgebaut. Der Sprachmittler muß die verschiedenen Informationen miteinander verknüpfen, auf Fragen eingehen und eine Hilfe zur Erfüllung der Aufgabenstellung geben.

Kommunikation, Grammatik und berufsorientierte Schwerpunkte bilden die Lernziele dieser Maßnahme. Diese breite Palette stellt große Anforderungen an den Sprachmittler. Er darf nicht nur Theoretiker sein, sonst würde er von den anzusprechenden Gruppen nicht akzeptiert werden, weil er auf die individuellen Voraussetzungen nicht eingehen könnte. Einen Sprachmittler aus der Industrie für das Handwerk einzustellen wäre auch nicht möglich, weil er v.a. Beispiele aus den Großbetrieben kennt – z.B. Gründung einer Aktiengesellschaft – die für das Handwerk keine Rolle spielen. Der Sprachmittler muß sich auf einen Erlebnis- und Erfahrungsbereich stützen, der für das Handwerk zutrifft, und muß damit flexibel umgehen.

Bisher existiert für solche Zielgruppen kaum brauchbares Material, so daß wir selbst eine Methode entwickeln mußten, die sich vorwiegend auf authentisches Material und selbst hergestellte Lernmittel stützt. Die Tatsache, daß unsere Gruppen binational sind, ist dabei eine große Chance. Die Teilnehmer sind Betriebsinhaber, Führungskräfte aus Deutschland und Frankreich, die in einem Umkreis von ca. 10 – 15 km von der Grenze leben. Die Gruppen bestehen aus 20 Personen, jeweils 10 Deutschen und 10 Franzosen. Der Unterricht findet zum Teil in unserer Akademie statt, zum Teil in den Betrieben der einzelnen Teilnehmer. Die Betriebsinhaber laden die ganze Gruppe ein; dort wird ein Videofilm gedreht, über das, was der Teilnehmer in seinem Betrieb macht. Dieser Film wird kommentiert und später im Unterricht noch einmal nachgearbeitet. Weiterhin werden Tischgespräche simuliert; so z.B. bekommt ein Teilnehmer die Aufgabe, als Betriebsinhaber fünf Leute in ein Restaurant einzuladen und zu bewirten; während des Tischgespräches muß er Termine vereinbaren und Verhandlungen führen und am Ende das Essen bezahlen. Diese Simulationen erlauben es, daß jeder Teilnehmer zu Wort kommt. Dazu brauchen wir natürlich moderne Medien, das klassische Lehrbuch kann diese Aufgabe nicht erfüllen. Die Kammern, sowohl in Frankreich als auch in Deutschland, haben ausführliches Material über Betriebsberatung u.ä. entwickelt, das im Unterricht eingesetzt wird.

Diese Konzeption, die – wie wir eingangs gesagt haben – von 10 Handwerkskammern getragen wird, kann richtungsweisend sein. Wir haben sie der Europäischen Union in Brüssel vorgestellt. Sie wurde dort geprüft und für gut befunden. Leider gibt es zur Zeit keine EU-Gelder um das Projekt zu unterstützen. Das hindert uns jedoch nicht daran, das Programm weiterzuführen. Unsere Arbeit kann nämlich als Modell für andere Kooperationsprojekte dienen, so z.B. zwischen den Handwerkskammern Freiburg und Straßburg und im Raum Aachen. Dieses Modell kann später in anderen Grenzregionen eingesetzt werden. Die Ergebnisse sind gut, die Teilnehmer sind sehr zufrieden, die Konzeption wird ständig angepaßt. Dieser moderne Denkansatz des Handwerks ist bundesweit angelegt. Durch unsere Situation haben wir jedoch die Möglichkeit, als Grenzkammer diesen Ansatz zu erproben.

Abschließend möchte ich noch erwähnen, daß die Handwerksbetriebe in der Saar-Lor-Lux-Region ein großes Interesse haben, sich gemeinsam an größeren Aufträgen zu beteiligen, die sie aufgrund ihrer Größe allein nicht durchführen könnten; z.B. EU-Ausschreibungen. Sie müssen hierfür einen gemeinsamen Antrag stellen, doch die Ausschreibungsverfahren laufen in Frankreich und in Deutschland anders, so daß es intensiver Diskussionen bedarf, um zu entscheiden, wer welchen Teil übernimmt. Der Kooperationswille ist sehr groß, denn das Handwerk braucht dringend solche Projekte. Mit diesem Beispiel wird noch einmal deutlich, wie nötig Fremdsprachenkenntnisse aber auch Kenntnisse über das andere Land, z.B. über solche Ausschreibungsverfahren, sind.

9. ENSEIGNEMENT GENERAL – ENSEIGNEMENT PROFESSIONNEL: DE COMBIEN DE LANGUES AVONS-NOUS BESOIN?

9. ALLGEMEINBILDUNG – BERUFSBILDUNG: WIEVIELE SPRACHEN BRAUCHT DER MENSCH?

Els Oksaar, Professorin für allgemeine und vergleichende Sprachwissenschaft an der Universität Hamburg

Wieviele Sprachen braucht der Mensch?

Goethe stellt in *Maximen und Reflexionen* fest: »Wer fremde Sprachen nicht kennt, weiß nichts von seiner eigenen.«

Es ist eine altbekannte Tatsache, daß man im Spiegel des anderen das Eigene deutlicher wahrnimmt. Betonte doch schon M. F. Quintilian vor 1900 Jahren, daß es nicht nur für die intellektuelle Entwicklung des Kindes nützlich sei, so früh wie möglich mit dem Erwerb einer zweiten Sprache anzufangen, sondern auch, weil dadurch die muttersprachlichen Kenntnisse des Kindes gefördert werden. So könnte die Antwort auf die Frage meines Themas »Wieviele Sprachen braucht der Mensch?« schon aus diesem Grunde lauten: Mehr als eine, mindestens zwei. Aber diese Antwort ist nur eine unter mehreren möglichen, je nachdem, auf wie allgemeiner oder wie spezifischer Ebene wir sie stellen.

Sie steht am Anfang einer Skala, die auch zur Aussage führen kann: Möglichst viele Sprachen braucht der Mensch. Auf einige Kriterien, nach denen wir Antworten auf einer etwas konkreteren Basis auf unsere Frage finden können, möchte ich in meinem Vortrag eingehen.

Erstens kommt es darauf an, in welchem soziokulturellen Rahmen der Mensch die Sprachen braucht. Soziolinguistisch gesehen ist somit seine Rolle in der Gemeinschaft ausschlaggebend. Als Politiker, Geschäftsmann, Wissenschaftler kann seine Tätigkeit mit der Beherrschung mehrerer ganz bestimmter Sprachen verbunden sein. Da es aber verschiedene Funktionsdomänen der Sprache gibt, sowohl national als auch international, muß daher zweitens auch festgestellt werden, wo, in welchem Sektor der Gesellschaft eine bestimmte Fremdsprache

Geltung hat. Und drittens ist es nicht unwichtig, in welcher Form der Mensch die Sprachen braucht – schriftlich oder mündlich.

Schon bei diesen Feststellungen, die weiterhin ergänzt werden können, kann aber gleichzeitig eine prinzipielle Frage angeschnitten werden: Mit welchem Ziel, oder mit welchen Zielen, sollte die fremdsprachliche Ausbildung verlaufen? Die Antwort ist Mehrsprachigkeit, im funktionalen Sinn. Das heißt, daß ich einen Menschen als mehrsprachig ansehe, wenn er in mehr als einer Sprache kommunikative Ziele erreichen und von einer Sprache in eine andere hinüberwechseln kann, wenn die Situation es erfordert. Dasselbe gilt auch für die Kombination Hochsprache – Dialekt.

Diese Definition stimmt am besten mit der Wirklichkeit überein, weil sie davon ausgeht, was der Mensch mit seinen Sprachen erreichen kann und nicht von der Frage, wie die Beziehung zwischen den Sprachen sein sollte, damit man von Mehrsprachigkeit reden kann. Über 70 % der Weltbevölkerung ist mehrsprachig, und es gibt in der Welt viel mehr Kinder, deren Schulsprache eine andere ist als die zu Hause. Auf dem Hintergrund dieser Tatsache ist es nun verständlich, daß man heute Mehrsprachigkeit als etwas Normales und Einsprachigkeit als einen Problembereich ansehen muß. Dabei ist es wichtig hervorzuheben, daß Mehrsprachigkeit nicht als Gleichsprachigkeit aufgefaßt werden darf. Denn dies ist nur ein Idealkonstrukt (1). Wissenschaftlich läßt es sich gar nicht feststellen, ob jemand seine Sprachen gleich gut beherrscht. Denn es gibt noch keine Methoden, Sprachproduktion und Sprachverstehen situationsspezifisch zu messen. Sprachbeherrschung umfaßt ja beides.

Es herrscht bei den Mehrsprachigen gewöhnlich eine Arbeitsteilung zwischen den Sprachen, da es in der Wirklichkeit selten notwendig ist, in allen Situationen alle Sprachen gleichermaßen zu gebrauchen. Bei gewissen Themen oder in bestimmten Situationen wird die eine Sprache verwendet, in anderer wiederum die andere. In der Regel spielt die eine Sprache emotional eine größere Rolle.

Betrachten wir die Frage der Sprachenbeherrschung auf dem Hintergrund der soziologischen Rollentheorie, so wird es klar, daß dies einen direkten Zusammenhang mit dem Beruf, der Tätigkeit und der Stellung des Menschen hat. Vergessen werden dürfen aber auch nicht die Interessen und Neigungen des Menschen. So kann es sehr wohl vorkommen, daß man Sprachen lernt, um Literatur im Original zu lesen, oder im Urlaubsland mit der Bevölkerung in Kontakt zu kommen. In unserer Kultur gehört es zur Allgemeinbildung, mindestens eine Weltsprache – das ist heute in der Regel Englisch – kommunikativ adäquat zu beherrschen. Der Wissenschaftler kommt heute z.B. ohne Englisch nicht aus, da wichtige Fachliteratur nicht nur in den Naturwissenschaften, sondern auch in den Geisteswissenschaften englischsprachig ist. Zu erinnern ist allerdings an die Tatsache, daß noch bis zum Zweiten Weltkrieg Deutsch

als Wissenschaftssprache in Polen, Ungarn, Bulgarien, Rumänien dominierend war, dasselbe kann von seiner Stellung in Skandinavien gesagt werden.
In der Wirtschaft, so sagt man, ist es zwar einigermaßen möglich, ohne größere Fremdsprachenkenntnisse einzukaufen, jedoch nicht zu verkaufen. Das Verkaufen gilt aber, übertragen, auch von der Wissenschaft. Bei den kleineren Völkern Europas kommt der Nationalsprache in der Wissenschaft sowieso keine zentrale Funktion zu, da Wissenschaft international ist und übernationale Wissenschaftssprachen braucht.
Was die Wirtschaft betrifft, die ja ebenso international ist, so sind Fremdsprachenkenntnisse heute nicht nur für die Führungskräfte, sondern auch für viele andere Mitarbeiter erforderlich, sei es für Facharbeiter, die ins Ausland geschickt werden, oder Büropersonal für Auslandskontakte. Allerdings liegen für die Bundesrepublik keine amtlichen Statistiken vor, woraus man Schlüsse über den Bedarf an Fremdsprachenkenntnissen ziehen könnte. Untersuchungen in den achtziger Jahren haben jedoch gezeigt, daß in der Wirtschaft Englisch als wichtigste Fremdsprache gilt, gefolgt von Französisch, Spanisch und Italienisch. Als wichtig werden auch Italienisch, Niederländisch, Russisch und Portugiesisch angesehen. Einer Untersuchung des Instituts der deutschen Wirtschaft aus dem Jahre 1990 zufolge, führen rund ein Viertel der befragten Unternehmen Fremdsprachenlehrgänge durch. Fast 40 % der Befragten bezeichneten Fremdsprachen als wichtig oder sehr wichtig vom Standpunkt der Weiterbildung aus. Aus einer 1992 veröffentlichten Untersuchung (in 232 Unternehmen) geht hervor, daß 96,9 % der Unternehmen einen Bedarf an Englisch haben, von weiteren Sprachen 71,6 % Französisch, 49,9 % Spanisch, 27,8 % Italienisch und 13 % Russisch (2). Natürlich braucht und verwendet die Wirtschaft, je nach Geschäftsverbindungen, auch andere Sprachen. Es darf nicht vergessen werden, daß der Geschäftskontakt über Menschen läuft, die stets auch eine Muttersprache haben. Ihre Beherrschung kann die Verkaufs- und Einkaufsmöglichkeiten für den Fremden begünstigen.
Ein Blick in die Geschichte zeigt, daß der Notwendigkeit der Sprachkenntnisse auch früher großes gesellschaftliches Gewicht zukommen konnte. Die sprachliche Ausbildung der Fürstensöhne war z.B. im Heiligen Römischen Reich Deutscher Nation gesetzlich geregelt. Die Goldene Bulle vom Jahre 1356 schreibt vor, daß die Fürstensöhne außer der deutschen Sprache vom siebten Lebensjahr an in der lateinischen, italienischen und slawischen (d.h. tschechischen) Sprache unterrichtet werden.
Ich möchte auch noch an die Hansezeit erinnern – den jungen hanseatischen Kaufleuten und Gesellen wurde im 15. Jh. vorgeschrieben, die Landessprachen zu lernen, obwohl Niederdeutsch von London bis Novgorod in den Kontoren die Verkehrssprache war. Welche Sprache es sei, das wurde ganz genau

festgelegt: Estnisch, Lettisch, Russisch, etc. Der Hansebund schuf ja wie bekannt ein gemeinsam wirkendes Stückchen Europa, über Religions- und Nationalitätsunterschiede hinweg, in dem die Rolle der Landessprachen für den Tätigkeitserfolg des Hanseaten durchaus eingesehen wurde (3).
Die Rollenbezogenheit der Sprachenbeherrschung führt jedoch leicht mit sich, daß die fachsprachlichen Kenntnisse in einer Fremdsprache über die alltagssprachlichen dominieren können. Wer als Ausländer Wirtschaftsfranzösisch beherrscht, oder als Physikerin seinem Forschungsgebiet z.B. im Russischen zu Hause ist, gerät allerdings ohne Gesprächs- und Diskussionsfähigkeit in der entsprechenden Alltagssprache nicht selten in Schwierigkeiten.
Durch diese Feststellung sind wir schon am zweiten Fragenkomplex angelangt. Wieviele Sprachen der Mensch braucht, hängt nicht nur davon ab, was er tut (Rollenspezifikum), sondern auch, wo er sie verwendet. Bei der Frage »wo« ist zwischen dem öffentlichen und dem privaten Sektor zu unterscheiden. Der Fremdsprachenbedarf ist im ersten gewöhnlich größer. Hierher gehören Sektoren wie Ausbildung und Wissenschaft sowie Politik und Administration und die schon erwähnte Wirtschaft. Bei der Frage »wo« ist es auch wichtig, ob man im Land seiner Muttersprache oder im Ausland tätig ist.
Gehört man zu Einwanderern und Minoritäten in einem Land, so zeigt sich wiederum eine neue Perspektive. Es sollte selbstverständlich sein, daß man mit der Landessprache vertraut wird. Das ist notwendig für die Arbeit, Freizeitkontakte, für jegliche Art von Zusammenarbeit mit anderen Gruppen. Aber das darf keineswegs auf Kosten der Muttersprache geschehen. Integration in eine neue Heimat bedeutet ja nicht, daß man seine eigene kulturelle Identität und seine Sprache aufgeben muß. Statt einer Entweder-Oder-Mentalität ist eine Sowohl-als-auch-Mentalität der richtige Weg. Denn die Muttersprache bleibt immer die Sprache der Wurzeln, sie ist die geistige Heimat in der Fremde.
Die Konformitätsideologie, die nach einer möglichst einheitlichen Bevölkerung trachtet, mit sprachlicher und kultureller Anpassung der Minderheiten an die Mehrheit, ist zurückzuweisen. Wir brauchen eine pluralistische Ideologie. Diese verhält sich positiv gegenüber dem kulturellen und sozialen Zusammenhalt der Einwanderer und Minderheiten und sieht darin eine Bereicherung für die Gesellschaft. Dieses Prinzip ist auch für Europa ein Gewinn.
Bis jetzt haben wir uns mit der Frage noch nicht befaßt, in welcher Form der Mensch die Sprachen braucht. Die formale Zweiteilung in die geschriebene und die gesprochene Sprache, die nie identisch sind, darf nicht außer acht gelassen werden, wenn man die Sprachbeherrschung thematisiert. Man braucht in einer Fremdsprache nicht immer beide Erscheinungsformen zu beherrschen; zumindest kann die Qualität unterschiedlich sein. Ferner können wir zwischen einer aktiven und einer passiven Beherrschung von Sprachen unterscheiden.

Die Fähigkeiten können beispielsweise im Sprechen und Schreiben von denen im Hören und Lesen erheblich abweichen. Aber auch die passive Beherrschung der Sprache, Hören und Lesen, ist mit einer gewissen Aktivität des Menschen verbunden, und zwar mit dem Interpretationsprozeß, mit dem Verstehen. Und das setzt voraus, daß man die semantischen Strukturen der Sprache beherrscht. Gerade auf dieser Ebene können leicht Mißverständnisse entstehen, weil man das Gehörte oder das Gelesene leicht mit Hilfe der muttersprachlichen Bedeutungsstrukturen interpretiert. Dies ist vor allem der Fall, wenn es sich um Wertakzente und andere Konnotationen handelt. Eine weit verbreitete Ansicht, als ob Hören und Lesen einer Sprache leichter zu erwerben seien als Sprechen und Schreiben, muß daher sicherlich relativiert werden.

In welcher Weise die Interpretationsebene Schwierigkeiten bereiten kann, auch bei Übersetzung, mag folgendes Beispiel beleuchten. Auf der Haager Konferenz 1929 bezeichnete der englische Finanzminister Snowden eine Äußerung des französischen Finanzministers Chéron als *ridiculous and grotesque*, was französisch mit *ridicule et grotesque* wiedergegeben wurde. Dies wurde als eine Beleidigung aufgefaßt und rief einen aufsehenerregenden Zwischenfall hervor. Die Verhandlungen wurden abgebrochen, die Franzosen forderten eine Entschuldigung. Erst den Dolmetschern des Völkerbundes gelang es, die Situation zu retten. Durch den Nachweis, daß sich das englische *ridiculous and grotesque* keineswegs mit dem französischen *ridicule et grotesque* decke. Der englische Ausdruck für »lächerlich und grotesk« sei keineswegs so schwerwiegend wie der französische. Tatsächlich wurde der englische Ausdruck bei den Unterhausdebatten in London im Gegensatz zum Französischen (4) nicht als eine Beleidigung aufgefaßt.

Es kommt somit vor allem auf die Konnotationen der Wörter an und auf ihre Geltung in dem soziokulturellen Rahmen, über die auch die besten Lexika keine erschöpfende Auskunft zu geben vermögen. Damit kommen wir auf einen wichtigen Punkt zu sprechen, der mit jeglicher Art von Spracherwerb und Sprachverwendung verbunden ist, nämlich: Spracherwerb ist immer auch kulturelles Lernen. Vereinfacht ausgedrückt bedeutet das folgendes. Sprachbeherrschung umfaßt nicht nur Sprachproduktion und Sprachverständnis, sondern auch die Kenntnis von Verhaltensweisen und die Strukturen und Netzwerke des soziokulturellen Umfeldes. Das oft für die auf internationaler Ebene Tätigen verlangte »Verständnis für andere Mentalitäten« ist eine Abstraktion von diesen Einheiten, von denen wir auch in den einzelnen europäischen Sprachgemeinschaften noch sehr wenig wissen. Die Grundlagen ihrer Beschreibung und Analyse habe ich in *Kultur Theorie. Ein Beitrag zur Sprachverwendungsforschung* (5) dargelegt.

Sprachbeherrschung umfaßt also mehr als nur die Beherrschung der Aussprache, der Grammatik und des Wortschatzes. Sie setzt auch die Fähigkeit voraus, sprachliche Einheiten in kommunikativen Situationen gemäß den Verhaltensregeln der Gesellschaft zu verwenden. Hierher gehören z.B. Regeln für Grüßen, Danken, Anrede, Emotionen, Fragen usw., aber auch für Schweigen, die alle kulturell bedingt sind. Kommunikative Korrektheit fordert, daß man nicht nur weiß, was man sagt oder schreibt, sondern immer auch berücksichtigt, an wen man sich wie, wann, wo und warum mit der Mitteilung wendet. Besonders das Wie gibt darüber Aufschluß, inwiefern man die kommunikative Kompetenz in einer Sprache beherrscht. So gilt z.B. bei geschäftlichen Besprechungen nicht in allen Ländern die Devise, gleich zur Sache zu kommen, wie es beispielsweise die Amerikaner und häufig auch die Deutschen tun. Nicht nur in Japan, sondern auch in Frankreich hat man häufig wenig Verständnis dafür. Unterschiede gibt es stets auch, um ein weiteres Beispiel unter vielen zu geben, bei der Strukturierung der indirekten und direkten Ausdruckssphäre in verschiedenen Kulturen. Schwierigkeiten erstrecken sich für einen Ausländer in Deutschland z.B. von dem Nichterkennen der Appellfunktion in einem Darstellungssatz vom Typus »es zieht« bis zum Nichterkennen der nur phatischen Funktion im Appell vom Typus »kommen Sie doch bald wieder bei uns vorbei«.
Die kommunikative Kompetenz in einer Sprache umfaßt sowohl die geschriebene als auch die gesprochene Sprache. Handelt es sich aber um die gesprochene Sprache allein, ist es angebracht, diese Kompetenz aufzugliedern und von der interaktionalen Kompetenz zu sprechen. Denn die mündliche Kommunikation umfaßt in einer direkten Interaktion ja nicht nur verbale, sondern auch parasprachliche und nonverbale Fähigkeiten. Nicht nur mit der Stimme, sondern auch mit der Gestik und Mimik kann ich Mitteilungen senden. Diese sind ebenso kulturspezifisch. Sie können die verbalen Mittel ersetzen (z.B. Nicken als Ausdruck der Zustimmung), begleiten, unterstützen oder ergänzen.
Je besser man eine Sprache beherrscht, desto mehr wird vorausgesetzt, daß man auch die Kultureme und Behavioreme, also die für die Kommunikationssituation angemessenen Verhaltensweisen der Gesellschaft beherrscht.
Macht der Sprecher sprachliche Fehler, kann dies das Verständnis zwar erschweren, er würde aber dadurch nicht als ein unhöflicher oder eingebildeter Mensch angesehen werden. Handelt es sich aber um Verstöße gegen die Verhaltensnormen, so trifft dies seine Persönlichkeit. Ein nicht angebrachtes Thema, ein ausgebliebener Dank, eine falsche Anrede sind schlimmer als ein falscher Artikel. Denn in der Kommunikation können kulturelle Variablen – zu denen gehören ja auch Verhaltensweisen – die affektiven Bedeutungssysteme des Empfängers mehr beeinflussen als die rein linguistischen Variablen. Das

Verhalten des Sprechers kann als Zeichen der Unhöflichkeit, Überheblichkeit oder Gleichgültigkeit verstanden werden.
Richtige Aussprache und Grammatik, aber nicht normgerechte Verhaltensweise – z.B. wenn jemand geduzt wird, wenn Siezen das erwartungsgemäße Verhalten ist, kann ungünstige Folgen für weitere Kontakte haben. Durch Normenverletzungen bei Verhaltensweisen können leicht Vorurteile gegenüber ganzen Volksgruppen entstehen.
Sprachen sind verglichen worden mit Schlüsseln zur Welt. Man kann, dieses Bild erweiternd, sagen: Je größer der Schlüsselbund, desto mehr Türen können geöffnet werden, desto mehr Kontaktmöglichkeiten ergeben sich für den Menschen. Man darf dabei allerdings folgendes nicht übersehen: Hinter jeder Tür kann sich ein sehr glattes Parkett befinden, auf dem man leicht ausrutscht, wenn man nicht weiß, wie man sich zu bewegen hat. Denn die Verwendung sprachlicher Mittel wird, wie wir betont haben, von kulturell bedingten Verhaltensweisen gesteuert. Es gibt nicht nur kulturelle Regeln dafür, daß man sprachlich handeln soll, sondern auch dafür, wie dies zu geschehen hat. Es gilt, diese zu thematisieren.
Gestatten Sie mir, als Abschluß, wieder auf eine Aussage Goethes hinzuweisen: »Der Deutsche soll alle Sprachen lernen, damit ihm zu Hause kein Fremder unbequem, er aber in der Fremde überall zu Hause sei«. Sprachenbeherrschung und kommunikative Kompetenz sind für ein Europa ab 1993, für ein Europa des Miteinanders eine neue Herausforderung.

ANMERKUNGEN

1. Siehe hierzu Els Oksaar, Multilingualism and Multiculturalism from the Linguist's Point of View, In: Multicultural and Multilingual Education in Immigrant Countries, ed. by Torsten Husén/ Susan Upper. Oxford. New York. Toronto 1983: Pergamon Press, S. 17-36.
2. Zu diesen Untersuchungen s. Fremdsprachen in der Wirtschaft, hg. v. Wolfgang Kramer/Reinhold Weiß, Köln 1992: Deutscher Instituts-Verlag.
3. Vgl. Philipp Dollinger, Die Hanse, Stuttgart 1966.
4. Ausführlicher zu dieser Problematik in Els Oksaar, Fachsprachliche Dimensionen, Tübingen 1988: Narr, S. 112ff.
5. Göttingen 1988: Vandenhoeck & Ruprecht. Zur Notwendigkeit eines individuumzentrierten Forschungsansatzes, der alle kommunikativen Einheiten integriert, s. auch Els Oksaar, Spracherwerb im Vorschulalter. Einführung in die Pädolinguistik. Stuttgart 1988: Kohlhammer, 2. erweiterte Aufl.

Hans-Jürgen Brackmann, Geschäftsführer der Bundesvereinigung der Deutschen Arbeitgeberverbände, Köln

Die Zeiten, da das Erlernen von Fremdsprachen etwas für Schöngeister oder sogenannte höhere Töchter war, während sich Ingenieure, Ökonomen und Juristen mit handfesten Dingen befaßten, sind vorbei. Aber haben wir schon wirklich realisiert, daß wir – um ein Beispiel zu nennen – die Freiheiten im Europäischen Binnenmarkt nur nützen können, wenn wir die Sprachbarrieren zu übersteigen in der Lage sind. Haben wir dies schon in ausreichendem Maße bewußt gemacht und die hierfür erforderlichen Konsequenzen im Bildungsbereich gezogen?

Das für das Personalwesen zuständige Vorstandsmitglied im Volkswagenkonzern, Dr. Martin Posth, hat vor wenigen Monaten die Unternehmer aufgefordert, Belegschaften und Arbeitnehmervertreter in die europäische Unternehmenspolitik durch die Entwicklung von Mitbestimmungsmodellen einzubeziehen. »Wenn wir unsere Produkte auf dem Weltmarkt erfolgreich verkaufen wollen, dürfen wir unsere Belegschaften nicht künstlich von internationalen Kontakten und Erfahrungen ausschließen«, war seine Auffassung.

Dem wird man ungeteilt zustimmen können, denn die von Posth geforderten Aufgaben wird man nur verantwortlich wahrnehmen können, wenn zuvor die erforderlichen Fähigkeiten und Fertigkeiten entwickelt, gefördert und gelernt wurden. Der Europäische Binnenmarkt bietet hierfür einzigartige Chancen. Gerade jungen Menschen werden Möglichkeiten zur Ausbildung und für den Berufseinstieg weit über den nationalen Bereich hinaus geboten, wenn sie sich entsprechend darauf einrichten und die bestehenden Chancen nutzen. Hierzu gehört zunächst, die großen Entwicklungslinien in den Blick zu nehmen, mit denen wir es heute und in naher Zukunft zu tun haben.

Erster zentraler Punkt ist, daß der Europäische Markt nicht in sich abgeschlossen sein wird; vielmehr handelt es sich um eine weltweite internationale Herausforderung, da über den Europäischen Binnenmarkt der Zugang zum Weltmarkt erleichtert wird. Zugleich verdichten sich die internationalen und weltweiten Verbindungen in Wirtschaft und Politik in ständigem Prozeß. Die Fülle von Abkommen zwischen den Regierungen und die vereinbarten Exportbeschränkungen belegen diese Entwicklung. In der Konsequenz bedeutet dieses, daß Unternehmen heute viele Geschäfte, z. B. in der Telekommunikation, nur dann global betreiben können, wenn die nationalen Regierungen dabei mitwirken.

Das Stichwort »Weltmarkt« ist irreführend; vielmehr handelt es sich um Teilmärkte, die alle ihre Besonderheiten aufweisen und auf denen selbst weltweit tätige Unternehmen mit spezifischen Produkten operieren, die die Besonderheiten des regionalen Marktes berücksichtigen. Die Schaffung von Teilmärkten auf dem globalen Weltmarkt berührt das Wirken sogenannter *Global Companies*. Wurden früher in der Zentrale eines Unternehmens weltweite Produkt-, Produktions- und Marketingstrategien entwickelt und Auslandsfilialen eingerichtet, die diese Strategien umsetzen sollten, hat heute ein Umdenken eingesetzt, das davon ausgeht, daß nur mit einer Dezentralisierung von Organisationen und Unternehmen den unterschiedlichen regionalen Anforderungen und Besonderheiten Rechnung getragen werden kann. Wie könnte es anders sein, auch in diesem Prozeß ist Japan Vorreiter. In den letzten Jahren hat Japan bzw. haben japanische Unternehmen massiv im Ausland investiert, um sich nationalen Gewohnheiten, Eigenarten und Interessen anzupassen.

Dies äußert sich insbesondere auch bei der postgradualen Ausbildung junger japanischer Ingenieure, Wirtschaftler und Wissenschaftler anderer Ausbildungen, die gezielt mit Sprache, Kultur und Lebensgewohnheiten in Deutschland konfrontiert werden, damit sie hier am Markt bestehen können. Demgegenüber werden von Deutschland aus vor allem Japanologen in Japan weitergebildet – ganz unabhängig einmal davon, daß insgesamt das Verhältnis postgraduierter Ausbildungen von Japanern in Deutschland und Deutschen in Japan 10 : 1 ist.

Ein weiterer zentraler Punkt, den es zu beachten gilt, ist die enorme Ausweitung des Dienstleistungsbereiches. Hierfür sind vor allem drei Gründe zu nennen:

1. Das differenzierte und dichte Gesetzesnetz, also mehr administrative Aufgaben für Unternehmen, die einen erhöhten Personalbedarf im Gemeinkostenbereich bedeuten; siehe hierfür insbesondere die umfangreichen Verordnungen, Richtlinien usw. der EG;
2. Computergestützte Techniken haben die industrielle Arbeitsorganisation ganz erheblich verändert. Die eigentliche Fertigung verlangt immer weniger *man power* – notwendig sind Kräfte dagegen vor allem für Wartung, Kontrolle und Steuerung.
3. Über den Markterfolg und damit über die Lebensfähigkeit von Unternehmen entscheiden heute nicht mehr nur allein die Produkte, sondern das Gesamtangebot der Unternehmen einschließlich Beratung, Schulung, Entwicklung von software und Serviceleistungen. Komplettlösungen werden verlangt; sie sichern die Wettbewerbsvorteile.

Alle Arbeitsmarktprognosen – und das ist der dritte zentrale Punkt – gehen davon aus, daß der Anteil qualifizierter Arbeitsplätze zu Lasten unqualifizierter Arbeitsplätze steigen wird. Auch hierfür lassen sich im wesentlichen drei Begründungen finden:

1. Die Kundenwünsche ändern sich; heute werden differenziertere Produkte verlangt, Maßanfertigungen, individuelle Problemlösungen.
2. Auch die Internationalisierung des Wirtschaftens spielt hierbei eine Rolle sowie der breite Einsatz neuer Techniken mit veränderten Mensch-Maschine-Schnittstellen.
3. Die Integration von Arbeitsvorgängen, das Ineinandergreifen verschiedener Arbeitsabläufe erfordern teamwork, kommunikative Fähigkeiten, Motivations- und Führungstechniken; es gilt, Spezialisten zu koordinieren.

Lean production oder *lean management* sind die Zauberworte unserer Tage. Wir haben es im Arbeitsleben in Deutschland mit einer zu hohen Kostenbelastung aufgrund ungünstiger struktureller Rahmenbedingungen zu tun. Ziel muß es sein, in diesem Bereich minimierend zu wirken; dazu gehört auch, vom Rationalisierungsgebot Gebrauch zu machen.

Gleichwohl geht es nicht um den Vorrang der Technik beim Wirtschaften; Ziel ist nicht eine menschenleere Fabrik, vielmehr stehen im Vordergrund schlanke Organisationsformen, Abbau von Hierarchien, direkte Wege der Kommunikation zwischen den Ebenen und innerhalb der Ebenen, und hohe Verantwortung bei jedem einzelnen und bei den einzelnen Teams.

Sprache, Verständnis, Sich-verständlich-machen und Miteinanderkommunizieren stehen im Mittelpunkt lokalen wie globalen wirtschaftlichen Lebens. Deshalb gehören zu den großen wirtschaftlichen Herausforderungen des Binnenmarktes und des internationalen Wirtschaftens Sprachkompetenz und die Fähigkeit, sich in fremden Kulturen zu bewegen.

Lassen Sie mich hier eine kleine Arabeske einflechten! Auch wenn jede Verallgemeinerung in der Tat eine Übertreibung ist, möchte ich Ihnen zur Bedeutung der unterschiedlichen Mentalitäten am Beispiel Frankreich/Deutschland die Ausführungen des Franzosen Gérard Foussier, einem seit 1976 leitenden Redakteur der *Deutschen Welle* in Köln, nicht vorenthalten: »Geschäftsleute aus der Bundesrepublik fahren allzugerne zu Verhandlungen nach Frankreich, weil dort jede Besprechung mit einem Essen beginnt und endet, vermissen aber oft die konkreten Zahlen unter der Speisekarte. Geschäftsleute aus Frankreich fahren gerne nach Deutschland, weil dort jede Besprechung mit Hilfe einer dicken und ausführlichen Informationsmappe voller Zahlen und Fakten vorbereitet wird, vermissen aber oft die persönliche Note solcher Begegnungen. Nicht selten ärgern sich die Franzosen in Deutschland, daß erst nach getaner Arbeit gegessen wird. Und nicht selten ärgern sich die Deutschen in Frankreich, daß mitten während der Gespräche jemand den Aperitif serviert und in den Gedankenaustausch hinein halblaut fragt: *Mit Eiswürfeln?*«

Angesichts dieser Beschreibung müssen wir uns fragen, wie sichergestellt werden kann, daß Betriebe und Unternehmen über eine genügende Zahl von Menschen verfügen, die in europäischen oder internationalen Dimensionen denken können, Erfahrungen im Ausland gesammelt haben und vom Verständnis für andere Nationen und Kulturen geprägt sind.
Die erfolgreiche Betätigung in einem anderen Kulturkreis setzt eine möglichst genaue Kenntnis der Mentalität und der spezifischen Bedürfnisse der Kunden voraus. Zum Kulturkreis gehören neben Sprachkenntnissen beispielsweise Kenntnisse über die Sozial-, Beschäftigungs-, Bildungs- und Rechtssysteme, also Kenntnisse der Bedingungen, des Rahmens und des Hintergrundes, vor dem sich der Partner bewegt. Mitarbeiter sollten in der Lage sein, das andere Land und seine Menschen soweit zu kennen, daß sie echte Partner der Kunden werden können. Reduziert auf das Problem Sprache gilt heute wie zuvor die alte Kaufmannsregel: »Die beste Sprache ist die des Kunden!« Natürlich werden von dieser Herausforderung nicht gleichermaßen alle Beschäftigten eines Unternehmens berührt; betroffen hiervon sind in erster Linie Mitarbeiter im kundenorientierten Vertriebs- und Einkaufsbereich, aber auch in der Forschung und Entwicklung, im Finanz-, Rechts- und Steuersektor, im Marketing und Öffentlichkeitsbereich und nicht zuletzt in der Datenverarbeitung. In den genannten Bereichen sind wiederum nicht alle Beschäftigten von diesen Herausforderungen betroffen; betroffen sind aber auch nicht nur Übersetzer, sondern ebenso Ingenieure und Naturwissenschaftler, Betriebswirte und Juristen, kaufmännische Sachbearbeiter und der Assistenzbereich.
Die Wettbewerbsfähigkeit von europaweit und international tätigen Unternehmen wird in Zukunft ganz wesentlich davon abhängen, inwieweit es diesen Unternehmen gelingt, genügend Führungskräfte für sich zu rekrutieren, deren Profil – auf eine Kurzformel gebracht folgendermaßen beschrieben werden kann:

- Beherrschung mehrerer Sprachen
- Gespür für nationale und regionale Mentalitäten, und dies mit einem generellen Überblick über den europäischen bzw. internationalen Markt
- Nachweis einer mehrjährigen Auslands- und Führungserfahrung
- vorurteilsfreier und unbefangener Umgang mit anderen Nationalitäten
- darüber hinaus sollten diese Euro-Manager Kommunikations- und Integrationsfähigkeiten besitzen sowie über innere und äußere Mobilität und einen gehörigen Schuß Pragmatismus verfügen.

So komprimiert zusammengestellt mag ein derartiges Profil vielleicht abschreckend wirken; wir sollten uns dabei aber bewußt sein, daß in Zukunft spezifische Fähigkeiten und Fertigkeiten für internationale Tätigkeiten verlangt

werden, so daß das angegebene Profil als richtungsweisend angesehen werden kann.
In welchem Umfang werden nun im Wirtschaftsleben Fremdsprachen benötigt? Nach einer im letzten Jahr durchgeführten Untersuchung des Instituts der deutschen Wirtschaft gaben knapp 50 % der befragten Unternehmen an, »ständig« oder »häufig« Fremdsprachen zu benötigen. Bei einem weiteren Viertel wurden noch »gelegentlich« Fremdsprachen benötigt. Von den Unternehmen, die Fremdsprachenbedarf haben, benannten 97 % Englisch als die notwendige Sprache; mit deutlichem Abstand folgten Französisch mit 72 %, Spanisch mit 50 %, Italienisch mit 28 % und Russisch mit 13 %. Darüber hinaus wird, namentlich in Großunternehmen mit ausgeprägten internationalen Kontakten, aber auch in kleinen und mittleren Unternehmen, die sich spezialisiert und regional konzentriert haben, eine breite Palette von weiteren europäischen wie außereuropäischen Sprachen »als Bedarf« angegeben. Diese »exotischen« Sprachen mögen zwar nur für wenige Mitarbeiter der Unternehmen relevant sein, für die Erschließung der jeweiligen Märkte sind sie jedoch von strategischer Bedeutung.
Um den Anforderungen auf dem Arbeitsmarkt gerecht werden zu können, sind insgesamt die Anstrengungen auf den verschiedenen Bildungssektoren sowohl im sprachlichen wie im interkulturellen Bereich zu erhöhen. Hierzu gibt es eine Vielzahl europäischer Programme, die es zu nutzen gilt. Darüber hinaus sollten mit Blick auf den Subsidiaritätsgrundsatz innerhalb der EG grenzüberschreitende Aktivitäten der Mitgliedstaaten stärker in den Vordergrund treten, dies gilt vor allem für die sogenannten Euro-Regionen. Als Motor besonderer Art sehe ich das Deutsch-Französische Hochschulkolleg an, über das integrierte, miteinander verzahnte deutsch-französische Studiengänge gefördert werden, aber auch Entwicklungen wie das kürzlich für Freiburg beschlossene Graduiertenkolleg »Modernität und Tradition – spezifische Denk- und Verhaltensweisen in Frankreich und Deutschland als Faktoren der Zusammenarbeit und des Wettbewerbs«.
Darüber hinaus gilt es, um die Kooperationsfähigkeit über die Grenzen hinweg zu fördern, die binationale Komponente schon im Schulbereich zu verstärken. Fremdsprachenerwerb in der Grundschule, Schülerbetriebspraktika im Ausland, Fremdsprachenerwerb in der beruflichen Aus- und Weiterbildung und nicht zuletzt ein verstärkter Personentransfer unter den Lehrenden in Schule und Hochschule sollten hinzukommen. Ziel unserer bildungspolitischen Bemühungen sollte sein, möglichst viele Verantwortungsträger unterschiedlicher Nationalitäten eine Wegstrecke ihres Bildungs- und Ausbildungsganges gemeinsam gehen zu lassen, sowohl im Heimatland wie auch im Partnerland. Ich bin überzeugt davon, daß dies ein zukunftsweisender Weg ist.

Für die unternehmerische Wirtschaft – dies könnte man aber in gleicher Weise auch auf den Staat, die Bildungseinrichtungen, den Medienbereich usw. projizieren – läßt sich als Überlebensdevise im internationalen Wettbewerb folgender Schlußsatz formulieren: Diejenigen, die sich das Geisteskapital im erforderlichen Umfang sichern, dieses mobilisieren und zur Entfaltung bringen können und damit das Geisteskapital in Marktleistung transformieren können, diese Unternehmen haben eindeutig einen Wettbewerbsvorteil.

Jean-Pierre van Deth, Président d'Expolangues, Paris

De combien de langues avons-nous besoin?

Voici bien des années qu'enseignants, linguistes et responsables politiques s'interrogent sur les conditions dans lesquelles les échanges pourront se développer, du point de vue linguistique, au sein d'une Europe unie. Il faut au moins citer les premiers travaux du Conseil de l'Europe, qui coïncident presque avec la signature du Traité de coopération franco-allemande dont nous célébrons cette année le 30e anniversaire et le colloque »Langues et Construction Européenne« (1) (décembre 1974 à Paris) où, pour la première fois semble-t-il, fut exprimé un fort consensus des spécialistes et des politiques refusant ensemble l'idée même d'un monolinguisme européen.
Depuis, le sujet a été traité de bien des façons par quantité de congrès, colloques, articles de presse et ouvrages, le dernier en date, à ma connaissance, étant celui de Claude Hagège paru à la fin de l'année dernière (2).

1. Les arguments en faveur de l'usage obligatoire et généralisé d'une seule langue, *lingua franca* de l'Europe, ne manquent pourtant ni de force ni de séduction. Etant entendu que l'usage des langues nationales resterait de règle au sein même de chacun des Etats membres, l'adoption d'une langue commune à l'ensemble des échanges intra-communautaires conviendrait évidemment à la volonté de chacun de transcender les égoïsmes nationaux dans la poursuite du bien commun Européen. Ne doit-on pas avouer en outre que la proposition d'adopter une langue principale est raisonnable et réaliste: si l'esperanto n'a pas réussi à s'imposer comme langue trans- et supranationale, l'anglais en revanche a très évidemment acquis ce statut, sinon en droit, du moins en fait. Oserais-je dire que la reconnaissance de cette situation constituerait une application élémentaire des principes de la *Realpolitik*. Connaît-on d'ailleurs un seul exemple où un État se soit constitué sans une réduction drastique des diversités originelles de ses composantes? La Suisse, elle-même, n'offre pas un exemple probant du contraire tant il est vrai que son quadrilinguisme tend à se réduire non seulement à un tri-, voire à un bilinguisme, mais surtout ne subsiste qu'au prix d'une constitution fédérale qui permet à presque tous ses cantons de se comporter en fait comme de petits Etats monolingues.

   Si la diversité est constitutive de la condition humaine, la loi du moindre effort – que l'on appelle plus élégamment le principe d'économie – conduit inéluctablement à refuser le maintien de situations trop complexes. Autrement dit, le volontarisme politique ne suffira certainement pas – s'il n'est appuyé par d'autres considérations – à maintenir un traitement égal des langues nationales en Europe, lequel requiert des efforts considérables tant du point de vue individuel (apprentissage de plusieurs langues étrangères) que du point de vue social: coût de ces apprentissages, de la traduction, de l'interprétation, lourdeur des procédures. Le principe d'économie s'applique encore, il faut le souligner, à la dimension temporelle puisque, comme chacun sait, *time is money*. Or le plurilinguisme présente l'inconvénient majeur de ralentir les échanges. Il n'est que trop évident, enfin, que l'adoption d'une langue unique aurait pour elle l'avantage d'une merveilleuse facilité dans sa mise en œuvre: une seule et même langue seconde serait alors enseignée dans tous les pays membres de la Communauté. Les recherches pédagogiques pourraient être conduites avec l'assurance d'un vaste marché, les meilleures méthodes et les meilleurs supports pourraient donc être réalisés conduisant à la plus grande efficacité possible.

2. Les adeptes du plurilinguisme, dont je suis, ne manquent pourtant pas d'arguments à aligner face à leurs détracteurs. Au nécessaire dépassement des égoïsmes nationaux nous opposons, non sans raisons, la non moins nécessaire prise en compte des identités culturelles. Les guerres qui déchirent aujourd'hui les Balkans, la rupture qui vient d'être officialisée entre les deux principales composantes de l'ancienne Tchécoslovaquie, les querelles autour du problème macédonien, l'éclatement de l'ancienne URSS, sont autant de preuves tragiques des risques que l'on court à vouloir négliger cette donnée anthropologique de base. II y aurait d'ailleurs sans doute beaucoup à étudier et à dire, dans le même sens, s'agissant des troubles qui embrasent aujourd'hui la plupart des pays d'Afrique, mais ce ne peut pas être ici mon propos. J'avancerai simplement que, si l'on doit parler de *Realpolitik*, c'est aussi en tenant compte de ces données que l'on doit indiquer les voies les plus prometteuses.

   Aux objections tirées des lois de l'économie, nous ne manquons pas non plus de riposte car, aux données quantitatives que l'on avance – qu'il s'agisse d'argent ou de temps, nous opposerons des données qualitatives qui, en matière de langage, emportent nécessairement l'avantage. S'il ne s'agissait d'échanger que des chiffres, des bilans, des statistiques, la question que nous nous posons serait sans doute sans objet: les langages mathématiques et arithmétiques, qui sont de fait trans-nationaux, y suffiraient amplement. Mais les échanges dont nous parlons sont d'une autre nature. Lorsque deux personnes doivent communiquer en employant une langue aussi étrangère à l'une qu'à l'autre, et sauf le cas particulier où cette langue étrangère leur serait devenue co-naturelle, leur communication ne peut que se réduire à l'échange d'informations mais ne peut aller jusqu'à leur permettre de se comprendre. La langue, alors, est amputée de la moitié d'elle-même: elle sert à dire quelque chose mais elle n'est pas maîtrisée au point de permettre l'écoute de l'autre et la compréhension de ce qui le fait être différent.

Or n'est-il pas certain que, dans les échanges internationaux, l'essentiel est moins d'exprimer son point de vue que de percevoir celui de l'interlocuteur? Et lorsqu'on parle d'efficacité, de rapidité des échanges, ne doit-on pas considérer que la transparence mutuelle est la condition même d'une communication réussie?

Reste, il est vrai, que le plurilinguisme des échanges, au sein d'un ensemble tel que la Communauté européenne, requiert des moyens, des efforts, bien plus importants que le recours à une langue unique, *fédératrice* pour parler comme Claude Hagège, trans-nationale ou supranationale pour parler comme les espérantistes. Toute la question est de savoir si ces moyens nous sont aujourd'hui raisonnablement accessibles.

3. C'est sur ce point que l'on voit se dresser dans un affrontement feutré mais redoutable, politiques d'une part, administrations scolaires de l'autre. Arguant d'une scolarisation de masse et démocratisée, ces dernières ne cessent en effet d'objecter la surcharge des programmes, l'impossibilité d'assumer le coût de formations diversifiées, la complexité de l'organisation d'horaires et de programmes qui feraient droit à une liberté de choix entre plus de deux ou trois langues étrangères. Or, sans contester le poids de ces objections, il me semble juste d'y opposer quelques faits:

   Quant à la surcharge des programmes, observons au moins qu'en France, l'on considérait naguère comme normal de faire commencer simultanément, dès la première année du secondaire, le latin et une première langue étrangère, et qu'une deuxième langue étrangère était proposée dans la plupart des filières deux ans plus tard. C'est donc à trois langues que la quasi totalité des élèves étaient au moins initiés, en sus de leur langue d'usage.

   Aujourd'hui, le latin et le grec ancien ne sont plus enseignés qu'à une petite minorité. En revanche, l'enseignement de la première langue sera bientôt assuré dès le cycle primaire, deux ans avant l'entrée dans le secondaire. Pourquoi faudrait-il que la langue choisie à l'entrée en 6e soit obligatoirement la même? Ne serait-il pas concevable d'amorcer, en 6e, une deuxième langue puis, à nouveau, en 4e, une troisième et peut-être, pour les plus doués, une quatrième à l'entrée en seconde?

   Je sais que beaucoup ne manqueront pas d'objecter à cette proposition toutes sortes de considérations pédagogiques, linguistiques et – surtout – perfectionnistes: la maîtrise d'une langue demande du temps diront-ils; mieux vaut maîtriser parfaitement une langue que d'en connaître imparfaitement plusieurs. Mais c'est précisément ce postulat que j'entends ici contester.

Le rôle de l'école n'est certainement pas, à mon sens, de délivrer un savoir complet sur quelque matière que ce soit: pas plus en langues qu'en histoire ou en mathématiques. Initier, éveiller, donner le goût me semblent bien plus correspondre aux missions de la formation initiale, quitte à développer ensuite, par des filières plus spécifiques, les aptitudes décelées chez chacun. Et c'est pourquoi j'ose affirmer ici que l'objectif d'enseigner *deux* langues étrangères, dans toutes les filières de tous les enseignements secondaires en Europe est réaliste, minimal et doit être poursuivi dans les meilleurs délais.

4. Reste pourtant la question de savoir quelles langues proposer aux jeunes Européens?

La France, sur ce point, ne me paraît pas présenter un exemple probant puisqu'elle a choisi d'ouvrir l'éventail des langues proposées à l'extrême: les huit langues de la Communauté s'y trouvent, égales en droit, sinon en fait, auxquelles s'ajoutent, pour des raisons historiques, l'hébreu, le polonais et l'arabe et, pour des raisons économico-politiques le russe, le chinois et le japonais. Admirable sur le papier, cette ouverture ne peut évidemment pas correspondre à une réalité probante car, mis à part le cas des populations immigrées, susceptibles de vouloir préserver le lien avec leur culture d'origine, les choix des élèves et de leurs parents répondent à des considérations d'intérêt plus qu'à des analyses politiques. Or il est clair, par exemple, que le voisinage est loin de constituer une motivation suffisante pour l'apprentissage d'une langue. Les Wallons en Belgique, apprennent peu le néerlandais. Les Israéliens apprennent tous l'arabe, mais sans goût, et généralement sans succès. Les Canadiens anglophones n'apprennent que rarement le français. Mais en revanche les Canadiens francophones apprennent l'anglais tout comme les Flamands apprennent le français, ce qui revient à dire que l'on ne veut apprendre qu'une langue disposant de prestige, éventuellement de la puissance économique, mais que l'on se désintéresse d'une langue dont on mésestime les locuteurs, fussent-ils nos plus proches voisins.

J'oserai ajouter deux autres facteurs susceptibles d'accroître fortement l'attirance à l'égard d'une langue étrangère. L'un se rapporte à la gourmandise et pourrait s'exprimer sous la forme d'un appétit: appétit que suscite une langue que l'on trouve belle, harmonieuse, séduisante, fascinante par elle-même ou par la culture qu'elle supporte, ou bien encore appétit plus sensuel d'apprendre la langue d'une personne aimée. L'autre facteur est celui de la facilité: la découverte d'une langue proche dont je peux rapidement comprendre l'essentiel du fait de la parenté qu'elle a avec ma langue première est susceptible de m'encourager à en conduire l'étude plus avant.

5. C'est donc sur la base de ces dernières constatations qu'il me semble possible d'esquisser quelques propositions.
De combien de langues avons-nous besoin, en Europe? A cette question nous ne pouvons répondre, évidemment, que de façon maximaliste: nous aurions besoin, dans l'idéal, de connaître les langues de chacun de nos partenaires, en Europe et hors d'Europe. Mais puisque cet objectif est, individuellement, inaccessible, il nous faut le réduire à des proportions plus réalistes. De deux langues ai-je dit, deux langues étrangères, auxquelles tout jeune Européen doit pouvoir être initié lors de sa formation scolaire: tel est le minimum. Mais cet effort lui-même serait vain s'il s'agissait des deux mêmes langues pour tous: comment les choisir d'ailleurs? S'agirait-il d'établir les échanges européens sur un instable équilibre entre les trois langues dominantes, l'anglais, l'allemand et le français? De quel droit, sur quelles bases, ces langues et elles seules auraient-elles vocation à l'international alors que, par exemple, l'espagnol et le portugais, peuvent se réclamer de plus de locuteurs dans le monde que l'allemand et le français?
C'est donc à l'échelle de chacun de nos pays, et non pas à celle des individus que le défi du plurilinguisme peut être relevé. Chacun des pays membres de la Communauté européenne se doit d'enseigner, aux populations qui en ont l'attrait, les langues qu'elles souhaitent et de constituer ainsi un potentiel d'échanges largement ouvert à la totalité de ses partenaires les plus directs – les autres pays de la Communauté – et à ses partenaires plus lointains. Mais je n'ignore pas, ce disant, qu'aux difficultés déjà évoquées d'horaires, de programmes, d'effectifs, s'ajouteront celles résultant de la difficulté de trouver, de former, de rémunérer, les corps enseignants correspondants, de même que de créer, d'éditer, de diffuser, les méthodes, les manuels et l'ensemble des instruments pédagogiques indispensables. C'est la raison pour laquelle le développement et le perfectionnement de l'apprentissage des langues étrangères, indispensable, vital comme on l'a vu, ne peuvent être que le fruit d'une entente, d'une concertation, d'une coopération internationale. Aux Italiens, pour prendre cet exemple, de développer les méthodes d'apprentissage de l'italien comme langue étrangère, de soutenir les enseignants d'italien, de motiver, par des actions d'information organisées, les futurs apprenants d'italien. Aux Allemands de faire de même pour leur langue, aux Danois pour la leur, etc., sans préjuger bien sûr des aides qui devront être accordées, à l'échelle de la

Communauté, pour compenser la situation des pays économiquement ou démographiquement moins favorisés.
Et puisque nous nous exprimons ici dans le cadre de la coopération franco-allemande, il me semble devoir non pas seulement inviter au développement réciproque de nos langues dans chacun de nos deux pays mais, plus encore, exprimer le souhait qu'ensemble, Allemands et Français, nous osions nous mettre au travail pour élaborer des propositions réalistes autant que généreuses, propositions qu'ensemble nous pourrions présenter à l'approbation des instances européennes en faveur d'un développement harmonieux et équilibré de l'apprentissage de toutes les langues de la Communauté. Déjà, en effet, un deuxième programme LINGUA doit être préparé. Améliorer la formation des futurs professeurs de langues, développer les échanges de jeunes, favoriser les recherches transnationales, tout cela existe dans le premier programme LINGUA mais reste d'effets limités. Le moment ne serait-il pas venu d'aider résolument chacun des Etats membres à prendre en main le destin de sa propre langue nationale, non pas contre les autres, encore moins contre l'influence de l'une d'entre elles, mais simplement parce que l'Europe n'existera que si chacune de ses composantes riche et fière de ses particularités, est mise en mesure d'en déverser l'abondance dans la corbeille communautaire?

BIBLIOGRAPHIE

1. Langues et construction européenne, ALFE, Paris, 1975
2. Claude Hagège, Le souffle de la langue, voies et destins des parlers d'Europe, éd. Odile Jacob, Paris, 1992. Cf. aussi Jean-Pierre van Deth, L'enseignement scolaire des langues vivantes dans les pays membres de la Communauté européenne, Didier-Aimav, Bruxelles, 1979; Jean-Pierre van Deth et Jean Puyo (éd.); Langues et Coopération européenne, CIREEL, Paris, 1980; Statut et gestion des langues, CIREEL, Paris, 1982.

10. CONCLUSIONS

10. ZUSAMMENFASSUNG DER ERGEBNISSE

Frédéric Hartweg, Professeur à l'Université de Paris X, Nanterre

Il m'appartient maintenant de me livrer à l'exercice combien périlleux et acrobatique de tirer quelques conclusions et de vous livrer mes réflexions. Nous avons essayé de conduire ce congrès de l'OFAJ de façon semblable, mais non pas identique, aux précédents. Nous avons essayé, surtout hier, de fournir une plage d'expression suffisamment importante pour que votre participation soit effective. Ceci ne nous empêche pas d'essayer de faire mieux la prochaine fois.

Nous avons pris l'engagement public hier, de fournir les textes, les conclusions de notre congrès, pour qu'elles dépassent le cadre de notre réunion. Cet engagement de notre part, en comporte un autre, en contrepartie en quelque sorte, c'est-à-dire que vous vous engagiez vous, à transporter à l'endroit où vous êtes, ce que vous avez entendu et reçu ici. C'est-à-dire, pour rester dans le langage entamé ce matin de l'Evangile, je m'en tiendrais à la parabole des talents, talents au sens des monnaies: ne les enterrez pas en entrant chez vous, au contraire, faites-les fructifier, et faites-les fructifier, au besoin, en spéculateurs.

Le mot de remerciement, qui peut paraître traditionnel et sans grande portée, devrait avoir sa place ici et non pas à la fin. Remerciement qui va bien entendu à l'OFAJ en tant qu'institution, à son Secrétaire Général, Gert Hammer, mais tout particulièrement à ceux qui ont contribué à concevoir, à initier ce projet et à le réaliser. Je veux parler essentiellement de Bernadette Bricaud et de Fritz Kerndter qui se sont beaucoup employés à mettre sur pied ce projet. Et je pense qu'ils méritaient d'être mentionnés ainsi bien sûr que leurs collaborateurs.

Sans verser exagérément dans l'autosatisfaction, je voudrais quand même me féliciter et vous féliciter de la qualité de votre présence. Cette présence est également une qualité de l'écoute, une qualité de l'attention qui ont caractérisé ce congrès. Le vœu que j'avais exprimé de transformer l'assistance en participation a été, je crois, réalisé.

Vous vous êtes rendus compte qu'il y avait dans les interventions beaucoup de témoignages. Autant de témoignages que de questions. Cette constatation

m'incite à penser que nous sommes devenus très vite une communauté solidaire, consciente de sa complicité et ceci est un atout considérable pour répondre à l'appel qui nous a été lancé ici plusieurs fois, de transporter dans un public plus vaste, nos convictions et nos objectifs. Il faut que, dans tous les sens du mot, nous devenions une sorte de lobby de l'allemand et du français et de l'apprentissage interculturel.
Je retiens également un autre message. Nous sommes en route, nous n'avons pas besoin d'espérer pour entreprendre, mais nous espérons tous, même si l'objectif est souvent lointain et nous paraît difficilement accessible. Il faut, pour que nous soyons conscients de l'effort qui nous reste à faire, également intégrer la conscience du chemin déjà parcouru.
Les statistiques qui ont été utilisées ici, et qui montraient le nombre d'exclus de la communication interculturelle, nous incitent à la réflexion et à la modestie. Nous ne sommes pas en situation de triomphe, nous sommes en situation de défense, et nos deux langues dans les deux pays n'ont pas, je pense exprimer ici l'opinion générale, la place qu'ils devraient avoir, comparée à la place des échanges dans d'autres domaines. Il a été fait allusion plusieurs fois et je n'y reviens pas, à l'aspect élitaire de l'allemand en France. Pour ce qui est du français en Allemagne – et je pense en particulier aux nouveaux Länder – il ne faudrait pas que le français devienne cette langue *»for the happy few«* comme disait un auteur français du nom de Henri Beyle, plus connu sous le nom de Stendhal, du nom d'une localité de ce dit Brandebourg.
Sans vouloir me référer uniquement, parce que nous sommes ici à Berlin qui souhaite accueillir les Jeux Olympiques d'été en l'an 2000, à l'idéal du Baron Pierre de Coubertin: »l'important est de participer«, je dirais que nous ne devons pas nous laisser obséder par l'idée de la performance, de la performance à atteindre à tout prix, avec, comme alternative à la norme, le silence, même si ce silence peut parfois être éloquent.
Je retiendrai des communications, quelques points qui m'ont frappé et, je ne le cache pas, parfois ému. Il y a eu la présentation des projets avec tous les trésors d'invention et d'imagination de nos collègues, la diversité de leurs interventions. Je retiendrai également la formule: »L'apprentissage des langues ce n'est pas un jeu d'enfant«, mais aussi l'importance du regard vers l'extérieur qui a été souligné à plusieurs reprises. L'important est également la liberté que nous devons prendre, que nous avons parfois la possibilité d'avoir, malgré ce que les institutions nous imposent. J'avais essayé, mais sans aucun résultat, quand je suis entré dans l'enseignement supérieur, de montrer que pour acquérir la vitesse de décollage, il était peut-être important de donner aux étudiants de langues, un enseignement intensif dans les premiers mois, quitte à faire décroître ensuite le volume horaire. Personne n'a contredit mes bonnes intentions, mais

tout le monde m'a opposé l'argument de l'emploi du temps. Vous avez dans vos activités souvent la possibilité, et quelques exemples l'ont prouvé, d'infléchir le rythme.
Je vais également mentionner, parce que cela est important, l'intérêt des rencontres dites triangulaires dans le cadre des jumelages entre une ville française, une ville d'Allemagne ex de l'Ouest et de l'Allemagne ex de l'Est, la France constituant, en l'occurrence, une sorte de terrain neutre, où les deux partenaires des villes allemandes peuvent se rencontrer.
Tout cela, et toutes les expériences qui ont été relatées ici, avaient au moins un point commun, c'était celui de l'engagement, de l'enthousiasme, et souvent de la foi.
Je voudrais, pour conclure ce congrès, reprendre trois citations de Johann Wolfgang von Goethe. La première, pour vous montrer que ce qu'a dit Goethe a parfois été réalisé, que ce n'est pas de la pure utopie, pas de la pure vision: *»Mir ist nicht bange, daß Deutschland eins werde. Vor allem sei es eins in Liebe untereinander und immer sei es eins, daß der deutsche Taler und Groschen im ganzen Reich gleichen Wert habe. Eins, daß mein Reisekoffer durch alle 36 Staaten ungeöffnet passieren könne.«* Depuis le 1er janvier en principe, ce vœu a été exaucé, au moins pour la Communauté européenne. La deuxième citation c'est: *»Wer fremde Sprachen nicht kennt, weiß nichts von seiner eigenen«*, elle est extraite de »Eigenes und Angeeignetes in Sprüchen«. Pour paraphraser ce titre, je vous invite à ne pas utiliser seulement ce qui vous est personnel, mais également ce que vous vous êtes approprié pendant ce congrès. La dernière citation est la suivante: *»Der Deutsche soll alle Sprachen lernen, damit ihm zu Hause kein Fremder unbequem, er aber in der Fremde überall zu Hause sei«*. Je voudrais en indiquer la source *»undatiert, aus dem Nachlaß«*; cette invitation se veut donc à valeur universelle, puisqu'elle n'est pas datée, et est en même temps un message posthume, l'héritage que Goethe souhaitait nous transmettre. N'oublions pas cet héritage, gardons-le présent dans notre mémoire et faisons en sorte que davantage de Français et d'Allemands apprennent la langue du partenaire.

Liste des intervenants

Aufstellung der Vortragenden

Bourel Dominique
Directeur d'Etudes au Centre National de la Recherche Scientifique. Chargé de cours à l'Ecole Pratique des Hautes Etudes. Rédacteur en chef de la *Revue de Synthèse*

Brackmann Hans-Jürgen
Rechtsanwalt. Geschäftsführer der Bundesvereinigung der Deutschen Arbeitgeberverbände. Leiter der Abteilung Bildungspolitik und gesellschaftspolitische Bildungs- u. Jugendarbeit bei der Bundesvereinigung der Deutschen Arbeitgeberverbände

Braun Herbert
Diplom-Handelslehrer. Seit 1988 Grundsatzfragen der Berufsbildungspolitik bei der Handwerkskammer des Saarlandes

Brenez Michelle
Professeur d'allemand, Lettres supérieures au Lycée de Sèvres. Professeur consultant au Centre International d'Etudes Pédagogiques

Carpus Jörg
Arbeiterwohlfahrt, Oldenburg

Danin Francine
Directrice des programmes internationaux, Université d'Orléans

Dr. Dausendschön-Gay Ulrich
Akademischer Oberrat für Linguistik (Französisch) an der Fakultät für Linguistik und Literaturwissenschaft der Universität Bielefeld

Hammer Gert
Generalsekretär des Deutsch-Französischen Jugendwerkes

Hartweg Frédéric
Professeur à l'Université de Paris X-Nanterre

Klein Jean
Professeur à l'Ecole d'Interprètes de l'Université de Mons, Belgique. Secrétaire national du »Belgischer Germanisten- und Deutschlehrerverband«

Lasnier Jean-Claude
Directeur du Centre de Formation Professionnelle (CCI). Conseiller Technique pour le Réseau des UEL des CCI. Responsable du Certificat Européen de Français à usage professionnel

Laurien Hanna-Renate
Präsidentin des Abgeordnetenhauses von Berlin

Lestrat Martine
Arbeiterwohlfahrt, Oldenburg

Méchineau-Herrmann Marie
Gesellschaft für übernationale Zusammenarbeit, Bonn

Meyer Astrid
Professeur agrégé de l'Université. Professeur d'allemand à l'IUFM d'Alsace

Millet Brigitte
Inspecteur pédagogique régional. Inspecteur d'Académie d'allemand (Académie de Nancy-Metz)

Dr. Mohr Brigitte
Bildungspolitische Korrespondentin der Frankfurter Allgemeinen in Bonn; Chefredakteurin des von der EG-Kommission und dem DAAD herausgegebenen EG-Studienhandbuchs

Prof. Dr. Dr. h.c. mult. Oksaar Els
Universitätsprofessorin: Allgemeine und vergleichende Sprachwissenschaft, Hamburg. Leiterin und Gründerin (1967) der Forschungsstelle für Sprachkontakte und Mehrsprachigkeit, Universität Hamburg. Fellow der Japan Society for the Promotion of Science, Tokyo. Fellow des Wissenschaftskollegs zu Berlin. Mitglied des Wissenschaftsrats der BRD

Parfait Daniel
Conseiller Culturel près l'Ambassade de France en Allemagne

Plaud Anne
Municipalité de St.-Sébastien-sur-Loire

Prof. Dr. Picht Robert
Direktor des Deutsch-Französischen Instituts Ludwigsburg. Professor für Soziologie der internationalen Beziehungen an der Fernuniversität Hagen und am Europakolleg Brügge. Vizepräsident der Europäischen Kulturstiftung Amsterdam.

Prof. Dr. Raasch Albert
Professor am Romanistischen Institut der Universität des Saarlandes, Saarbrücken, Lehrstuhl »Angewandte Linguistik und Sprachlehrforschung Französisch«

Reinert Christiane
Bureau International de Liaison et de Documentation, Paris

Dr. Reiske Renate
Volkshochschule Frankfurt/Main

Prof. Dr. Rück Heribert
Professor für Romanistik und Didaktik des Französischen an der Universität Koblenz-Landau, Abt. Landau

Timpe Petra
Lehrbeauftragte an der Universität Köln

Van Deth Jean-Pierre
Président d'Expolangues. Adjoint au Directeur de l'Ecole Nationale Supérieure des PTT

Prof. Dr. Wismann Heinz
Professor für Hermeneutik an der Ecole des Hautes Etudes de Paris. Leiter der Forschungsstätte der Evangelischen Studiengemeinschaft, Heidelberg

Dr. Witte Barthold C.
Publizist. Ministerialdirektor a.D. Leiter der Kulturabteilung des Auswärtigen Amtes, 1983 – 1992

Dr. Wittmann Helmut
Grundsatzreferent im bayrischen Kultusministerium u.a. zuständig für Französisch an Grundschulen im Rahmen des deutsch-französischen Lehrer- und Erzieheraustausches; Schulversuch »Fremdsprachen in der Grundschule«.